DE FATO E DE FICÇÃO

GORE VIDAL

DE FATO E DE FICÇÃO

ENSAIOS CONTRA A CORRENTE

Organização:
MICHAEL HALL e
PAULO SÉRGIO PINHEIRO

Tradução:
HELOISA JAHN

Consultor desta edição:
MICHAEL HALL

COMPANHIA DAS LETRAS

Dados de Catalogação na Publicação (CIP) Internacional
(Câmara Brasileira do Livro, SP, Brasil)

Vidal, Gore, 1925-
V691d De fato e de ficção : ensaios contra a corrente / Gore Vidal ; tradução Heloisa Jahn ; organização Michael Hall e Paulo Sérgio Pinheiro. -- São Paulo : Companhia das Letras, 1987.

ISBN 85-85095-16-4

1. Ensaios norte-americanos 2. Estados Unidos - Civilização - Século 20 I. Hall, Michael II. Pinheiro, Paulo Sérgio. III. Título.

87-0175 CDD-814.5
-973.9

Índices para catálogo sistemático:

1. Ensaios : Século 20 : Literatura norte-americana 814.5
2. Estados Unidos : Civilização : Século 20 973.9
3. Século 20 : Ensaios : Literatura norte-americana 814.5

Artigos publicados em:
Homage to Daniel Shays
Matters of Fact and of Fiction
The Second American Revolution

Capa:
Ettore Bottini

Índice onomástico:
Telma Domingues

Revisão:
Newton T. L. Sodré
Maria Luíza Favret
Carlos Tomio Kurata

1987

Editora Schwarcz Ltda.
Rua Barra Funda, 296
01152 — São Paulo — SP
Fones: (011) 825-5286 e 67-9161

ÍNDICE

PRIMEIRA PARTE

SEGUNDA PARTE

PRIMEIRA PARTE

O CASO F. SCOTT FITZGERALD

Francis Scott Fitzgerald nasceu em 1896 em St. Paul, Minnesota; morreu em 1940, em Hollywood, Califórnia, no número 1443 da North Hayworth Avenue, não longe do Schwab's, um *drugstore* onde se reuniam — e ainda se reúnem — os que estavam subindo e os que estavam descendo no que naquela parte do mundo ainda se conhece como A Indústria, e que no resto do mundo se chama o cinema.

Entre 1920 e 1940, Fitzgerald publicou quatro romances, 160 contos e alguns fragmentos de autobiografia. Trabalhou em uma dúzia de roteiros para cinema. Também escreveu vários milhares de cartas, guardando cópia das que tinham maiores possibilidades de expor à posteridade seu ponto de vista a respeito de diversas questões que julgava importantes. Embora muito pouco do que Fitzgerald escreveu apresente maior valor literário, sua triste existência continua fornecendo aos Departamentos de Inglês e ao cinema um Conto Exemplar de primeira grandeza. Desnecessário dizer que Scott Fitzgerald atualmente é uma indústria acadêmica de vulto. No momento, existem dois modelos novos nas livrarias, ambos editados pelo professor Matthew J. Bruccoli. *The Notebooks of F. Scott Fitzgerald* (Cadernos de Nota)* inclui todas as 2078 notas dos cader-

(*) Quando nos foi possível colocamos o título da tradução brasileira entre parênteses. (N. E.)

nos, e *Correspondence of F. Scott Fitzgerald* (Correspondência) reúne cartas para e de Fitzgerald.

Recapitulemos rapidamente a carreira de Fitzgerald: em 1920 publicou *This Side of Paradise* (Este Lado do Paraíso) e casou-se com a bela Zelda Sayre. Em 1921, os dois partiram para a colônia — naquele tempo, a Europa. Mas a Europa de Fitzgerald pouco tinha a ver com a Europa do "Passionate Pilgrim" (O Peregrino Apaixonado) de Henry James. Os Fitzgerald nunca saíam para ver os pontos turísticos, porque, na qualidade de celebridades da Era do Jazz, eles é que eram os pontos turísticos. Queriam se divertir e divertiram-se — todos —, mas por pouco tempo. As coisas se desmantelaram. Colapso de 1929. Loucura de Zelda. Alcoolismo de Scott. Enquanto Zelda passava de uma *clinique* cara para outra, o dinheiro ia ficando curto. O terceiro romance de Scott, o melhor, *The Great Gatsby* (O Grande Gatsby) (1925), não deu dinheiro. O romance número quatro foi difícil de sair. Retorno aos Estados Unidos em 1931: Baltimore, Wilmington. Fitzgerald fez duas viagens a Hollywood, onde escreveu roteiros de cinema para ganhar dinheiro; ganhou dinheiro mas não fez cinema.

O fracasso relativo de *Tender Is the Night* (Suave É a Noite) (1934) ocorreu numa época em que os contos de Fitzgerald já não eram acolhidos pelas revistas na mesma faixa de preços que tornara a vida fácil nos anos 20. Depois de muita negociação, Fitzgerald cavou um contrato de seis meses como escritor permanente da MGM. Com um salário semanal de mil dólares, era um dos escritores de cinema mais bem pagos. Entre 1937 e 1940, Fitzgerald escreveu textos de filmes para poder pagar as dívidas; pagar o sanatório de Zelda e a escola da filha; comprar tempo para escrever um romance. Mesmo com um coração agonizante, cumpriu em boa medida o que tinha planejado.

Em certo sentido, os últimos dias de Fitzgerald foram tão heróicos quanto os do general Grant, tal como descritos em *General Grant's Last Stand* (A Última Batalha do General

Grant), um livro que Maxwell Perkins, o editor da Scribner's, demonstrando pouca sensibilidade, mandou para Fitzgerald depois de ler os três tristes esboços autobiográficos publicados em *Esquire* (reeditados, postumamente, por Edmund Wilson em *The Crack-Up*, O Colapso).

"Gostei de ler *General Grant's Last Stand*", respondeu Fitzgerald com muita dignidade diante das circunstâncias, "e me dei conta de suas razões específicas para me mandar o livro. Inútil comparar a diferença entre mim e o general Grant em matéria de força de caráter, quanto à quantidade de palavras que ele era capaz de escrever num ano" (morrendo de câncer inteiramente falido), "e o campo absolutamente virgem que ele explorava com a experiência de quatro anos de vida dentro das circunstâncias mais dramáticas." Também era inútil mencionar que, apesar de uma presidência fracassada, da falência pessoal, e de ser um caso de alcoolismo, Grant obtivera vitórias tão absolutas como Shiloh, Vicksburg e Appomattox, enquanto Fitzgerald só conseguira uma, *The Great Gatsby*, uma operação pequena mas perfeita, comparável, por exemplo, à investidura de Grant em Fort Donelson.

Quando Fitzgerald morreu, em 1940, já tinha se transformado numa espécie de peça de época, uma relíquia da Era do Jazz, de chapéu de abas moles e gim caseiro. A última década da vida de Fitzgerald começou com a Depressão e terminou com a Segunda Guerra Mundial; em meados da década de 30, a Guerra Civil espanhola politizou a maioria dos novos escritores e muitos dos antigos. Como era previsível, Ernest Hemingway sobreviveu, passando triunfalmente da peça ruim *The Fifth Column* (A Quinta Coluna) para o romance ruim *For Whom the Bells Tolls* (Por Quem os Sinos Dobram) (comentário de Fitzgerald: "um livro absolutamente superficial, com a mesma profundidade de *Rebecca*"). Apesar disso, com o *panache* característico, o grande carreirista conseguiu manter-se no alto da pilha, em cuja base espaçosa Fitzgerald estabelecera residência definitiva.

Mas, com uma dose suficiente de dramatização, o fracasso tem seus encantos, como Fitzgerald demonstrou nas peças autobiográficas que tanto ofenderam seu velho amigo John Dos Passos, que escreveu: "Meu Deus, cara, como é que você acha tempo no meio da conflagração geral para se preocupar com todas essas histórias?" Mas todas essas histórias eram a única coisa que Fitzgerald jamais tivera para lidar, e continuou defrontando-se com sua própria conflagração particular até ser consumido por ela, comendo chocolate num dia de inverno logo ao lado do Sunset Boulevard.

Em Princeton, Fitzgerald e Edmund Wilson foram amigos; continuaram sendo amigos até o fim, embora Wilson fosse um intelectual do tipo mais rigoroso, enquanto Fitzgerald era apenas perfunctoriamente letrado. Mesmo assim, os dois deviam ter alguma coisa em comum além da mocidade, do tempo e do lugar partilhados, e suspeito de que essa alguma coisa fosse a espécie de alto romantismo personificado por Fitzgerald e apenas sonhado por Wilson, enquanto suspirava por Daisy.

Quando Wilson compilou um livro só com artigos sobre Fitzgerald e chamou-o de *The Crack-Up*, o escritor falido foi inteiramente, se não permanentemente, ressuscitado. A partir de 1945, foram escritos centenas, talvez milhares de biografias, estudos críticos e teses de doutorado sobre Fitzgerald. Por ironia, o cinema — que tanto fascinara e frustrara Fitzgerald — atualmente transformou ele e Zelda em enormes monstros míticos, eternamente rodopiando valsas vienenses rumo ao último rolo, onde explodem como um par de pistolões num chuvoso 4 de julho — infiéis e queridos desencantados.

Para os americanos, o trabalho de um escritor aparece quase sempre como secundário a sua vida — ou seu estilo de vida, como se diz hoje em dia. Isso significa que o biógrafo do romancista muito provavelmente dará mais destaque, em todos os sentidos, à vida do que ao escritor que a viveu. Não há dúvida de que a história pessoal de Fitzgerald é um Conto Exemplar perenemente fascinante. Quanto aos romances que escreveu, os dois que obtiveram sucesso enquanto ele viveu eram livros menores, cujos temas — para não falar dos títulos — representavam um enorme apelo para as superstições e preconceitos da classe média: *This Side of Paradise* e *The Beautiful and Damned* (Belos e Malditos). Se este último não continuar sendo um sucesso no circuito renascido onde se festejam Cleaver e Colson,* vou tratar de reler o livro. Mas quando Fitzgerald finalmente escreveu um romance de qualidade, o público não estava interessado. Afinal de contas, qual é a *moral* em Gatsby? Como aparentemente não havia nenhuma, *The Great Gatsby* entrou pelo cano e isso foi o fim de F. Scott Fitzgerald, o elegante sucesso do ano anterior, o atrevido cronista das meninas que beijavam. O fato também seria o início do que é hoje uma lenda poderosa: o escritor "arquetípico" que Cyril Connolly lamentava como "o jovem derrotado em sua glória" (in *The New Yorker*, 10 de abril de 1948). Na realidade, o despojo encalhado no fundo do Laurel Canyon, em seus 44 anos de idade, não era moço nem estava em sua glória quando caiu morto. Mas cinco anos mais tarde, quando Wilson fez o levantamento do naufrágio, recriou para uma nova geração o rapaz louro, inteligente, eternamente glorioso, condenado.

A edição do professor Bruccoli dos *Notebooks* vem com altas recomendações. James Dickey, o poeta e romancista, acha que o livro "deveria ser uma bíblia para todos os escritores. Mas não é preciso ser escritor para ser sensibilizado por eles — os *Notebooks* transformam-nos a todos em escritores". Se isso for verdade, trata-se mesmo de um achado. Para que ir ao Bread Loaf se você também pode ganhar um bom dinheiro e ter estabilidade na universidade meramente lendo um livro? Budd Schulberg, o romancista, diz: "dentre todos os mestres de ca-

(*) Referência ao meio protestante fundamentalista onde Cleaver, ex-militante negro, e Colson, personagem de Watergate, fazem palestras bem pagas sobre suas conversões religiosas. (N. C.)

dernos de anotação, acima de Butler, Bennett e até de Jules Renaud (*sic*), Fitzgerald desponta — a nosso ver — não apenas como o mais completo e profissional, mas como o mais divertido e evocativo". Eis aí uma apreciação retumbante. Melhor que Butler? Melhor que Jules Renard? Corram à livraria! Finalmente um aforista superior ao homem que escreveu em seu *cahier*: "Acho que quando não estou pensando sobre mim mesmo não estou pensando nada".

Compreende-se que o professor Bruccoli esteja excitado com os *Notebooks*, que "eram a oficina e a crônica (de Fitzgerald). Eram sua reserva literária. Também eram seu confessionário". Edmund Wilson discorda. Na introdução a *The Crack-Up*, Wilson observa que, mesmo em Princeton, Fitzgerald admirava tanto os *Notebooks* de Butler que, quando começou a fazer anotações em seus próprios cadernos, era "como se estivesse preparando um livro para ser lido, além de ser um reservatório para seu uso próprio... Na realidade, aparentemente ele os utilizou raramente".

Os apontamentos incluem desde lembretes soltos, nomes próprios e brincadeiras, até extensas descrições e queixas. Tenho a impressão de que sou obrigado a discordar de Wilson, que considera esses fragmentos "uma leitura excelente". Muitos dos apontamentos são simplesmente herméticos. "Hobey Baker." Só isso. Está bem, a pessoa sabe — pelo menos alguns sabemos — que Baker era um fantástico jogador de futebol em Princeton no tempo de Fitzgerald. E daí? O nome em si é só um nome e nada mais. Quanto aos fragmentos e trechos mais longos, servem apenas para lembrar-nos que, mesmo na parte melhor de sua obra, Fitzgerald tinha pouca agudeza e menos humor. Embora na mocidade ele fosse muito animado (o que, nos domínios da liberdade, muitas vezes se confunde com humor), essas anotações estão mais para tristes; não há dúvida de que o autor está recheado de autocomiseração, autojustificação, auto... não tanto amor quanto uma profunda e permanente atenção.

Em geral, as notas de Fitzgerald não passam de notas ou lembretes. Eis algumas delas, presumivelmente numeradas pelo professor Bruccoli:

12. Sarg. Este
137. Ogden e Jesus
375. Vivamos todos juntos
975. Paul Nelson da *School Play Onward* (Peça da Escola em Diante)
1058. Correlação entre Faulkner — Lord Fauntleroy. (Ainda se tivesse feito isso!)
1128. De Sano despedaçando a cadeira
1270. Atores, chave para tanto
1411. Cena Bunny Burgess do copo e da mulher
1443. As notificações de reprovação
1463. Lembrança de dar uma mijada na noite de formatura
1514. Tira casaco no teatro

Não tenho muita noção de como essas notinhas podem transformar-nos a todos em escritores, nem a Fitzgerald. É evidente que não são divertidas nem evocam coisa nenhuma em seu estado atual. Resta-nos esperar que algum dia o professor Bruccoli estruture essas notas para nós, para que tenhamos condições de ficar sabendo o que foi exatamente que Bunny B. fez com a mulher dele e com o copo. Enquanto isso, vou me ocupar pessoalmente do item 1069: "O escândalo do 'Ensino de Inglês' ".

Há uma seção dedicada a descrições de lugares, coisa que Fitzgerald fazia muito bem em seus romances. O número 142 é uma boa descrição de Los Angeles, "uma cidade cuja população triplicou num período de quinze anos", onde as crianças brincam "nos flancos verdes da avenida moderna... com os joelhos marcados pelas manchas vermelhas da era do mercurocromo, brincavam com brinquedos que tinham um objetivo —

vigas para ensinar engenharia, soldados para ensinar hombridade, e bonecas para ensinar maternidade. Quando as bonecas ficavam tão sovadas que paravam de parecer bebês de verdade e começavam a parecer bonecas, as crianças criavam afeto por elas". É uma observação muito delicada. Mas uma grande parte dessas descrições simplesmente não estão no ponto ou são forçadas. A descrição de um lugar ou de um estado de espírito que não esteja conectada de alguma maneira à ação não tem a menor serventia.

Esses diários e cadernos destinados à leitura precisam lidar de alguma maneira com coisas reais, completas nelas mesmas. Montaigne não escreve "A casa do Cardeal em Lucca" e deixa a coisa por aí. Só que Montaigne era um homem que estava constantemente pensando no que havia lido e observado no decorrer de uma vida no mundo. Parece que Fitzgerald não leu muita coisa além da tradição romântica, e embora sua capacidade de observação fosse freqüentemente aguda e precisa quando se tratava do tipo de detalhe que o interessava (diferenças de classe, lembrança de luz), ele não tinha vida concreta no mundo. Desde muito cedo optou por viver um mito romântico cujas únicas referências eram ele mesmo, Zelda e a filha.

Quando li os *Notebooks* fiquei impressionado com a ausência de referências literárias (a não ser alguns comentários muito perspicazes sobre os contemporâneos de Fitzgerald). Embora quase todos os escritores que fazem cadernos de anotações costumem anotar lembretes soltos, também têm tendência a comentar suas leituras. Fitzgerald fica de olho na competição e nada mais. Quando cheguei à seção denominada "Epigramas, piadas e brincadeiras", fiquei pensando se ele alguma vez terá lido Gide. Se leu Gide ou não, ficará eternamente por esclarecer. Mas sem dúvida tinha ouvido falar nele. "André Gide levantou-se pela própria sunga, por assim dizer — e dá vontade de vê-lo içado por sua pederastia." Epigrama? Piada? Brincadeira?

Nesses *Notebooks* de Fitzgerald há um certo excesso de referências nervosas a *fairies* (veados) e *pansies* (frescos). Mas há que notar que sua atitude em relação às castas inferiores não era muito diferente da de todo mundo naquela época: "1719 a negrada papagueando nas calçadas; 1921 Arthur Kober estilo judeu sem suavidade... querendo fazer carreira como se não fosse judeu; 1974 *Native Son*(O Filho Nativo) — um folhetim bem escrito cuja moral, ao que parece, é que é muito bom para a causa quando um negro de miolo mole vira fera".

Alguns trechos dos *Notebooks* foram muito citados nas biografias de Fitzgerald; nem por isso perderam sua dramaticidade: "1362 Minha capacidade de ter esperança perdeu-se nas estradinhas que levavam ao sanatório de Zelda". Mas a maioria das anotações de caráter pessoal são simplesmente tristes e não muito interessantes. Ouvi-lo dizer e redizer que houve um tempo em que era um sucesso e que agora é um fracasso; era moço e agora é um homem de meia-idade.

Em 2078 anotações, encontro só uma digna de Jules Renard: "Para provocar a vinda da revolução talvez seja preciso trabalhar no interior do partido comunista". Engraçado. Fora isso, as observações de Fitzgerald nada têm a ver com Jules Renard, mas, como observou Mr. Schulberg, com Jules Renaud.

Daria para imaginar que a coletânea das cartas de Fitzgerald, organizada por Andrew Turnbull, fosse tudo o que qualquer admirador de bom senso pudesse jamais necessitar. Fitzgerald não era exatamente o tipo de missivista cujos *pensées* façam a gente ir correndo para a caixa de cartas para ver se por acaso chegou carta dele. Quando não está pedindo dinheiro, Fitzgerald está dando explicações ou se queixando. Mas o professor Matthew J. "pesquisa gera pesquisa" Bruccoli não pensa assim. Na *Correspondence* ele nos fornece uma coleção perfeitamente suntuosa das cartas de Fitzgerald, chegando a incluir os incríveis erros de ortografia do mestre; por sorte ele teve o bom senso — teve dó do leitor — de incluir algumas cartas interessantes *para* Fitzgerald. Se as maravilhosas cartas de Zelda não são suficientes para justificar inteiramente o projeto do livro, pelo menos proporcionam algum prazer literário ao longo de uma correspondência que, da parte de Fitzgerald, é para lá de deprimente.

Não há dúvida de que Fitzgerald tem razões de sobra para se queixar e, numa certa medida, esses brados à meia-noite são pungentes. Só que também são monótonos. Como a correspondência de Fitzgerald apresenta interesse para alguns estudantes de pós-graduação americanos, as cartas merecem ser preservadas, mas não publicadas. É possível ler com prazer as cartas de Lord Byron e de Virginia Woolf sem qualquer conhecimento mais profundo de suas obras ou mesmo de seu tempo. Mas Fitzgerald não tem o mesmo encanto nem a mesma força brutal. Nas raras ocasiões em que não está se olhando no espelho, pode ser interessante. "Eu gostaria de chamar a sua atenção para uma coisa em Steinbeck", escreveu ele a Wilson um mês antes de morrer. "Ele é um plagiador meio matreiro. A maioria de nós começa imitando, mas a coisa é bem diferente quando um homem com a idade e a reputação dele rouba uma cena inteira, como ele fez em *Mice and Men* (Ratos e Homens). Estou lhe mandando uma cópia de *McTeague*, de Norris, onde assinalei alguns trechos para que você entenda do que estou falando. A dívida que ele tem com *The Octopus* também é imensa, e seus colhões, quando ele os usa, em geral são calcados em *Kangeroo*, de Lawrence."

Os talentos precoces amadurecem lentamente, quando amadurecem. Apesar do sucesso da juventude, há algo de "apressado", como diz Fitzgerald, em seu início. Apressado e estranhamente pouco auspicioso: o soldado que nunca lutou (houve uma época em que serviu sob as ordens do capitão Dwight D. Eisenhower — sobre o que conversavam?) e o atleta que nunca competiu. Mesmo assim, com 21 anos de idade Fitzgerald escreveu a Wilson: "Deus do céu! Que saudade da minha mocidade — isso é apenas relativo, é claro, mas as rugas já estão começando a marcar o rosto *dos outros*, e isso é o sinal indubitável. Acho que você nunca percebeu, em Princeton, a simplicidade de criança que estava por trás de toda a minha boba sofisticação e a falta, em mim, de um verdadeiro sentido de honra". Até antes de ter um passado para o qual se voltar, Fitzgerald já estava à cata dos tempos idos, "incessantemente transportado de volta para o passado".

O aspecto mais curioso da primeira mocidade de Fitzgerald era seu relacionamento com o monsenhor Sigourney Webster Fay, na Newman School. Fitzgerald era um rapaz singularmente bonito e inteligente, e, pelo tom das cartas que Fay lhe escrevia, havia um rastro de pederastia no ar. Num certo momento, em 1917, Fitzgerald deveria acompanhar Fay numa missão à Rússia, com o objetivo de conduzir a Igreja Ortodoxa Grega de volta para Roma. Mas os bolcheviques interferiram. Mesmo assim, o projeto como um todo tem uma maluquice Corvo-esca atraente, e a gente fica imaginando até que ponto Fitzgerald compreendia a natureza de seu dedicado amigo, cujo assistente na Newman School, o padre William Hemmick ("com suas sapatilhas de fivela de prata e suas batinas cortadas em Paris"), iria terminar seus dias em Roma, cercado por dourados efebos, um veado assumido cuja apoteose se daria no dia maravilhoso em que, com toda a gravidade e imponência que Lanvin é capaz de outorgar, o monsenhor Hemmick, nas barbas, por assim dizer, do Representante de Deus na Terra, uniu em matrimônio, diante das câmeras do mundo inteiro, Tyrone Power e Linda Christian. Uma coisa se diga de Scott: ele foi *show-biz* desde o começo. Fay aparece como padre Darcy em *This Side of Paradise*. As cartas que Fitzgerald escreveu a Fay desapareceram. O professor Bruccoli revela-nos que "se acredita que elas tenham sido destruídas pela mãe de Fay, depois da morte deste".

Como muitas dessas cartas se referem à personalidade de Fitzgerald (seu alcoolismo, casamento, amizades), não é inteiramente despropositado especular-se — mas mesmo assim bastante despropositado — sobre a vida sexual de Fitzgerald. Muito raros são os jovens bonitos como Fitzgerald que conseguem passar pelo tipo de escola que ele freqüentou sem serem seduzidos por homens ou rapazes. As acusações que Zelda fazia de vez em quando a Fitzgerald, de que ele seria homossexual, foram quase sempre desconsideradas devido ao fato de que ela estava ou fora dos eixos ou louca para ferir Fitzgerald, para tirar sangue psíquico. Em uma exposição de motivos que Fitzgerald pode ter e pode não ter mandado para Zelda quando ela estava hospitalizada, ele dizia: "A vez em que cheguei mais perto de abandonar você foi quando você me disse que (achava que) eu era veado na rue Palatine...". A resposta para isto é: mantenha distância da rue Palatine.

Infelizmente, a rua tinha seu fascínio para ambos. Zelda era atraída por Madame, sua professora de balé, enquanto Fitzgerald travava conhecimento com um durão parisiense (na rue Palatine?), que levou para os Estados Unidos como mordomo e *sparring* de boxe. Seja como for, Zelda conseguiu azucrinar tanto o marido sobre a questão, que um dia em Paris, ao segurar Morley Callaghan pelo braço, ele o largou de repente. "Era como segurar um peixe frio. Você achou que eu era bicha, não achou?" Em *That Summer in Paris,* Callaghan diz que teria querido ser "mais reconfortante, mais efusivo com ele naquela noite".

Seja qual for o saldo sexual de Fitzgerald, não há dúvida de que ele era inteiramente absorvido por Zelda. Restam poucas dúvidas de que fosse impotente uma boa parte do tempo, porque qualquer pessoa que beba tanto quanto ele bebia perde, pelo menos temporariamente, a capacidade de ereção. Em *Papa: A Personal Memoir*, o filho de Hemingway, um médico, chegou a essa conclusão a respeito do pai, outro que bebia muito.

"Uma das muitas ironias da carreira de F. Scott Fitzgerald é que o escritor que morreu 'esquecido' em 1940 é o autor norte-americano mais perfeitamente documentado deste século." O professor Bruccoli quase beija a boca dele na introdução à *Correspondence*. "A razão pela qual sabemos mais sobre Fitzgerald do que sobre qualquer contemporâneo dele é que ele conservava o material... De nós todos, o maior especialista em Fitzgerald era F. Scott Fitzgerald." Ao datilografar essas palavras tenho a sensação de absoluta loucura. *Especialista* em Fitzgerald? Entende-se a necessidade de especialistas em Dante, Rabelais, Shakespeare. Mas especialista num autor popular contemporâneo que não precisa ser apresentado? Não há um certo exagero nisso tudo? Será que os moinhos acadêmicos atualmente são tão grandes e irracionais que qualquer escritor que tenha uma certa dose de talento e fama serve para fazer farinha? Todo o tempo gasto para colecionar qualquer pedacinho de papel onde Fitzgerald rabiscou alguma coisa poderia ser mais bem utilizado para tentar entender, por exemplo, a natureza daquela sociedade que produziu o Fitzgerald que escreveu aquelas cartas. Mas os especialistas em literatura de hoje em dia são essencialmente colecionadores de fatos, especialistas-esquilos, para quem todas as estações são primavera.

Isso posto, devemos ficar gratos a esse especialista-esquilo, em particular, por ter publicado 62 das cartas de Zelda a Fitzgerald. Como todos os seus outros escritos, as cartas são ao mesmo tempo belas e evocativas. Depois de uma tentativa desesperada de tornar-se bailarina, Zelda ficou clinicamente louca. Escrevendo de diversos sanatórios, ela fez o possível para contar a Fitzgerald como é ficar louco: "A cada dia tenho a impressão de que as coisas são mais áridas, estéreis e inúteis —em Paris, antes que eu me desse conta de que estava doente, todas as coisas começaram a ter novos significados: estações e ruas e fachadas de edifícios — as cores eram infinitas; uma parte do ar, não eram limitados pelas linhas de seus contornos, e os contornos eram independentes das massas que limitavam... Aí o mundo tornou-se embriônico na África — e não havia necessidade de comunicação. Os árabes fermentando na imensidão; a curiosa qualidade de seus olhos e o cheiro das formigas; um distanciamento, como se eu estivesse do outro lado de uma gaze preta — uma sensação miúda e destemida, depois o fim, na Páscoa..." (Esta citação é de *Zelda*, de Nancy Milford.) "Eu teria gostado de dançar em Nova York nesta primavera, mas onde é que vou encontrar de novo esses meses que gotejam nas beterrabas da horta da clínica?" E "Tenho vivido em lugares vaporosos habitados por figuras unidimensionais e edifícios trêmulos até o momento em que não consigo mais distinguir uma ilusão ótica de uma realidade... aquela cabeça e aquelas orelhas pulsam incessantemente, as estradas desaparecem... Estava bom em Paris? Quem você viu lá e a Madeleine estava cor-de-rosa às cinco horas e a água dos chafarizes caía com uma delicadeza oca na moldura do espaço na Place de la Concorde e o azul apontou por detrás das colunatas da rue de Rivoli através das grades das Tuileries e o Louvre estava cinzento e metálico ao sol e as árvores se inclinaram pensativas sobre os cafés e havia luzes à noite e o tilintar dos pires e as buzinas dos automóveis que tocam de Bussey..."

Mestra do clima e da paisagem, Zelda era quase tão boa em relação a pessoas. Foi uma das primeiras a perceber que Hemingway era "duvidoso como um cheque sem fundos". Quando ela leu o manuscrito de *A Farewell to Arms* (Adeus às Armas), disse que a prosa era "um saco, de tão bíblica", e que *The Sun Also Rises* (O Sol Também se Levanta) era "touradas, conversas para boi dormir e bosta".* Sobre Edmund Wilson, escreveu: "Bunny tem uma mente muito especulativa. Só futuros: da raça, de uma idéia, de política, de controle da natalidade. É um constante fazer planos e projetos lamuriosos, nada de executar. E ele bebe tanto que se preocupa mais do que deveria". Sem dúvida, Fitzgerald ficava tão encantado com as cartas quanto nós. Mas ele também a entendia quase tão bem quanto entendia o assunto de toda sua vida, ele mesmo. "As

(*) No original, "*bullfighting, bull-slinging and bullshit*". (N. T.)

cartas dela", escreveu, "são tragicamente brilhantes sobre todos os assuntos, exceto sobre os que são realmente importantes. Que estranho que tenha fracassado enquanto ser social — nem os criminosos fracassam desse jeito — eles são a 'Oposição Leal' à lei, por assim dizer. Mas os dementes sempre são simples hóspedes no mundo, eternos estranhos, arrastando de um lado para outro diálogos fragmentários que não conseguem ler."

Zelda e Scott. Estranhamente, Zelda e Scott deveriam combinar perfeitamente, no sentido platônico. Como isso não é possível para nós, cada um dos dois se tornou a sombra do outro, e apesar do desejo e da busca recíprocos, nunca chegaram a formar um todo.

Em julho de 1922, Mr. e Mrs. Fitzgerald foram convidados para estrelar os papéis principais de uma versão para o cinema de *This Side of Paradise*. Andrew Turnbull afirma que eles declinaram a oferta. Em 1927, Mr. e Mrs. Fitzgerald passaram dois meses em Hollywood, onde ele foi contratado para escrever um roteiro original para Constance Talmadge. Embora o roteiro não tenha sido aproveitado, Fitzgerald entrou em contato pela primeira vez com o lugar onde iria viver e morrer. Em 1931, voltou a Hollywood por um período de cinco semanas para trabalhar em *Red-Headed Woman* (Mulher Ruiva) na MGM. Embora o roteiro de Fitzgerald não fosse aproveitado, ele travou conhecimento com o garoto prodígio Irving Thalberg, cujos filmes "de bom gosto" (*The Barretts of Wimpole Street*, Os Barretts da Rua Wimpole) eram muito admirados naquele tempo. Em certa ocasião (registrada no conto "Crazy Sunday", Domingo Louco), Fitzgerald foi o centro das atenções numa festa em casa dos Thalberg com um espetáculo cômico de bêbado. Estrelas de cinema não gostam de que meros escritores roubem o palco, especialmente escritores bêbados. Mas no dia seguinte a dona da casa, a sempre graciosa Norma Shearer, telegrafou a Fitzgerald (sem dúvida depois de um *mea culpa* apologético que não chegou a nossos dias): "Na minha opinião você foi uma das pessoas mais agradáveis de nosso chá". Em Hollywood isso significa "você está despedido"; ele foi despedido.

Todos os americanos nascidos entre 1890 e 1945 queriam ser astros de cinema. Na primeira viagem de Scott Fitzgerald a Hollywood, fizeram um teste de filmagem com ele (onde estaria?). Já em 1920, Fitzgerald conta como "convocados ao estúdio de Griffith em Long Island, tremíamos diante dos rostos conhecidos do *Birth of a Nation* (Nascimento de uma Nação)... O mundo dos atores de cinema era igual ao nosso, no sentido de que era em Nova York, mas nada mais do que isso". Mais tarde, a paixão de Zelda por ser bailarina não passava, no fundo, de um desejo de ser Uma Estrela. Mas, como tantos outros românticos, então como agora, os Fitzgerald não queriam passar pela coisa feroz, chata, de virarem astros de cinema. Preferiam viver como se *fizessem parte* de um filme. Corte para o Antibes. Fusão para o Ritz em Paris. Novo corte para Hollywood. Os dois viveram e sofreram o suficiente para perceber que cinema, daquele tipo, é para ser feito ou ser assistido, não para ser vivido. Mas nesse momento ela já estava tempo integral num sanatório e ele era um escritor mercenário de cinema.

Em *Pasting It Together* (Colando Juntos) (março de 1936), Fitzgerald, aos 40 anos, deu-se conta da ocorrência de uma mudança cultural que ninguém mais parecia ter percebido.

> Vi que o romance, que na minha maturidade era o meio mais forte e mais flexível de transmitir pensamento e emoção de um ser humano para outro, estava ficando subordinado a uma arte mecânica e comunitária que, fosse nas mãos dos mercadores de Hollywood, fosse nas dos idealistas russos, só tinha condições de refletir os pensamentos mais batidos, as emoções mais óbvias. Era uma arte em que as palavras eram subordinadas às ima-

gens, em que a personalidade era desgastada até a inevitável marcha lenta da colaboração. Já nos idos de 1930 eu tinha o palpite de que com o cinema falado mesmo os romancistas de mais sucesso iriam ficar tão arcaicos quanto o cinema mudo.

Fitzgerald tinha razão. Quarenta e quatro anos depois, é a escola de cinema que atrai os jovens brilhantes, enquanto a oficina do escritor só convém àqueles cujo futuro não será literário, mas acadêmico. Hoje, certamente, nenhum romance de nenhum autor concentra o tipo de atenção mundial que um filme novo obtém automaticamente. Mesmo assim, por razões pouco claras para mim, os romancistas ainda continuam fazendo eco à afirmação de Glenway Wescott, que escreveu que o palpite de Fitzgerald era "um pensamento muito errado para um romancista". Para mim, ele não seria errado, mas inevitável.

Uma década mais tarde, quando escrevi que o cinema tinha substituído o romance como a forma central de arte de nossa civilização, fui criticado por ter dito que o romance estava morto, e me mandaram ler listas de fantásticos romances novos. É óbvio que o romance sério, ou romance-arte, ou seja como for que quiserem chamar o romance-enquanto-literatura, continuará sendo escrito; afinal de contas, a poesia está florescendo sem o amparo do leitor comum. Mas também é um fato que muito dificilmente uma pessoa que não faça parte de uma instituição tenderá a dar atenção a qualquer desses artefatos literários. Pior, se o especialista-esquilo predominar, os escritores não serão lembrados pelo que escreveram, mas pelos Contos Exemplares constituídos por suas vidas. Enquanto isso, espertos e bobos vão ao cinema; discutem cinema; sonham com cinema. Agora se exibem filmes na sala de aula, porque é mais fácil assistir a Pabst do que ler Dreiser. Pelo menos *era* mais fácil. No momento, alguns sintomas indicam que a atual geração comercial de televisão já não é capaz de assistir com um mínimo de concentração a um filme de duas horas sem intervalos. Assim, Pabst cede seu lugar ao comercial de trinta segundos da Pond's.

Em nosso tempo, apenas uns poucos bons escritores foram versáteis ou bem situados no tempo e no espaço a ponto de utilizarem cinema e prosa. Jean Cocteau, Graham Greene... quem mais? Certamente não Faulkner, Sartre, Isherwood, Huxley. No apogeu dos estúdios de Hollywood, nenhum escritor sério jamais conseguiu um domínio adequado do sistema. É verdade que poucos queriam fazê-lo. Eles iam para lá para ganhar dinheiro e poder comprar tempo para escrever livros. Mas Fitzgerald era mais previdente do que a maioria de seus contemporâneos. Percebeu que o romance estava sendo suplantado pelo cinema; também percebeu que o cinema, sob todos os pontos de vista, é inferior ao romance enquanto forma de arte — se é que uma atividade coletiva como o cinema pode ser considerada uma arte. Mesmo assim, Fitzgerald continuava sendo suficientemente artista ou egoísta romântico para querer criar cinema. Como fazer?

Naquele tempo, o produtor era todo-poderoso e todos os demais não passavam de técnicos a serem usados pelo produtor. É claro que havia "estrelas" em todas as categorias técnicas. Um superescritor contratado, como Ben Hecht, era capaz de interferir muito mais na manufatura de um filme do que o técnico-diretor, como diz Fitzgerald numa carta a Matthew Josephson (11 de março de 1938):

> Antigamente, quando o cinema era o encadeamento dos pontos altos da imaginação de meia dúzia de ex-jornalistas bêbados, era verdade que tudo se resumia ao diretor. Era ele quem coordenava e animava o material — a história estava na cabeça dele. Muita coisa daquele tempo permanece válida, mas a situação de *Three Comrades* (Três Camaradas), em que Frank Borzage tinha pouco mais a fazer do que ser uma espécie de *cameraman* glorificado, é mais típica dos dias que correm. Um filme de Bob Sherwood, por exemplo, ou um roteiro de Johnny Mahin, pode-

riam ser filmados por um diretor-assistente ou uma *script-girl*, e quando antigamente um autor teria agarrado a possibilidade de vir a ser diretor, agora há muitos, como Ben Hecht e o acima mencionado Mahin, que têm horror da eterna espera e da monotonia do emprego moderno.

Embora Fitzgerald subestime o poder do produtor (no caso de *Three Comrades*, o espirituoso e admirável escritor-diretor Joe Mankiewicz), está certo quando se refere ao pouco destaque que todos atribuem ao diretor e à importância, relativamente falando, dos superescritores contratados, que pré-dirigiam, praticamente, cada filme, incorporando em seus roteiros a maneira exata como o filme deveria ser filmado. As coisas ainda continuavam sendo assim numa boa medida quando fui escritor contratado da MGM cerca de doze anos depois da morte de Fitzgerald. Scott ainda era lembrado, mais ou menos afetuosamente.

"Mas", como disse o Sábio Picareta, à Mesa dos Escritores, "todo esse papo de volta à moda não teria acontecido se ele fosse a cara do Wallace Beery". O Sábio Picareta só sentia desdém pelos esforços de Edmund Wilson para fazer voltar a fama de Fitzgerald. "O alfaiate do Imperador", rosnou ele. À Mesa dos Escritores todos rosnamos ou retrucamos ou até, uma vez ou outra, guinchamos, como Fitzgerald.

Quando eu disse que nunca tinha gostado muito da cara de Fitzgerald nas fotografias mais antigas, mas que achava tocantes as mais recentes, porque ele sempre dava a impressão de estar fazendo muita força para não gritar, o Sábio Picareta respondeu: "Não. Gritar não, choramingar. Nunca houve melhor choramingas. Deus sabe por quê. Ele levou uma vida boa aqui. Joe o admirava. Deu crédito para ele. Renovou o contrato dele. A coisa toda começou com Eddie Knopf, que tinha uma queda por escritores. Foi ele quem convenceu o estúdio a contratar Fitzgerald, a façanha da semana, depois de toda aquela merda que ele tinha despejado no *Esquire* sobre como o coitadinho dele era bebum. Aí o Joe encaixa ele nos *Three Comrades* porque achou que ele talvez desse uma boa contribuição nesse lance de época. Daí, quando a coisa não deu certo, Joe chamou o velho Ted Paramore para ajudar com o roteiro. Mas também não deu certo. No primeiro dia de filmagem, Maggie Sullavan disse: 'Não consigo dizer esse texto', aí o Joe teve de reescrever toda aquela droga. E daí, por que o Scott tinha de ficar ofendido? Ele estava suficientemente informado para saber que nesse negócio quem escreve é a mulher".

Mas Scott se ofendeu com o que Mankiewicz fizera com o roteiro do único filme no qual o nome de Fitzgerald jamais apareceria; para ele, receber o que no ramo se conhece como crédito (em geral, débito é a palavra mais adequada) era um passo gigantesco em direção a muito dinheiro, autonomia, liberdade, ou, como Fitzgerald escreveu a Zelda (outono de 1937), "se eu conseguir acabar um filme *excelente* para coroar *Three Comrades*, acho que posso negociar melhores condições — mais descanso *e* mais dinheiro". Para Beatrice Dance ele escreveu (27 de novembro de 1937): "Andei trabalhando num roteiro para *Three Comrades*, um livro que é quase de primeira qualidade (de Remarque) — se apóia um pouco em Hemingway e em outros, mas conta uma bonita história trágica". Um Fitzgerald mais triste, senão mais sábio, escreveu à mesma mulher quatro meses mais tarde: "*Three Comrades*, o filme que acabei de escrever agora, está sendo produzido, e embora leve minha assinatura, meu produtor não conseguiu resistir à tentação do lápis e deu um jeito de obliterar quase todos os traços de minha personalidade". À sogra, Fitzgerald escreveu no mês seguinte (23 de abril de 1938): "*Three Comrades* deve ser distribuído dentro de dez dias, e um bom terço do filme é absolutamente de minha autoria". Mas poucas semanas depois ele escreveu à cunhada: "*Three Comrades* é um horror. Foi *completamente* reescrito pelo produtor. Prefiro que Zelda não assista".

Mas Zelda assistiu e achou que grande parte do filme era muito bom, embora

> não há nenhuma continuidade dramática — o que acaba com todo o suspense. Sei que é difícil agüentar um tratado filosófico na tela, mas teria sido melhor se houvesse a noção de que alguma tese inevitável estava sendo dada a conhecer, a despeito dos personagens — ou se houvesse a noção de que os personagens eram dominados por alguma intenção dinâmica irresistível. O filme vai se desenvolvendo sem rumo; e sua dinâmica é fragmentária e esporádica, em vez de ser cumulativa ou contínua.

Mesmo fechada no hospício, Zelda era melhor crítica do que o inefável Frank Nugent, do *The New York Times* (que adorou o filme), e do que Fitzgerald, que escrevera o primeiro esboço medíocre de um filme que não só seria alterado no curso de uma colaboração com um tal de Ted (*The Bitter Tea of General Yen*, O Chá Amargo do General Yen) Paramore, como acabaria sendo inteiramente refeito pelo produtor Joe Mankiewicz.

O primeiro esboço do roteiro de Fitzgerald ficou pronto no dia 1º de setembro de 1937. Editado pelo ubíquo professor Bruccoli, o roteiro foi publicado em 1978, juntamente com as diversas cartas que Fitzgerald escreveu mas nem sempre mandou para Mankiewicz e para os manda-chuvas do estúdio, e com a exposição de motivos que entregou a seu colaborador Paramore. Num posfácio, o professor Bruccoli conta sucintamente a história da produção do filme; também compara o penúltimo roteiro de Fitzgerald com seu primeiro esboço.

Acontece que sempre vi com desconfiança o tradicional Conto Exemplar do gênio frágil de Fitzgerald, vencido pelas agruras do comércio por "um senhor ignorante e vulgar" (Fitzgerald, em carta a Beatrice Dance, quatro meses depois de o filme ter saído). Inspirado e excitado pelas pesquisas do professor Bruccoli, acabei me transformando também em especialista-esquilo. Penetrei no assim chamado "cofre" da MGM, onde recebi permissão para ler não só uma cópia do roteiro utilizado na filmagem de *Three Comrades* (datado de 2 de fevereiro de 1938), mas também as revisões feitas por Mankiewicz durante a filmagem. Também conheço a resposta para a dúvida que tanto atormentou meus companheiros esquilos: Mankiewicz recebeu ou não recebeu a carta de protesto de Fitzgerald, datada de 20 de janeiro de 1938? Ele... Mas não vamos nos adiantar a nossa história.

No dia 5 de novembro de 1937, o primeiro roteiro de Fitzgerald-Paramore foi entregue. Houve uma reunião para discutir a história: dá para imaginar o que foi. Mankiewicz falando depressa, de olhos bem abertos para enfatizar o que dizia, enquanto o esmaecido Fitzgerald pensava no último drinque — e no próximo drinque; e Paramore fazia seja lá o que for que os Paramore costumavam ou costumam fazer. Posteriormente, mais dois roteiros revisados foram entregues por Fitzgerald-Paramore. Depois, entre seu último roteiro, datado de 21 de dezembro, e o roteiro de 21 de janeiro, *alguma coisa aconteceu*.

No dia 20 de janeiro, um dia antes que o penúltimo roteiro fosse mimeografado, Fitzgerald escreveu uma carta furiosa a Mankiewicz, criticando as alterações radicais efetuadas no roteiro por este. Embora conste dos registros que Mankiewicz tenha comentado que "Scott Fitzgerald realmente escrevia um péssimo diálogo falado", não acredito que seja verdade. Mas nunca saberemos com certeza, porque uma parte muito pequena desse diálogo chegou à tela. No caso de *Three Comrades*, Fitzgerald achava serem "37 páginas minhas, cerca de 1/3". Em minha opinião, menos do que isso.

No roteiro original de Fitzgerald, os diálogos garoto-garota são encantadores e, o que é de se estranhar, bem menos verbosos do que na versão final. A falta de senso de humor de Fitzgerald não apareceria tanto num dramalhão antinazista, não fosse o fato de Mankiewicz ser um dos raros talentos humorísticos genuínos que Hollywood já produziu. Quando os diálogos de Fitzgerald tendiam a ser adocicados, os de Mankiewicz eram, freqüentemente, amargos; a combinação não foi inteiramente feliz. Em todo caso, Fitzgerald nunca entendeu as brincadeiras de Mankiewicz.

O roteiro original de Fitzgerald era comprido demais e um pouco confuso. Consciencioso em excesso, ele estudara tantos filmes antigos que praticamente não perdia nenhum clichê. Quando o herói telefona para o sanatório da heroína, "CORTE PARA: TRAVELING RÁPIDO TOMADA DE UMA FILEIRA DE POSTES TELEFÔNICOS NO INVERNO — A fileira sobe uma montanha coberta de neve. CORTE PARA:"... Mel Brooks cortando o fio.

Estava na cara que a história de Remarque, sobre três amigos alemães da Primeira Guerra Mundial que se dedicam ao conserto de automóveis durante a ascensão do nazismo, não correspondia aos talentos de Fitzgerald, mas, já que precisava do dinheiro, ele fez o que qualquer bom escritor que escreve por encomenda faz instintivamente: puxou a narrativa para o seu lado. Transformou a garota alemã Pat (uma moça rica empobrecida) em heroína de Fitzgerald, e transformou o garoto Bobby (Erich, no roteiro definitivo) em herói de Fitzgerald. Mais uma vez, Scott e Zelda iluminam, se não o céu, pelo menos o primeiro esboço do roteiro. Erich tinha adquirido um problema não assumido de alcoolismo — é raro que se vire uma página em que ele não tenha pensado em garrafas de rum ou pedido um uísque duplo (bebida incomum para um típico jovem trabalhador da República de Weimar). Os dois amigos de Erich e a faxineira também, como dizem no roteiro, brindam um bocado.

Quando Pat está morrendo de tuberculose num sanatório, Fitzgerald faz uma festa e o diálogo é quase todo delicioso. Mas nem em Culver City Fitzgerald conseguiu eludir a sombra de seu monstruoso amigo Hemingway. "*Pat* (*como para si mesma*): Está chovendo. Está chovendo há muito tempo. À noite, às vezes, quando eu acordo, imagino que estamos enterrados debaixo de tanta chuva." Os admiradores de *A Farewell to Arms* sem dúvida irão se lembrar da fala da quase-moribunda Catherine: "Está bem. Tenho medo da chuva porque às vezes me vejo morta na chuva". Quando lhe dizem que tudo aquilo é absurdo, Catherine concorda: "É tudo absurdo. Só absurdo. Não tenho medo da chuva. Não tenho medo da chuva. Ah, ah, Deus, eu não queria ter! Ela estava chorando. Consolei-a e ela parou de chorar. Mas lá fora a chuva continuava". Chovia muito naquele tempo. Por sorte, em geral era do lado de fora.

Fitzgerald não estava muito à vontade com o papo de rapazes no ramo de consertos de automóveis. Também se sentia tolhido com a insistência de Hollywood de que um filme falado em inglês sobre alemães na Alemanha deveria estar recheado de *achs*, *auf Wiedersehens* e *Herrs*. Mankiewicz também mantém essa bobagem: o único *auf Wiedersehen* do roteiro é dele. Como a profanidade não era permitida naqueles castos dias, Fitzgerald faz as ordens inferiores acusarem-se umas às outras de serem "borra-botas", "enxeridos", "vaselinas", quando hoje sem dúvida teria simplificado a questão usando um termo que, embora um tanto desolado, serve para todos os climas e ocasiões: "escroto". Fitzgerald também encheu o roteiro de epítetos como "santos gatos!" e "grandes cobras!". Mankiewicz sabiamente substituiu os gatos e cobras de Fitzgerald por elipses impregnadas de emoção.

Agora vamos à carta de Fitzgerald datada de 20 de janeiro. Segundo o professor Bruccoli, "Mankiewicz afirmou que nunca recebeu essa carta, da qual sobreviveu uma cópia entre os papéis de Fitzgerald. Como a carta não tem fecho, é possível que Fitzgerald não a tenha enviado". Mas Fitzgerald mandou a carta; *e Mankiewicz leu a carta*. Prova?

No roteiro de Fitzgerald, o rapaz e a moça que está morrendo estão em uma sacada, contemplando o que se supõe seja a montanha mágica de Thomas Mann mas que na realidade é o país das maravilhas hibernal de Sonja Henie. "*Pat*: Aquela é a estrada de casa? *Erich*: É. *Pat*: Qual é a distância? *Erich*: Mais ou menos quinhentas milhas. Em maio você vai voltar para casa por aquela estrada. *Pat*: Em maio. Meu Deus, em maio!" Fitzgerald parou por aí — e por que não? O diálogo foi transposto diretamente do romance de Remarque.

Mankiewicz manteve o diálogo. Mas retirou o casal da sacada e o colocou no quarto de Pat, no sanatório. Numa cena ousada, estão sentados na cama para terem uma conversa realmente séria. Depois que Pat diz "(*incredulamente*): Em maio. Meu Deus, em maio!", Mankiewicz acrescenta: "(*uma pausa, depois ela se volta para ele*): Mas não estamos dizendo o que deveríamos estar dizendo nesta primeira vez juntos. (*ele olha para ela intrigado*) Durante todos esses meses eu tinha imaginado o que você iria dizer e o que eu iria dizer — palavra por palavra. Você quer ouvir? (*ele faz que sim, sorrindo*) Estaríamos sentados aqui, no pé da cama, como estamos, de mãos dadas, e você iria perguntar, que horas são, e eu diria que agora isso não tem importância. Nós nos amamos além do tempo e do espaço, agora. E você ia dizer, é isso mesmo. Deus está neste quarto conosco, os raios estão neste quarto, e o mar e o céu e as montanhas estão neste quarto conosco. E você ia me beijar na testa e eu diria, como seus lábios estão frios, não se afaste — (*ele a beija na testa*). E você ia dizer, será que está certo que eu esteja neste quarto neste momento? Não estamos agindo contra as regras? E eu diria será que começo agora — a não agir contra elas — (*ele a olha nos olhos, sem sorrir*), porque não posso deixar você partir e aí você diria oi, Pat, e eu diria, Erich, oi, e de repente tudo ficaria tão real que seria como uma punhalada em meu coração e — *Erich*: Mas — querida —". Os dois se abraçam "impetuosamente" e a câmara flutua para fora da janela rumo à montanha mágica e Settembrini e Naphta na distância.

Depois de ler essa cena, Fitzgerald escreveu a Mankiewicz que o longo discurso de Pat é "pura baboseira retirada da revista *True Romances*... Deus e 'lábios frios', seja lá o que forem, e raios são jogos de palavras paquidérmicos. O sentimento do público será 'Ora, morram' ".

Se há uma maneira de enervar o sardônico Mankiewicz é chamá-lo de banal. Como Billy Wilder, ele não se amarra em cenas retiradas da *True Romances*. Entre 20 de janeiro e 2 de fevereiro, Mankiewicz reescreveu a cena. Cortou "Deus" e "lábios frios" e "raios". Eis o monólogo revisado de Pat: "Bom, estaríamos deitados aqui, no pé da cama, como estamos, e eu iria perguntar, Aquela é a estrada de casa? E você diria é, são seiscentos quilômetros. E eu diria, Isso não tem importância agora. Nós nos amamos além do tempo e do espaço, agora. Você ia dizer, é isso mesmo — e me beijaria".* E cinco meses depois não havia, como se costumava dizer, um único assento seco em nenhum cinema da república quando Margaret Sullavan sussurrava essas palavras com voz rouca para Robert Taylor.

O que Fitzgerald não tinha percebido era que o diálogo tinha de ser cortado — em matéria de qualidade — exatamente de acordo com os talentos do intérprete, e, no que toca a seu comprimento, exatamente de acordo com o salário do intérprete. Margaret Sullavan era uma atriz cujas cenas no leito de morte eram uma das grandes alegrias dos Anos Dourados do cinema. Sullavan tinha a capacidade de nunca bater as botas. Enquanto morria, fazia discursos; e era tão incrivelmente nobre que fazia você se sentir um verme total por continuar vivendo sua vidinha depois de vê-la passar a galope para o que a esperava, acompanhada pelo terceiro movimento da Primeira Sinfonia de Brahms.

A cena de morte de Fitzgerald desenvolvia-se da seguinte maneira: Pat está caída ao lado da cama quando Erich entra. "*Erich*: Pat — oh, Pat. (*Levanta-a, oferece-lhe apoio. A cabeça de Pat titubeia sobre os ombros*) Socorro — alguém acuda! *Pat*: (*bem baixinho*) Está tudo bem — é duro morrer — mas estou

(*) Do texto de *Three Comrades*, da MGM, © 1938 Loew's Incorporated. *Copyright* renovado em 1965 por Metro-Goldwyn-Mayer Inc.

muito cheia de amor — como* uma abelha fica cheia de mel quando volta para a colméia de tardezinha". Com esse erro de gramática, "seus olhos fecham-se na morte". Joe vai dar um jeito nisso, pensei, quando larguei a versão de Scott e peguei o roteiro de filmagem. Mas não, as últimas palavras que Mankiewicz atribuiu a Pat são: "Para mim não tem problema morrer, querido — e não é difícil —, estando tão cheia de amor". Joe, digo para mim mesmo, ansioso, faça-a dizer "*as*". Mas, infelizmente, Miss Sullavan morre "*like* uma abelha fica cheia de mel quando volta de tardezinha". Pelo menos Mankiewicz acabou com a colméia de Fitzgerald.

No romance, Remarque matou Pat com mais realismo — ela não fala tanto. É que ela já fizera seu grande discurso algumas páginas antes explicando por que não tem problema morrer tendo o amor de Erich: "Agora é difícil; mas em compensação, estou cheia de amor, *as* uma abelha está cheia de mel quando volta para a colméia de tardezinha". (Grifo meu.) Estranhamente, *no livro não está chovendo*. Mas o *Föhn* está soprando.

A contribuição básica de Mankiewicz a esse filme piegas era um subenredo antinazista, que o escritório Breen** vetou. Queriam que os bandidos alemães fossem comunistas. Quando Mankiewicz ameaçou cair fora, o escritório Breen cedeu; e o filme foi ousado para a época, do ponto de vista político. Mankiewicz também acrescentou uma certa dose de sabedoria ao papel da moça, o que incomodou Fitzgerald. Ele achava que Mankiewicz tinha transformado Pat numa "garota sentimental do Brooklyn" — observação levemente anti-semítica que não acertava no alvo: as brincadeiras de Mankiewicz eram bastante boas, em geral, e tão de acordo com a situação quanto tudo o mais no filme. Incidentalmente, para aqueles que sustentam a

(*) No original, "*like*"; gramaticalmente, o correto seria "*as*". (N. T.)

(**) Autocensura de Hollywood na época. (N. C.)

teoria do *auteur*, Frank Borzage não estava absolutamente envolvido com a criação propriamente dita do filme que humildemente dirigiu.

O professor Bruccoli nos conta que "depois que a MGM deixou de renovar seu contrato em 1939, Fitzgerald fez *freelancers* em outros estúdios antes de começar *The Last Tycoon* (O Último Magnata) — que, mesmo inacabado, é o melhor romance já escrito de Hollywood. Em 1977, Hollywood transformou *The Last Tycoon* no pior filme que já se fez". Bem, tenho certeza de que o professor Bruccoli não se considera crítico literário nem de cinema. É um estudioso-esquilo e é muito divertido quebrar as avelãs que ele recolhe de primaveras passadas. Dizer que *The Last Tycoon* é o melhor romance de Hollywood equivale a dizer que *Edwin Drood* é o melhor romance de mistério que já se escreveu. Como *The Last Tycoon* não passa de um fragmento, não pode ser o melhor em coisa nenhuma. *The Day of the Locust* (O Dia do Gafanhoto), *The Slide Area* (A Área de Deslizamento), *What Makes Sammy Run?* (O que Faz Sammy Correr?) — bem observado, embora escrito toscamente —, são "romances de Hollywood" muito mais interessantes do que o fragmento legado por Fitzgerald, e dizer que *The Last Tycoon* é o pior filme já feito em Hollywood é papo bobo de esquilo. Sob o risco de trair um interesse, eu sugeriria não o pior filme *já* feito (os críticos não têm o direito de utilizar o tipo de hipérbole que os estudiosos-esquilos podem se permitir), mas um filme que certamente era muito pior do que *The Last Tycoon* (e, atrevo-me a dizer, baseado em uma obra muito melhor), *Myra Breckinridge*.

Há pouco tempo topei com o Sábio Picareta. Ele estava comprando os jornais especializados de Hollywood na banca do Beverly Hills Hotel. Ele é muito idoso, mas ainda bem apresentável (*blazer* de *cashmere* azul, mocassins *sang-de-boeuf* com borlas, muito bem lustrados); é proprietário de um *shopping center* no centro de Encino; tem enfisema. Embora continue informado sobre as mais recentes transações do mundo do cinema, raramente vai ao cinema. "Muito trânsito", diz, vagamente.

Quando mencionei Fitzgerald, suspirou. "Pelo menos Ketti conseguiu ganhar algum dinheiro com ele." Levei um certo tempo para entender que ele estava se referindo a Ketti Frings, que em 1958 escreveu uma versão teatral de *Look Homeward, Angel* (Olhe para Casa, Anjo) que teve muito sucesso.

"Você já ouviu a última piada de polonês?" Os olhinhos do Sábio Picareta faiscaram por trás dos óculos grossos. "A estrela polonesa chega em Hollywood para fazer um filme e" — o Sábio Picareta chegava a ofegar de prazer — "*dá para o escritor!*"

Pobre Scott: "Ele andara muito para chegar àquele gramado azul, e seu sonho deve ter-lhe parecido tão próximo que seria quase impossível deixar de agarrá-lo. Ele não sabia que o sonho já havia ficado para trás, em algum lugar às suas costas, na imensa escuridão além da cidade, onde os campos sombrios da república rolavam dentro da noite". *Habent sua fata libelli*. Os escritores têm seus estudiosos-esquilos.

The New York Review of Books, 1º de maio de 1980

EDMUND WILSON: ESSE CRÍTICO, ESSE GIM, ESSES SAPATOS

No dia 2 de fevereiro de 1821, o bebedor de gim Lord Byron escreveu em seu Diário de Ravenna: "Estive pensando sobre a razão por que sempre acordo a uma determinada hora da manhã, e sempre com uma péssima disposição — na realidade, posso dizer que em estado de desespero e desânimo em todos os sentidos — mesmo em relação àquilo que na véspera me agradava... Na Inglaterra, há cinco anos, eu sofria do mesmo tipo de hipocondria, só que acompanhada de uma sede tão violenta que cheguei a beber quinze garrafas de soda em uma única noite, depois de ir para a cama, sem matar a sede... O que será isso? Fígado?".

No diário de Edmund Wilson, publicado com o título de *Upstate*,* ele escreveu, em 1955: "Certa noite (13 de agosto, sábado) bebi uma garrafa inteira de champanha e o resto de uma garrafa de (uísque) Old Grand-Dad e abri uma garrafa de vinho tinto — eu estava comendo queijo Limburger e bolinhos de gengibre. Isso começou aí pelas cinco da tarde — adormeci em minha cadeira, mas acordei quando Beverly chegou, pensando que já era o dia seguinte. Resolvi não jantar; e me senti enjoado durante as 24 horas seguintes". Wilson, aos 60 anos,

(*) Parte norte do estado de Nova York, ou seja, o interior. (N. C.)

não pergunta: o que será isso?, como Byron. Wilson sabe. "Esse tipo de vida", escreve, com certo pudor, "a longo prazo, porém, vai ficando pouco saudável."

Mais ou menos no mesmo período em que Wilson mastigava aqueles bolinhos de gengibre e o queijo Limburger, empurrados com líquidos ardentes, recebi uma carta de Upton Sinclair (com quem nunca me encontrei), consultando-me sobre alguma coisa. Depois, obsessivamente, inesperadamente, Sinclair denunciava o álcool. No decorrer de uma longa vida, praticamente todos os escritores que Sinclair conhecera haviam morrido de tanto beber, começando por seu amigo Jack London. É desnecessário dizer que aquele não era o tipo de carta espontânea que a gente gosta de receber no momento em que está começando a beber a 15ª garrafa de soda, ou, para ser mais exato e atualizado, de Coca-Cola, única dádiva da Georgia a uma nação cujo primeiro século foi descrito recentemente em um livro eponimamente intitulado *The Alcoholic Republic* (A República Alcoólatra)... das letras, lembro-me de ter acrescentado para mim mesmo quando vi o livro pela primeira vez.

Neste século, poder-se-ia afirmar com segurança que uma porcentagem significativa de escritores norte-americanos é formada de alcoólatras em menor ou maior grau; explicá-lo é coisa que deixo para os médicos curandeiros. O alcoolismo acabou com as carreiras de Hemingway, Fitzgerald e Faulkner, para citar três romancistas que estiveram na moda, no país, em meados do século. Por piedade em relação aos descendentes e guardiães das chamas ainda bruxuleantes de personagens literários outrora gloriosos, deixo de citar outros nomes. Por beber demais, Hemingway não conseguiu escrever nada de bom no final da vida; pela mesma razão, Fitzgerald morreu aos 44 anos e William Faulkner de *As I Lay Dying* (Enquanto Agonizo...) virou fábula.

Enquanto isso, Edmund Wilson, contemporâneo dessas três estrelas destruídas, viveu mais e produziu mais do que todos eles; também bebeu mais do que eles. Com 70 e muitos anos, Wilson entrava no Princeton Club com passo vacilante e pedia meia dúzia de martinis, a serem preparados não sucessiva mas simultaneamente — seis copos brilhantes numa fileira resplandecente, que Wilson iria virando enquanto conversava e pensava em ritmo acelarado. Até o fim da vida, continuou fazendo a única coisa que achava que valia a pena fazer: sentido, qualidade quase inteiramente ausente da literatura americana, onde a burrice — quando suficientemente sincera e autêntica — é profundamente reverenciada e facilmente executada. Embora aquela *fosse* uma vida pouco saudável a longo prazo, o prazo de Wilson foi mesmo muito longo. Só que ele foi a prova cabal de que quanto mais a mente é utilizada e alimentada, menos provável é que ela se devore a si mesma. Quando morreu, com 77 anos, estava ocupado enchendo a cabeça de verbos irregulares húngaros. Ou seja: seu cérebro era tão bom quanto seu fígado.

Edmund Wilson foi o último representante de uma geração educada calmamente, uma geração que não era obrigada a se associar aos matutos e picaretas da Academia sempre que tivesse uma preocupação intelectual. Wilson sustentava-se quase integralmente com jornalismo literário, coisa impossível nos dias que correm, quando mais não fora porque, para todos os efeitos, o tipo de jornalismo literário que ele praticava não existe mais. Em lugar disso, a fofoca literária agora é dominada seja por burocratas acadêmicos que perseguem descaradamente suas carreiras, seja por jornalistas cujo "ciúme leproso" (na bela frase de Flaubert) fez com que o ar de nossa república literária alcoólatra se tornasse mefítico. Só que Flaubert achava que "os críticos escrevem críticas porque são incapazes de serem artistas, assim como um homem inabilitado para o uso de armas se transforma em espião da polícia". Wilson teria questionado essa noção romântica. Claro que ele teria defendido o ponto de vista de que escrever ensaios é um dos aspectos do temperamento do artista literário, a mesmo título do que evocar uma outra sensibilidade numa página, suando, ao mesmo tempo, para evitar um duplo genitivo. Seja como for, o próprio Wilson escreveu contos, peças e romances. Sabia como fazer essas coisas, embora não chegasse a ser totalmente um mestre em nenhuma dessas formas.

Em que, então, Edmund Wilson era um mestre? Esta é uma pergunta que necessita resposta — ou respostas; e há algumas pistas no livro que tenho em mãos, *The Thirties: From Notebooks and Diaries of the Period* (Os Anos 30: de Anotações e Diários da Época). Quando Wilson morreu, oito anos atrás, estava editando os cadernos que tratavam da década de 20. Já tinha concluído *Upstate*, uma crônica de seus trabalhos e dias que ia do início dos anos 50 até 1970. *Upstate* é uma obra de Wilson extremamente bem-sucedida, cheia de detalhes pessoais exatos e profundos, de longos apartes eruditos sobre coisas ou pessoas ou idéias (como as religiões de Nova York) que tivessem atraído seu interesse. Embora tivesse planejado retrabalhar suas anotações mais antigas, ele percebeu em pouco tempo que talvez não vivesse o suficiente para concluir a tarefa. Assim, determinou em seu testamento que o professor Leon Edel deveria preparar para publicação, com a condição de que o texto fosse editado, exatamente como fora escrito, exceto a correção de "erros de ortografia e de pontuação" (mas não, aparentemente, erros de gramática: Wilson muitas vezes "sente-se mau" — *é* o fígado). Com *The Thirties,* o professor Edel tinha uma tarefa imensa, porque, como escreve: "É evidente, pelo estado do original, que (Wilson) pretendia trabalhar muito mais esse livro". É uma afirmação modesta.

No início dos anos 30, Wilson concluiu *Axel's Castle* (O Castelo de Axel); no final, tinha acabado *To the Finland Station* (Rumo à Estação Finlândia). Escreveu para *The New Republic*, apoiou, durante um curto período, o Partido Comunista americano, visitou a União Soviética, Detroit, Appalachia, Scotsboro, e tentou ensinar, durante uma temporada, na Universidade de Chicago. Em certo sentido, essa foi a década em que ele se fez como crítico e triplo pensador. Emocionalmente, foi uma década abaladora: em 1930 ele se casou com Margaret Canby; em 1932 ela morreu. Ele também teve um amplo espectro de casos, alguns tendendo para o lado da sacanagem.

O profesor Edel chega a encolher-se diante do "registro de suas (de Wilson) próprias cópulas" em geral e das notas sobre seu casamento em particular (tão diferentes da vida caseira de nosso próprio caro Mestre): "alguns leitores podem ficar alarmados diante desse franco registro íntimo de um casamento". Mas o professor Edel apressa-se em lembrar-nos que tudo isso faz parte dos "cadernos de um cronista, uma maneira de ordenar a mente para seu ofício de crítico... Ele tenta, de certa maneira, ser uma câmara, pois é isso que lhe parece mais confortável". Bom, sim e não.

Em 1930, Edmund Wilson tinha 35 anos. Fazia parte da pequena nobreza do Leste, era formado em Princeton, não-combatente em além-mar da Primeira Guerra Mundial. Na década de 20, levara uma vida de jovem turbulento,* só que, diferentemente dos outros rapazes, que levavam uma vida elegante e descomprometida, ele nunca parou de ler, nem de escrever, nem de pensar. Graças, em grande parte, aos cristófilos, que tinham conseguido proibir a venda legal de bebidas alcoólicas, o álcool representava, para aquela geração, uma maldição comparável à do Gin Lane para os pobres de Londres no século XVIII. Suspeito que boa parte do aspecto carrancudo dessa obra seja resultado de ressacas e dos concomitantes desesperos. Ao mesmo tempo, é o registro de uma constituição espantosa: Wilson escrevia enquanto bebia — coisa que eu teria julgado impossível para qualquer pessoa, até para seu amigo condenado, Scott Fitzgerald.

(*) *Roaring boy*, no original. Referência aos *roaring twenties*, como foi designada a década de 20, devido ao estilo de vida de um grupo de artistas, em geral americanos, e que foi narrado, por exemplo, nos livros de Scott Fitzgerald. (N. T.)

Dos 35 aos 45 anos, os homens passam da juventude relativa à meia-idade. A passagem, freqüentemente, é acidentada. À medida que a vida de um homem se torna uma rotina estultificante, ele é capaz de entrar em cio total. Não há dúvida de que isso era verdade em relação a Wilson, como os leitores de *Memoirs of Hecate County* (Memórias do Condado Hécate) talvez tenham suspeitado, e como os leitores de *The Thirties* agora sabem com certeza. Durante a assim chamada década "ignóbil", apesar de beber constantemente, Wilson era muito ativo sexualmente. Desfrutava sexo pago na forma da eslava Anna, uma mulher da classe trabalhadora cujos modos proletários o fascinavam. Manteve relações sexuais com várias das mulheres que costumavam andar atrás dos escritores, e com senhoras que quase faziam parte do mundo elegante. Não recebeu nenhuma Oriane em sua cama, mas conheceu pelo menos uma Guermantes *antes* de sua entrada na aristocracia.

Embora as companheiras de cama de Wilson escondam-se às vezes por trás de iniciais, ele gosta de escrever descrições detalhadas daquilo que o professor Edel chama de suas "cópulas". Essas descrições são mecânicas, para dizer pouco. Como não se associam a personalidades, são tão eróticas quanto, por exemplo, uma planta de um número de *Popular Mechanics* que se afirma interessar ao adolescente. Não tenho muita certeza das razões pelas quais Wilson achou que devia escrever tanto sobre pau e boceta; só o que me ocorre é que naquele tempo essa era uma coisa muito atrevida de se fazer, como Henry Miller já havia descoberto quando seus livros foram queimados, e como Wilson descobriria quando seu romance *Memoirs of Hecate County* foi proibido.

Em literatura, revelação sexual é uma questão de tato e ocasião. Se esse candor irá ou não apresentar interesse para o leitor, é coisa que depende muito da atitude daquele que revela. James Boswell é delicioso de ler sobre sexo, porque ele é encantado e possuído pelo ser, além de sê-lo pelo sexo. O autor de *My Secret Life* (se verdadeiro) é atraente porque seu único interesse é trepar tantas vezes quantas forem possível, sempre adotando modos e combinações diferentes. Também não sabemos como ele é — contribuição importante para a masturbação. Frank Harris (não-verdadeiro) tem a exuberância de um mentiroso instintivo, e assim transporta o leitor para a ficção.

Nesse ponto, a lista começa a se reduzir. As cartas de Flaubert, recentemente publicadas (em inglês), são interessantes porque ele tem coisas interessantes a dizer sobre o que vê e faz nos bordéis e nas casas de banho da África do Norte. Além disso, delicada, piedosamente, nunca nos conta o que sente ou Sente. Sobre a vida sexual de Flaubert com mulheres e homens, com meninos e meninas, é fascinante de se ler (mesmo sabendo exatamente como *ele* é). Isso se deve, em parte, ao fato de que suas experiências são, literalmente, exóticas e eróticas ao mesmo tempo, e, em parte, àquele famoso tom de voz. Hoje em dia, fica-se sem saber muito bem por que os memorialistas fazem tanta questão de contar-nos o que fazem na cama. A não ser que o autobiografado apresente um caso a ser discutido, tenho a impressão de que os leitores futuros irão pular os detalhes sexuais que nossos escritores tão generosamente partilharam conosco, para ir direto às fofocas e às piadas.

Nos cadernos de Wilson, ele gostava de descrever sexo da mesma maneira como gostava de "fazer" paisagens. "Não há dúvida de que é muito difícil", admite ele, "escrever sobre sexo em inglês sem torná-lo desagradável. *Come** é uma palavra horrível de se aplicar a uma coisa extática." Aliás, ele não fazia muito bem nem cenas de sexo nem paisagens. Mas em questões sexuais, ele não tem uma causa a defender, diferentemente, digamos, do homossexual engajado que pensa, erroneamente, que sua franqueza poderá rasgar o véu, permitindo que a luz invada aquilo que a sociedade considera um ato abominável, e que num relâmpago de claridade e de caridade, tudo será per-

(*) *Come*, gozar. A observação sobre a inadequação do termo se deve ao fato do verbo *to come* também significar vir, o movimento de vir. (N. T.)

doado. Isso é ingênuo, como o próprio Wilson demonstra nessas páginas. Ele era, muito profundamente, um americano de seu tempo e de sua classe, e os cadernos estão cheios de inúmeras referências a "veados", referências essas que vão do escárnio ao nervosismo; Wilson admite, porém, eventuais fantasias homossexuais, que ele considerava "uma maneira de viver preso no torno, passando para um mundo diferente onde todos os valores que me pressionavam deixavam de funcionar".

Entretanto, é inquietante encontrar Wilson, na década de 30 (depois de ter admirado Proust e Gide), inteiramente incapaz de aceitar o fato de que um veado pudesse ser um artista de primeira linha. Em *Axel's Castle*, ele tem grande dificuldade para admitir, ou para não admitir, a fonte sexual do ciúme de Proust.

Por outro lado, abriu uma singular e admirável exceção no caso de Thornton Wilder.

Durante os anos 20 e 30, Wilder era um dos mais celebrados e bem-sucedidos escritores americanos. Também era um dos poucos escritores excelentes que os Estados Unidos já produziram. Afortunadamente para o começo da fama de Wilder, ele conseguiu manter sua vida particular relativamente secreta. O resultado foi que ele tinha muito de herói na terra da fofoca literária. Em *The Twenties* (Os Anos 20) Wilson narra um encontro com Wilder. Ficou surpreso ao verificar que Wilder era "uma pessoa de opiniões tão categóricas, até mordazes". Wilson não lera nenhum dos romances de Wilder, porque achava que "eles devem ser mais para frágeis e preciosos" (que outra coisa se pode esperar que um veado escreva?). Depois, verificou-se que ambos tinham acabado de ler o novo trecho, recém-publicado, do romance de Proust, e Wilson ficou encantado ao descobrir que Wilder achava o homossexualismo de Saint Loup uma coisa injustificada. Com o passar dos anos, Wilson faria uma revisão séria e competente de Wilder. Quando Wilder foi objeto de uma conhecida crítica marxista, Wilson saiu em sua defesa — e em defesa da literatura. Mas o boato estava solto, e a reputação de Thorton Wilder nunca se restabeleceu; até hoje ele é uma figura literária inexistente. Não obstante, diga-se a favor de Wilson que ele foi capaz de superar seu horror à veadagem para fazer justiça a um contemporâneo notável.

Dizia-se de um certo inglês vitoriano que nenhum sapato de mulher, se desacompanhado, estava seguro em sua companhia. Poder-se-ia afirmar, a propósito de Edmund Wilson, que, como Cecil B. De Mille, "ele nunca encontrou um pé de mulher de que não gostasse". Há algum leitor do romance de Wilson, *I Thought of Daisy* (Pensei em Daisy), que não se lembre da descrição dos pés de uma moça como sendo "úmidos queijos cremosos"? Mas a pedofilia de Wilson não ficava só nisso: ele poderia ter feito fortuna com calçados de mulher. De *The Thirties*: "sapatos, azuis com tiras prateadas, que arqueavam altos o dorso de seus pés...", "as meiazinhas verdes de Katy e seus mocassins cinzentos, desamarrados...", "jovem escocesa M.P. (com) pés grandes protuberantes nos sapatos pretos...", "...sapatos trançados cor de prata que revelavam as unhas pintadas de vermelho, uma combinação que só ela podia usar...". Em *The Thirties* contei 24 referências a sapatos e a pés; todos, deixem-me ajuntar depressa, pertencentes a mulheres. No que diz respeito a sapatos, Wilson era rigidamente heterossexual — a bota do garanhão ou o tênis do rapazinho não eram coisa para ele. Mas, para ser absolutamente exato, há uma referência muito esquisita. Wilson fica impressionado com a quantidade de homens, em Chicago, que usam polainas. Fantasia: "O senhor me desculpe. Mas um dos ganchos de sua polaina esquerda está aberto. Quis o acaso que eu tivesse comigo um gancho de polaina. Se o senhor me permite...". Sempre que Wilson bate na tecla sapatos Florsheim, está no cio.

Enquanto amante, Wilson tem orgulho de seu "cacete grande e cor-de-rosa". (Claro, Anaïs Nin disse que ele era "curto e púrpura-desbotado" — ou era o polegar de Henry Miller?) Em ação, "Meu pênis entrava e saía tão lindamente sensorialmente, acariciando (me) a cada vez tão doce-suavemente (sedosamente)...". Ele também se refere, entretanto, ao fato de ter um "rosto muito gordo e dissoluto, para não falar na barriga". Ele era um homenzinho rechonchudo que bebia muito. Mas sua energia sexual era páreo para sua energia intelectual; e assim vai água abaixo a teoria da sublimação, de Freud.

A seção denominada "A Morte de Margaret" é fascinante, e bem diferente de tudo o que ele jamais escreveria. Ele começou rabiscando em um caderno de anotações a bordo de um avião, em 1932, a caminho da Califórnia, onde a mulher com quem se casara, havia dois anos, acabara de morrer devido a um tombo. Escritor compulsivo, Wilson sentia instintivamente que, se descrevesse acuradamente o que via da janela do avião e nos aeroportos, poderia manter sob controle o fato da morte e da perda, ou pelo menos neutralizar o choque na ação de distrair-se. Escreve um bom número de páginas de impressões da viagem antes de chegar a Margaret. Alguns espécimes muito estranhos: "— encosto na coxa do viajante a meu lado, movimento para ficar afastado dela, será que ele também se mexeu? — fechar os olhos e fantasias homossexuais, de uma realidade menos vívida do que Provincetown, estímulo sexual cinzento, abstrato, irreal — também pensei em voltar de trem com Jean Gorman como situação com boas possibilidades; mas não agüentei — rapaz muito grande, não é meu tipo —". Depois impressões do tempo passado ao lado de Margaret: "Senti pela primeira vez como ela tinha me dado toda a minha autoconfiança, a coragem que antes eu não tinha para dizer o que pensava...".

Em Santa Bárbara ele se hospeda com a família dela. "Em casa de Mrs. Waterman (a mãe de Margaret), quando comecei a chorar, ela disse, Eu nunca perdi o controle..." "Segunda noite: polução noturna com sonho homossexual, personagens ainda um tanto difusas, um menino. Terceira noite: pesadelo — os duendes estavam na parte escura do porão..." Por fim, o epitáfio inevitável: "Depois que ela morreu, eu a amei". Essa é a história de todas as vidas — e mortes. Na década seguinte, Wilson sonha com Margaret e anota os sonhos. Nesses sonhos ele geralmente sabe que ela está morta, mas, de alguma maneira, podem transpor esse obstáculo. Mas não transpõem; nem em sonhos. Eurídice sempre fica a postos: é a praga para a qual o homem nasceu.

Durante os anos 30, os interesses de Wilson eram mais políticos do que literários. A Depressão, o New Deal e a experiência soviética absorveram-no. Wilson mostra sua face mais atraente e, parece-me, mais característica, quando descreve sua ida à Rússia. Ele queria ter uma opinião favorável ao comunismo e, até certo ponto, estava fascinado com a sociedade "sem classes" e com a maneira como um único homem, Lenin, "imprimiu seu pensamento e sua linguagem num povo inteiro". Isso não é a traição, mas a própria essência do autêntico *clerk**: à palavra enquanto absoluto pode ser o motor do comportamento e do ato de governar. Gradualmente, Wilson vai-se desiludindo com Stalin e com o estado que estava construindo.

Mas o que é fascinante ler-se hoje não é o relato de Wilson sobre o que viu e fez, mas a maneira como ele se dedica a um assunto, um idioma, um mundo. É isso o que o singulariza dentre todos os outros críticos americanos. Ele faz questão de chegar à raiz das coisas. Se for para decifrar os rolos do mar Morto, ele aprende hebreu. Para visualizar a Guerra Civil, lê mil textos verbosos. Para atravessar a barreira da prosa de Constance Garnett, aprende russo. Era o autodidata perfeito. Queria saber tudo. Ou, como escreveu depois de ter um esgotamento nervoso na década de 30, "Em geral sei exatamente o que quero fazer, e só nas vezes em que não consegui me decidir é que entrei em colapso".

No início de *The Thirties*, Wilson, *faute de mieux* é companheiro de viagem dos comunistas americanos. É incapaz de

(*) A referência aqui é ao *clerk* de Julien Brenda (*La Trahision des Clercs*). (N. C.)

ver algum outro modo de sair da Depressão que não a derrubada do tipo de capitalismo que a provocara. Antes das eleições de 1932, escreveu: "Hoover apóia abertamente os interesses da classe que vive de lucros, contra as classes assalariadas. Franklin Roosevelt, embora fale como um democrata em nome dos pequenos negociantes e sitiantes por quem provavelmente será eleito, na expectativa de que possa fazer alguma coisa por eles, dificilmente pode ser imaginado realizando qualquer mudança drástica no sistema que lhe deu condições de chegar à presidência. Sejam quais forem seus gestos amistosos, será controlado em grande medida pela classe que extrai os lucros, exatamente como Hoover". É uma afirmação presciente. Sobre as conversas radiofônicas junto à lareira: "A maneira insatisfatória como Roosevelt enfatiza suas frases, abichalhada, ou como se não houvesse nenhuma convicção verdadeira por trás — apesar de sua clareza e de sua exatidão —, mas depois observei que os locutores de rádio faziam a mesma coisa. (A distância entre o locutor e sua audiência.)". É uma pena que Wilson, que tinha algumas ligações com o New Deal, nunca tenha conhecido o presidente. "Afirma-se que quando alguém disse a Roosevelt que seria ou o melhor presidente que o país jamais tivera ou o mais odiado, teria respondido: Não — ou ele seria o presidente mais popular ou o último."

Wilson viajava freqüentemente a Washington na década de 30 e tinha uma percepção do lugar (inspirada em Henry Adams?) que faz com que suas afirmações lembrem as nossas, trogloditas que somos: "Na realidade Washington é uma casca vazia que abriga o liberalismo do New Deal com a mesma facilidade com que abriga os salafrários e bandidos da administração Harding — não há a menor dificuldade em esvaziar tudo a cada noite e colocar alguma outra coisa no lugar da antiga administração".

Wilson vai visitar uma certa Martha Blair — "boca e braços esguios um tanto implorantes, só que olhos desbotados de quem sofre da tireóide: vestido cor-de-rosa estampado com flores, mangas que deixavam entrever a parte superior dos braços... ela se queixou das características provincianas de Washington — quando você dizia que tinha um outro compromisso, as pessoas lhe perguntavam qual era —, quando ela dissera que ia passar o fim de semana na Virgínia, perguntaram-lhe em que lugar da Virgínia". É esquisito ver essa velha e formidável *socialite* de minha infância (na época ela estava com 30 e poucos anos) apresentada de um ângulo inteiramente diferente. Naquele tempo, Martha Blair fazia dupla com Arthur Krock, do *The New York Times*. Os dois eram conhecidos como Martha e Artha. Wilson acha que eles estavam casados em 1934. Não acho. Mais ou menos por aí, lembro que houve um grande rolo entre minha mãe e o marido dela sobre se o casal não-casado Martha e Arthur podia ou não passar a noite em nossa casa na Virgínia — para onde Martha ia com tanta freqüência. Minha mãe venceu o *round*. Os dois foram muitas vezes a Merrywood, e Arthur Krock foi o primeiro judeu que conheci. Nos anos 30 o anti-semitismo estava em pleno e tempestuoso florescimento na América, e o registro que Wilson faz de conversas e atitudes, para um sobrevivente, é tão evocador quanto um cenário de filme dos anos 30, que reverte o tempo e torna possível ver de novo um People's Drug (letras douradas), chapéus de palha, carros retilíneos, e a luz que de fato rodeava-nos quando crianças, exatamente a mesma luz que todos os que já estão mortos viam naquela época.

Wilson registra, um tanto perfunctoriamente, amigos e contemporâneos. Scott Fitzgerald faz suas aparições costumeiras, em seu estado costumeiro. Uma vez mais, é-nos oferecida a noite Hemingway-Wilson-Fitzgerald. "Com Scott caído no chão, no canto, Hemingway disse, Scott acha que o pau dele é muito pequeno. (John Bishop me contara a mesma coisa, dizendo que Scott costumava dizer isso a qualquer pessoa que encontrasse — à senhora sentada a seu lado no jantar, a quem talvez tivesse conhecido naquela noite.) Expliquei a ele, continuou Hemingway, que só parecia pequeno, que era impressão, porque ele olhava de cima. Você precisa olhar para ele no espelho. (Não entendi esse pedaço.)" Eu também nunca consegui entender o que Hemingway queria dizer. Uma coisa era certa, é óbvio que Fitzgerald já estudara seu pequeno atributo num espelho. Mesmo assim, ele continuaria olhando para ele de cima para baixo, a não ser que, como um garoto meu colega de escola, conseguisse se abaixar tanto que fosse possível ter um intercâmbio tipo olhos nos olhos com a Grande Obsessão Americana (Masculina).

"Nessa época (1934), Scott Fitzgerald tinha a mania de insultar as pessoas e depois, se a vítima reagia, de dizer-lhe: 'Não pode suportar, hein?' (Anos depois fiquei sabendo por Morley Callaghan que essa era uma mania de Hemingway, em quem Fitzgerald sem dúvida se inspirara.)" Muito pouco se sabe sobre Dawn Powell, amigo de Wilson, um de nossos romancistas mais espirituosos e o mais decididamente ignorado. Mas a sociedade americana, literária e laica, tende a não ter humor. Que outra cultura poderia ter produzido alguém como Hemingway e *não* ver a graça disso?

Wilson sempre pinta as pessoas com exatidão. Mas é breve. Está muito mais interessado em escrever descrições de paisagens. Não faço idéia de como começou esse hábito horrível. Como Fitzgerald fazia a mesma coisa em seus cadernos de apontamentos, suponho que alguém tenha dito a eles em Princeton (o professor Gauss? Projeto de especialista-esquilo) que um escritor deve descrever as coisas constantemente como uma espécie de exercício de dedilhado. O resultado tem suas semelhanças com aquelas aquarelas que as moças vitorianas eram estimuladas a produzir. Justo quando Wilson está a ponto de dizer-nos alguma coisa interessante sobre e.e. cummings, bate nele a sensação de que deve dedicar uma ou duas páginas ao porto de Provincetown, profundamente entediantes. Um pano de fundo sem ação na frente não tem o menor sentido.

Havia duendes no porão da psique de Wilson, e eles tinham uma tendência a subir "Quando eu ficava com os nervos abalados da ressaca...". Também se encontra um eco de Mrs. Dalloway no seguinte trecho: "Ao descer do elevador em algum prédio de escritórios — eu devia estar com os nervos esgotados — vi um homem num vestíbulo escuro — ele estava em mangas de camisa com o colarinho aberto, era evidente que estivera trabalhando em algum escritório do prédio — seus olhos estavam arregalados e aparentemente seu rosto não tinha nenhuma expressão; ele parecia não um macaco, mas algum tipo de homem primitivo — e seu olhar fixo, quando olhei para ele, deixou-me apavorado: a humanidade ainda era um animal, ainda dardejava olhares para fora de suas cavernas escuras, antes de ter dominado o mundo, sem chegar a compreender o que via. Fiquei assustado — com ele, com todos nós. *O olhar horrível da raça humana*".

Enquanto crítico, Wilson nem sempre estava em sua melhor forma quando se tratava do projeto, ou modelo, de um texto — o que se costumava chamar de sua estética. Ele gostava de dados, de linguagem. Não tinha muita atração pelos Novos Críticos, com a ênfase que atribuíam ao texto *qua* texto. Afinal de contas, não há nada de humano no limbo; não há nada humano sem conexões. O gênio especial de Wilson estava em sua capacidade de estabelecer mais conexões do que qualquer outro crítico de seu tempo. Como afirmou Diderot em relação a Voltaire: "Ele sabe muito e nossos jovens poetas são ignorantes. A obra de Voltaire está cheia de coisas; os trabalhos deles são vazios".

Mas Wilson sabia muito bem que "coisas" em si mesmas não bastam. O professor Edel cita, da conferência de Wilson em Princeton: "Não importa quão minuciosa e inquisitivamente tenhamos analisado obras literárias do ponto de vista histórico e biográfico... é preciso que sejamos capazes de separar o que é bom do que é ruim, o que é de primeira do que é de segunda. Se não for assim, não deveremos escrever nenhum trabalho de crítica literária".

É evidente que não escrevemos coisa alguma de crítica literária de hoje. A Academia ganhou a batalha em que Wilson combateu tão ferozmente do outro lado. Professores de inglês (*sic!*) cheios de ambição inventam atualmente sistemas que nada têm a ver com literatura ou com vida, e tudo a ver com aquelas jogadas que devem ser feitas para que eles possam galgar os degraus da burocracia acadêmica. Seus trabalhos são vazios mesmo. Mas, por outro lado, seus trabalhos não pretendem ser cheios. São para serem ensinados, não lidos. O longo diálogo se interrompeu. Por sorte, como Flaubert apontou, a pior coisa sobre o presente é o futuro. Algum dia, não haverá... Mas me pediram para não entregar o jogo. Por enquanto, uma simples dica: Construam, só!

The New York Review of Books, 25 de setembro de 1980

A TRIBO DE CHRISTOPHER ISHERWOOD

Em 1954 almocei com Christopher Isherwood na MGM. Ele me contou que tinha acabado de escrever um roteiro para Lana Turner. Assunto? Diane de Poitiers. Eu ri e ele abanou a cabeça. "Lana consegue", disse ele sério. Mais tarde, enquanto andávamos pelo terreno do estúdio e eu lhe contei que estava querendo um emprego de escritor na MGM porque não estava mais dando para viver de meus direitos como escritor (e não queria lecionar), Christopher me lançou o olhar mais melancólico que aqueles olhos azuis brilhantes — e ao mesmo tempo severos — eram capazes de produzir. "Não faça isso", disse ele com grande intensidade, tendo atrás, como fundo, o trem sob cujas rodas Greta Garbo no papel de Ana Karenina dera seu último mergulho. "Não vire um escritor mercenário como eu." Mas os dois sabíamos que aquilo era encenação. Tal como seu amigo Aldous Huxley (como William Faulkner e tantos outros), ele fora capaz de escrever por encomenda para o cinema sem nunca deixar de fazer seu próprio trabalho a sua própria maneira. Os que foram destruídos por Hollywood não valia a pena salvar. Não apenas Isherwood escreveu para o cinema com sucesso, como foi, sabidamente, com sua arte verdadeira, *a* câmara.

"Sou uma câmara." Com essas palavras no início do romance *Goodbye to Berlin* (Adeus a Berlim) (1939), Christopher

Isherwood ficou famoso. Por causa dessas palavras escreveram (às vezes desqualificando) que ele era um escritor naturalista, um cronista de superfícies, um diretor de cinema *manqué*. Embora seja verdade que, até certo ponto, muitas vezes Isherwood pareça estar registrando com uma imparcialidade talvez excessiva as luzes, as sombras, os leões que entram em sua área de visão, ele nunca deixa de apresentar surpresas; no decurso do que parece ser uma narrativa fácil, o autor de repente produz um instantâneo de Polaroid do leitor lendo, um efeito inquietante obtido com a utilização astuciosa do pronome na segunda pessoa. Você nunca sabe muito bem onde *você* está em relação à obra de Isherwood.

Durante o meio século no qual Isherwood estava mais ou menos no centro da literatura anglo-americana, ele foi objeto do escrutínio de amigos, conhecidos e fofoqueiros literários. À medida que se vão acumulando memórias dos anos 20, 30, 40, Isherwood sempre surge como uma das figuras centrais, e se nem sempre ele parece estar a caráter, é porque não se trata de um personagem fácil de fixar numa página. Além disso, ele se inventou tão bem nos contos de Berlim — *Lions and Shadows* (Leões e Sombras), *Down There on a Visit* (Lá, numa Visita), e agora *Christopher and His Kind* (A Tribo de Christopher) —, que qualquer pessoa que queira capturar mais uma vez a sombra desse leão vai ter um trabalho difícil. Afinal de contas, nada é mais difícil de refletir do que um espelho.

Até hoje, o retrato mais bem revelado de Isherwood pode ser encontrado na autobiografia de Stephen Spender, *World Within World* (Mundo dentro do Mundo) (1951). Tal como Isherwood, Spender fazia parte da geração da classe média alta do período imediatamente posterior à Primeira Grande Guerra. Para os poucos felizes que tiveram condições de freqüentar as escolas e universidades certas, a Inglaterra do pós-guerra ainda era uma sociedade pequena e fechada onde todos se conheciam. Na realidade, a sociedade inglesa não passava de uma extensão da escola. Mas uma coisa desagradável tinha acontecido na escola logo antes de os Isherwood e Spender entrarem em cena. A Primeira Grande Guerra tinha eliminado a melhor parte de uma geração de diplomados pela universidade, e entre os diplomados mortos estava o pai de Isherwood. Havia, encobrindo os jovens, uma longa sombra de pais, irmãos mortos; também de atitudes mortas ou moribundas. Havia rebeldia no ar. Prometiam-se novas coisas.

Em todas as gerações há certos personagens que já são o que são desde muito moços: estrelas *in ovo*. As pessoas querem conhecê-los; imitá-los; destruí-los. Isherwood era uma dessas criaturas, e Stephen Spender foi vítima de seu fascínio desde antes de conhecê-lo.

Com 19 anos, Spender estava estudando em Oxford; outro dos estudantes era W. H. Auden, então com 21 anos. O próprio Isherwood (três anos mais velho do que Auden) já estava rodando no mundo; fora expulso de Cambridge por ter jogado para o alto uma prova escrita. Deliberadamente rompera com o mundo universitário, seguro, confortável, e o brilhante mas cauteloso Auden o venerava. Spender escreve como, "segundo Auden, (Isherwood) não tinha nenhuma opinião sobre coisa nenhuma. Estava exclusiva e simplesmente interessado nas pessoas. Não gostava delas nem deixava de gostar, não as julgava favorável nem desfavoravelmente. Simplesmente considerava-as material para sua Obra. Ao mesmo tempo, era o Crítico no qual Auden depositava absoluta confiança. Se Isherwood não gostava de um poema, Auden destruía-o sem vacilar".

Auden não era tão elevado que deixasse de torturar o jovem Spender: "Auden privava-me do privilégio de conhecer Isherwood". Escrevendo vinte anos depois, Spender não consegue resistir à tentação de acrescentar: "Naquele tempo Isherwood não era famoso. Tinha publicado um romance, *All the Conspirators* (Todos os Conspiradores), pelo qual recebera um adiantamento de 30 libras dos editores, e que não recebera resenhas muito favoráveis". Mas Isherwood já era um mito, como admite Spender, e sucesso no mundo não tem nada a ver com mitos. Auden acabou reunindo-os. Spender não ficou desapontado:

> Ele simplificou todos os problemas que me confundiam, simplesmente descrevendo sua própria vida e suas próprias atitudes em relação a essas coisas. ... Isherwood tinha a particularidade de ficar agradavelmente incomodado e amavelmente amargo. ... Mas havia um lado positivo assim como um lado negativo em suas crenças. Ele falava de ser Curado e Salvo com a mesma intensidade de qualquer membro do Exército da Salvação.

Nas memórias interiores de Isherwood, *Lions and Shadows* (1938), somos brindados com a primeira impressão que Isherwood teve de Spender, uma espécie de tomada com o ângulo invertido (e que Spender já conhecia quando escreveu *World Within World*): "(Spender) irrompeu à nossa frente, corando, dando risadinhas alto, dando um jeito de tropeçar na borda do tapete — um garoto de 19 anos todo desajeitado, imensamente alto, com um grande rosto vermelho-papoula, cabelo crespo e olhos da cor violeta das campânulas". A câmara roda, abarcando tudo. "Num instante, sem apresentações, estávamos todos rindo e falando no volume máximo de nossas vozes... Ele vivia num mundo de drama que inventara, um mundo absorvente onde cada novo conhecido recebia imediatamente um papel. (Spender) iluminava você" (neste ponto a segunda pessoa começa a tomar conta: o *voice-over* do filme deu início a sua sedução aural) "como um produtor expressionista, com a iluminação mais crua e excêntrica: você era transfigurado, tornava-se grandioso, sinistro, brilhantemente ridículo ou impossivelmente belo, de acordo com a concepção prévia e arbitrária que ele tinha de seu papel". *Você, iluminação, produtor...*

Em *The Whispering Gallery* (A Galeria Sussurrante), o editor e crítico John Lehmann descreve seu primeiro encontro com Spender, em 1930, e como ele "falava muito de Auden, que partilhava (e que na realidade inspirou) tantas de suas opiniões, e também de um certo jovem escritor chamado Christopher Isherwood, o qual, segundo ele me contou, tinha se instalado em Berlim na mais absoluta miséria e que era ainda mais rebelde contra a Inglaterra em que vivíamos do que ele próprio...". Quando Lehmann foi trabalhar para Leonard e Virginia Woolf na Hogarth Press, conseguiu fazê-los publicar o segundo romance de Isherwood, *The Memorial* (O Memorial).

Lehmann observou que o Romancista daquela geração era

> muito mais baixo do que eu, mesmo assim tinha uma capacidade de domínio que as pessoas pequenas equipadas com uma inteligência ou uma imaginação excepcionais muitas vezes têm. Uma de minhas fantasias particulares preferidas sempre foi que a guerra mais implacável que está por trás de nossa existência civilizada... é a guerra entre os altos e os baixos.

Mesmo assim, "Era impossível não sentir-se atraído por ele... Isso não impediu que, durante alguns meses depois de nosso primeiro encontro ... nossas relações permanecessem um tanto formais: talvez isso se devesse à sensação de perigo que parecia estar suspensa no ar quando seu sorriso era desligado, a suspeita que parecia emanar dele de que afinal de contas talvez a gente estivesse coligado com o 'inimigo', expressão que incluía tudo aquilo de que ele tinha se separado, com puro ódio, da vida inglesa...".

Em 1931, um frio olhar transatlântico voltou-se para Isherwood e Spender. Paul Bowles, então com 20 anos, apresentou-se a Isherwood em Berlim. "Quando cheguei a Isherwood", registra Bowles em *Without Stopping* (Sem Interrupção), "ele disse que me levaria pessoalmente a Spender." Bowles não aprovou a maneira como Spender assumia o ar e o papel de poeta: "Se Spender escrevia ou não poesia parecia relativamente secundário; ele devia se preocupar, custasse o que custasse, era com que essa questão não ficasse evidente". Bowles reconhece que aquela afetação refletia as atitudes de sua família e de seu meio puritanos. "Em pouco tempo descobri que Isherwood junto com Spender era uma pessoa muito diferente de Isherwood sozinho." É que a câmara e seu diretor estão fadados a se modificar segundo a luz, o clima, o elenco. "Juntos, eles eram insuportavelmente britânicos, dois membros de uma sociedade secreta referindo-se constantemente a informações esotéricas que não estavam à disposição dos estranhos." Isso me parece uma descrição acurada e penetrante da diferença entre os escritores americanos e os ingleses. Os ingleses têm uma tendência a atuar em contraste (e junto) com o outro; enquanto os americanos, quando não são waldenizados solitários, são predadores darwinizados constantemente à espreita uns dos outros. Acho significativo o excelente escritor americano Paul Bowles, quando resolveu escrever *sua* autobiografia, ter escolhido um estilo de prosa não muito diferente do relato de Júlio César sobre a maneira como devastou a Gália.

"Em todas as vezes que nos encontramos, senti que estava sendo tratado com uma condescendência bem-humorada. Eles aceitaram Aaron (Copland), mas não me aceitaram porque me consideraram moço demais e desinteressante; nunca fiquei sabendo a razão, se é que havia uma, para essa exclusão por consenso." Bowles descreve uma garota inglesa que encontrou com Isherwood. O nome dela era Jean Ross "(Quando Christopher escreveu sobre ela mais tarde, chamou-a de Sally Bowles)".

Em *Christopher and His Kind*, Isherwood utiliza a tomada com ângulo invertido, obrigatório a essas alturas: "(O segundo nome de Sally Bowles foi escolhido para ela por Christopher, porque ele gostava de seu som e também por causa da aparência de seu proprietário, um americano de 20 anos de idade que ele encontrara em Berlim em 1931. O americano achou que Christopher o tratava com 'condescendência bem-humorada'; Christopher achava o americano arredio...)". Aparentemente, houve um desencontro em Berlim.

Christopher and His Kind descreve a vida de Isherwood de 1929 a 1939. A narrativa (baseada em diários e em geral escrita na terceira pessoa) retoma a partir do ponto onde *Lions and*

Shadows se interrompera, com "a partida de Christopher, então com 24 anos, da Inglaterra, no dia 14 de março de 1929, para visitar Berlim pela primeira vez em sua vida". O livro acaba uma década depois, quando Isherwood emigra para os Estados Unidos. Sobre *Lions and Shadows*, Isherwood afirma que o livro descreve sua "vida entre os 17 e os 24 anos. Porém não é inteiramente autobiográfico. O autor esconde fatos importantes sobre si mesmo... e atribui nomes fictícios a seus personagens". Mas "o livro que vou escrever agora será tão sincero e factual quanto sou capaz de escrevê-lo, especialmente no que me diz respeito". Ele pretende ser sexualmente sincero; e é. Também é essa criatura rara entre as raras: o narcisista objetivo; vê-se com absoluta simplicidade e não hesita em registrar para nós as marcas acumuladas pelo rosto no espelho, a sombra estranha que torna o caráter imperfeito.

Li recentemente as duas memórias em seqüência, e é estranho como Isherwood mudou pouco em meio século. O estilo é praticamente o mesmo todo o tempo. A quebra da primeira para a terceira pessoa não altera grandemente o jeito como ele olha as coisas, e é, naturalmente, a maneira *precisa* como Isherwood percebe o mundo concreto que faz toda a diferença. Ele é especialmente bom para notar uma aparência física que sugere, através da seleção que ele faz de substantivos e verbos, uma descrição psíquica. O que se segue é de *Lions and Shadows*:

> (Chalmers) tinha deixado crescer um bigodinho e correspondia exatamente à idéia que eu fazia de um jovem poeta de Montmartre, mais francês que os franceses. Nesse momento ele nos avistou e me cumprimentou com um leve aceno de mão, tão extremamente típico dele, tentativo, hesitante, semi-irônico, um gesto que era como a paródia dele mesmo. Chalmers em geral se exprimia por fragmentos de gestos, movimentos malogrados, frases ditas a meio...

Nesse momento, o mesmo olho penetrante volta-se para o narrador:

> Descendo as escadas rumo à sala de jantar, eu não era mais Christopher Isherwood, mas um demônio diabolicamente orgulhoso, gélido, impenetrável; um salvador da humanidade que tudo sabia, que tudo perdoava; um evangelista-mártir da mesa de chá, do qual as mais atrozes torturas de sala de estar não eram capazes de extrair mais do que um cortês oferecimento de bolinhos amanteigados.

Este *auteur du cinéma* específico quase nunca roda uma cena sem colocar em algum lugar do cenário um espelho que irá registrar o *auteur* no ato de filmar.

À época da publicação de *Lions and Shadows*, em 1938, Isherwood tinha 34 anos. Havia publicado três romances: *All the Conspirators*, *The Memorial* e *Mr. Norris Changes Trains* (Os Destinos de Mr. Norris). Juntamente com Auden, ele escrevera as peças *The Dog Beneath the Skin* (O Cão por Baixo da Pele) e *The Ascent of F6* (A Ascensão do F6). Por fim, mais importante do que tudo, a melhor de suas criações fizera sua primeira aparição em *Mr. Norris Changes Trains*; sem muito alarde ou esforço aparente, Isherwood inventara Isherwood. O Isherwood dos contos de Berlim é um narrador um tanto anódino e enigmático. Está olhando cuidadosamente para a vida. Não se compromete muito com coisa nenhuma. O que teria sido uma limitação num narrador — o autor — é transformado, de maneira um tanto misteriosa, em virtude.

Spender descreve Isherwood em Berlim como sendo ocasionalmente "depressivo, silencioso ou petulante. Às vezes ficava sentado em um aposento com Sally Bowles ou Mr. Norris sem dizer uma única palavra, como se estivesse se recusando a dar vida a seus personagens". Mas eram, claramente, *seus* personagens. Ele vivia "rodeado pelos modelos para suas criações, como um desses retratos de escritor pintados por um mau pintor, onde o escritor é representado meditando em sua cadeira, enquanto os personagens de seus romances espalham-se a seu redor sob uma nuvem brilhante de verniz sujo...". Isherwood rejeitara não apenas o mundo conhecido e acolhedor da vida literária de Londres e de Cambridge, como também o mundo do esteticismo contrafeito. Preferiu viver como proletário em Berlim, onde, conta-nos Spender, "Ele era comparativamente pobre e quase ninguém o reconhecia. O saldo não-vendido de seu romance *All the Conspirators* fora liquidado", observa Spender mais uma vez. Não obstante, Spender se dava conta de que Isherwood

> era mais do que um jovem rebelde passando por uma fase de revolta contra os pais, a moralidade convencional e a religião ortodoxa... Estava do lado das forças que produzem uma obra de arte, mais ainda do que se interessava pela arte propriamente dita... Seu ódio pelas instituições de ensino e até pela reputação associada a alguma obra de arte do passado era na realidade ódio pelo fato de que se colocavam entre as pessoas e a aproximação direta e não-preconceituosa de umas com as outras.

Em *Lions and Shadows,* Isherwood escreve sobre a escola, as amizades, o querer ser... bem, Isherwood, um personagem ainda não inteiramente formado. Auden aparece quando o livro já está bem adiantado, embora tivesse aparecido cedo na vida de Isherwood: os dois foram colegas no curso de preparação para a universidade. Mais moço do que Isherwood, Auden queria "ser engenheiro de minas... Lembro-me dele principalmente por suas travessuras, sua insolência, seu ar afetado, gozador, de quem sabe segredos indecorosos e excitantes". Auden tinha descoberto o sexo e os outros não.

Auden e Isherwood passaram sete anos sem voltar a se ver. "Logo antes do Natal, em 1925, um conhecido mútuo levou-o a minha casa para tomar chá. Achei que ele tinha mudado muito pouco." Auden "contou-me que agora estava escrevendo poesia: tinha um ar deliberado de casualidade exagerada ao anunciar isso. Fiquei muito surpreendido, até mesmo um tanto desconcertado". Mas depois, como era inevitável, o Poeta e o Romancista da época fizeram uma aliança. O Poeta tinha outras surpresas para o Romancista. "A atitude (de Auden) em relação ao sexo, em sua simplicidade e absoluta ausência de inibição, positivamente me deixaram sem fôlego. Ele não era nenhum Don Juan: não corria por aí em busca de seus prazeres. Mas aceitava o que vinha até ele com uma objetividade e um apetite como os que demonstrava quando se sentava para jantar."

Arte e sexo: os dois temas se entrelaçam nas memórias de Isherwood, mas no primeiro volume não sabemos qual era o conteúdo desse sexo: as reticências dos anos 30 não permitiam sinceridade. Agora, em *Christopher and His Kind*, Isherwood preencheu os espaços em branco; é explícito sobre sexo e amor. Não só o Poeta e o Romancista daquela era sentiam desejo por garotos, como há indicações de que os dois poderiam ter feito eco às palavras vigorosas de Marlowe: descobri que aqueles que não gostam de tabaco e de garotos são tolos.

"O livro que vou escrever agora será tão sincero e factual quanto sou capaz de escrevê-lo, especialmente no que me diz respeito." Em seguida, o escritor passa para a terceira pessoa: "No colégio, Christopher tinha se apaixonado por muitos garotos e fora ardentemente romântico em relação a eles. Na universidade, conseguira finalmente ir para a cama com um. Isso se devia inteiramente à iniciativa de seu parceiro, o qual, quando Christopher ficou apavorado e começou a inventar obstáculos, trancou a porta e sentou-se com toda a decisão no colo de Christopher". Para um americano 22 anos mais moço do que Christopher, o desenvolvimento tardio dos ingleses daquele tempo é uma coisa espantosa. Em Washington D.C. a puberdade chegava aos 10, 11, 12 anos, e o sexo era tumultuoso e inventivo entre os jovens pedês consentâneos. Mesmo assim, Tennessee Williams (que é catorze anos mais velho do que eu) relata em suas *Memoirs* que nem a homo nem a heterossexualidade, para ele, começaram antes de seus 20 e muitos anos. Por outro lado, ele não freqüentou uma escola só de meninos, como eu, e como Isherwood e sua tribo.

Isherwood conta-nos que "outras experiências se seguiram, todas agradáveis mas nenhuma inteiramente satisfatória. Isso se devia ao fato de que Christopher estava sendo vítima de uma inibição, naquela época bastante comum entre os homossexuais da classe alta; ele era incapaz de relaxar sexualmente com um representante de sua própria classe e país. Ele precisava de um estrangeiro da classe trabalhadora". A solução foi a Alemanha. "Para Christopher, Berlim queria dizer Rapazes." Auden imediatamente fez sua introdução no Cosy Corner, um boteco freqüentado por jovens proletários, e Christopher se ligou a um louro chamado Bubi, "o primeiro candidato apresentável que surgiu para reivindicar o papel principal no mito amoroso de Christopher".

O "romance" recentemente publicado de John Lehmann, *In the Purely Pagan Sense* (No Sentido Puramente Pagão), coincide com as memórias de Isherwood não só no tempo e no espaço, mas numa preocupação sexual semelhante. "Eu estava obcecado pelo desejo de fazer amor com garotos de uma classe e de um meio inteiramente diferentes...", escreve o narrador de Lehmann. Esse anseio pela diferença não é raro: quase sempre o nome do jogo hetero, homo ou bi foi união desigual. Mas tenho a impressão de que o desejo do homem da alta classe média por jovens da classe baixa resulta, principalmente, do medo de sua própria classe. Entre pessoas do sexo masculino com uma forte determinação do tipo Isherwood-Auden, um compromisso sexual podia significar derrota psíquica para um dos parceiros.

As memórias do contemporâneo de Isherwood, Peter Quennell (*The Marble Foot*, O Pé de Mármore), recentemente publicadas, descrevem a maneira como um escritor inglês de classe alta, *heterossexual*, era constantemente traído pelas mulheres de sua própria classe. Aparentemente, Quennell é excessivamente terno, romântico... bem, feminino, para evitar ser vitimado pelas senhoras. Uma bela ironia que os homens dos Estados Unidos afeitos às alegrias da maioria sexual nunca entenderão é que para um homossexual como Isherwood é impossível desfrutar com tranqüilidade uma relação sexual satisfatória com uma mulher, porque ele próprio é tão inteiramente masculino que a mulher não representa nenhum desafio, nenhuma dureza masculina, nenhum *agon* excitante. Quem é frágil é o Don Juan heterossexual (categoria "intelectual"), uma figura que se magoa facilmente, que chora. Isherwood é muito menos "feminino" (no sentido pré-libertação feminina da palavra) do que, por exemplo, Peter Quennell, ou Cyril Connolly, ou nosso próprio paralisantemente machão Ernest Hemingway.

Isherwood descreve suas experiências com o heterossexualismo: "Ela era cinco ou seis anos mais velha do que (Christopher), indolente, elegante, divertida... Ele ficou surpreso e achou graça quando descobriu com que facilidade podia associar seus abraços e movimentos costumeiros a esse parceiro incomum. Sentia curiosidade e prazer por entrar numa brincadeira diferente. Também sentia um desejo que era em grande medida narcisista...". Mais adiante: "Ele se perguntou: Será que tenho vontade de ir para a cama com outras mulheres e garotas? Claro que não, enquanto eu tiver rapazes. Por que prefiro rapazes? Por causa da forma de seus corpos, de suas vozes, de seu cheiro, e da maneira como se movem. E os rapazes podem ser românticos. Posso incluí-los em meu mito e apaixonar-me por eles. As garotas podem ser absolutamente belas, mas jamais românticas. Na realidade, sua total ausência de romantismo é o que mais me agrada nelas". Existe uma normalidade lúcida (se não uma grande exatidão) nisso tudo.

Depois Isherwood sai do pessoal para o genérico, e registra a pressão insana que a sociedade exerce sobre qualquer pessoa para que seja heterossexual, para que negue a qualquer custo uma natureza oposta. Como as relações heterossexuais mostraram-se simples para Isherwood, ele poderia ter-se unido à maioria. Mas foi segurado por Isherwood o rebelde, o santo protestante, que declarou, com a fúria de um Martinho Lutero:

"mesmo que minha natureza fosse como a deles, mesmo assim eu seria obrigado a combatê-los, de uma maneira ou de outra. Se os rapazes não existissem, eu seria obrigado a inventá-los". A guerra de Isherwood contra o que ele chamava, tão adequadamente, de "ditadura heterossexual" foi admirável e sem tréguas.

Em Berlim, instalou-se com um rapaz da classe trabalhadora, chamado Heinz, e quase todo *Christopher and His Kind* está relacionado à vida em comum dos dois, durante a época em que Hitler assumiu o poder e a Berlim livre e fácil que atraíra Isherwood ficou feia. Isherwood, com Heinz (cujos papéis não estavam em ordem), percorreu a Europa sem nunca se acomodar: Copenhague, Amsterdã, as Ilhas Canárias, Bruxelas. No fim, Heinz ficou retido na Alemanha, onde foi obrigado a servir na Segunda Guerra. Miraculosamente, sobreviveu. Depois da guerra, Isherwood encontrou-se com Heinz e sua mulher — o final mais agradável que se possa imaginar para qualquer idílio daquela era neo-wagneriana.

Enquanto isso, o escritor Isherwood estava se desenvolvendo. Foi durante aquele período que os contos de Berlim foram escritos; *Lions and Shadows* também. A colaboração com Auden na última das peças em verso também. Finalmente, há a inevitável queda no cinema... uma coisa que estava fadada a acontecer. Em *Lions and Shadows*, Isherwood descreve como "Eu sempre fora fascinado pelos filmes... Era um fã de cinema nato... Acho que a razão disso estava muito pouco ligada com a 'Arte'; eu estava, e ainda estou, infinitamente interessado na aparência externa das pessoas — suas expressões faciais, seus gestos, sua maneira de andar, seus tiques nervosos... O cinema coloca as pessoas sob um microscópio: você pode ficar olhando para elas, pode examiná-las como se fossem insetos".

Isherwood foi convidado a escrever um roteiro para o diretor "Berthold Viertel, (que) aparece como Friedrich Bergmann na novela *Prater Violet*, publicada doze anos mais tarde". Isherwood e o expressivo Vietel acertaram-se e trabalharam juntos num filme chamado *Little Friend* (Amiguinho). A partir daquele momento, o melhor escritor em prosa da língua inglesa sustentou-se escrevendo roteiros! Na realidade, o primeiro trabalho de Isherwood com que me deparei não era um romance, mas um filme que ele escreveu chamado *Rage in Heaven* (Fúria no Céu): aos 16 anos, achei-o esplêndido. "A lua!", recitava o pirado do Robert Montgomery. "Está olhando para mim, como um grande Olho." Ingrid Bergman estremecia. Eu também.

Os jovens que se interessam por literatura (uma insignificante minoria, se comparados aos jovens que se interessam pela mais monótona e fácil das formas de arte, o cinema) têm dificuldade, hoje em dia, para perceber que houve uma época em que Isherwood foi considerado "uma esperança da ficção inglesa" por Cyril Connolly, e um mestre por aqueles dentre nós que cresceram durante a Segunda Guerra. Acho que o descaso relativo em relação à obra de Isherwood se deve, em parte, à sua expatriação. Juntamente com Auden, ele emigrou para os Estados Unidos logo antes do início da guerra, e na época houve uma boa dose de ressentimento (os dois foram parodiados grosseiramente pelo execrável Evelyn Waugh em *Put Out More Flags*, Desfralde mais Bandeiras). A reputação de Auden acabou sendo pouco afetada. Só que os poetas têm permissão para ser malucos, ruins e perigosos de se ler, enquanto os escritores de prosa devem ser, se não responsáveis, pelo menos previsíveis.

Nos Estados Unidos, Isherwood sentiu-se atraído, inicialmente, pelo Quakers; depois pelo Vedanta. No fim, tornou-se porta-voz militante do movimento de libertação dos *gays*. Se sua defesa da tribo de Christopher por vezes é lancinante... bem, há boas razões para ser lancinante numa sociedade tão profunda e irracionalmente homofóbica. Em todo caso, nenhuma das preocupações morais de Isherwood contribui para valorizá-lo junto a um *establishment* literário que é, em proporções variáveis, acadêmico judeu/cristão, de classe média e heterossexual. Mesmo assim, ele escreveu alguns de seus melhores livros nos Estados Unidos, inclusive as memórias de que estamos falando e os romances *A Single Man* (Um Homem Só) e *A Meeting by the River* (Encontro junto ao Rio). O melhor de tudo é que ele ainda vê o mundo de viés, malgrado o longo período de residência em Santa Mônica, um lugar sombrio onde até os casais de homossexuais são parecidos com os casais heterossexuais fotografados por *Better Homes and Gardens*,* servindo elaborados *brunches* sob o céu avermelhado do Pacífico.

O que me parece mais notável na carreira de Isherwood não foi tanto o desejo indomável de ser seu próprio amo, como a constante clareza de um estilo de prosa que não apresenta nenhum sinal de estar cedendo, mesmo que o autor, espantosamente, esteja com mais de 70 anos. Há muito a dizer sobre a maneira de escrever de Isherwood, especialmente numa época em que a prosa está pior do que nunca nos Estados Unidos, e apresentando sintomas de estiolamento na Inglaterra. Não há excesso na frase de Isherwood. Os verbos são fortes. Os substantivos, precisos. Os adjetivos, poucos. A terceira pessoa surpreende e seduz, enquanto a primeira pessoa é um bom guia, jamais pudico.

Será que Isherwood tem um jeito fácil *demais*? Era o que Cyril Connolly temia quando escreveu em *Enemies of Promise* (Inimigos de Promessas) (1938): "(Isherwood) é persuasivo porque é tão insinuantemente ameno e anônimo, nada o exaspera, nada o choca. Enquanto internamente nos despreza, ele não poderia ser ao mesmo tempo mais tolerante... Quanto a isso, há um preço a ser pago; Herr Issyvoo" (Connolly está considerando os contos de Berlim de Isherwood) "não é uma besta, pois não está condenado a ser solidário com seus personagens e com seu meio, com os quais Hemingway está comprometido

(*) Revista tipo *Casa e Jardim*. (N. C.)

por sua concepção de arte, mas é muito menos sutil, inteligente e articulado do que poderia ser". Isherwood respondeu a Connolly: "Na conversa, Isherwood... exprimia sua fé na construção como a saída para a dificuldade. O escritor deve se adaptar à linguagem que é compreendida pelo maior número de pessoas e ao vernáculo, mas seu talento enquanto romancista se evidenciará na exatidão de suas observações, na justeza de suas situações e na construção de seu livro".

Isherwood manteve essa estética durante toda uma longa carreira. Quando voltou as costas ao que Connolly chamava de escritura-mandarim, deu mostras de uma coragem considerável. Mas o Isherwood dos últimos tempos é ainda melhor do que o *cameraman* do início, porque ele não é mais o narrador anônimo, neutro. Agora ele pode ficar chocado; pode ficar bravo.

Em *Christopher and His Kind*, Isherwood pondera qual seria a atitude a tomar diante da iminente guerra com a Alemanha. "Suponha, dizia agora Christopher consigo mesmo, que eu tenha um exército nazista à minha mercê. Posso explodi-lo apertando um botão. Os homens que compõem o exército são famosos por torturarem e assassinarem civis — todos, exceto um deles, Heinz. Vou apertar o botão? Não — espere: suponha que eu saiba que o próprio Heinz, por covardia ou por contaminação moral, tornou-se tão mau quanto eles e que participa de todos os seus crimes. Mesmo assim, vou apertar o botão? A resposta de Christopher, que veio sem a menor hesitação, foi: Claro que não." Essa é a voz do humanismo em tempos adversos, e só podemos esperar que graças à vida e à obra de Christopher, sua verdadeira tribo cresça, mesmo que se recuse, tão sensatamente, a se multiplicar.

The New Yorker Review of Books, 9 de dezembro de 1976

QUEM FAZ O CINEMA?

Em outubro passado, completaram-se 49 anos que Al Jolson, além de rechear a trilha sonora de um filme chamado *The Jazz Singer* (O Cantor de Jazz) com uma música horrível, também falou. As palavras "Vocês ainda não ouviram nada" (sem dúvida a afirmação mais ameaçadora da história do cinema mundial) marcaram o fim da era do diretor de filmagem e o início da era do escritor de roteiros.

Até 1927 o diretor era rei, produzindo quilômetros e quilômetros de "moldes de luz" (na bela expressão de André Bazin). Mas quando o cinema começou a falar, o diretor, enquanto criador, tornou-se secundário em relação ao escritor. Mesmo agora, com exceção de um ou outro diretor-escritor como Ingmar Bergman,* o diretor tende a ser elemento substituível (se não inteiramente dispensável) na confecção de um filme. Afinal, há milhares de técnicos de cinema capazes de fazer o que a um diretor é suposto fazer. Na realidade, são os

(*) Questões que me foi aconselhado antecipar: E o que dizer dos verdadeiros *auteurs du cinéma* como Truffaut? Bem, *Jules et Jim* era um romance de Henri-Pierre Roché. Foi Truffaut quem adaptou o texto pessoalmente? Não; ele trabalhou com Jean Gruault. Buñuel inventou *O Anjo Exterminador*? Não; o filme "inspirou-se" numa peça não publicada de José Bergamin. Buñuel trabalhou a partir dessa peça? Não, tinha, como co-autor, Luis Alcorisa. E assim por diante.

técnicos, coletivamente, às vezes individualmente, que realizam na prática o trabalho do diretor, atrás das câmaras e na sala de montagem. Por outro lado, sem roteiro escrito não há filme.

Nos anos 50, quando entrei na MGM na qualidade de escritor contratado e me instalei na Mesa dos Escritores, no refeitório, o Sábio Picareta costumava dizer aos recém-chegados: "O diretor é o cunhado". Aparentemente, o homem ambicioso tornava-se produtor (que era onde se localizava o poder). O homem de talento tornava-se escritor (que é onde estava a criação). O homem bonito tornava-se estrela.

Antes mesmo de Jolson falar, o diretor já começara a ceder terreno para o produtor. Em 1923, o diretor Lewis Milestone já previa a importância do texto no cinema, quando o "produtor-bebê" Irving Thalberg despediu o legendário diretor Erich von Stroheim de seu filme *Merry Go Round* (Carrossel). "Foi o começo da tempestade e o fim do reinado do diretor", escreveu Milestone sombriamente em *New Theater and Film* (março de 1937). Mesmo muito depois, em 1950, o ator Dick Powell garantiria ao montador Robert Parrish que "qualquer um pode dirigir um filme, até eu. Mas prefiro não dirigir porque ia me tomar muito tempo. Posso ganhar mais como ator, vendendo imóveis e aplicando na bolsa". Era essa a visão que se tinha do diretor nas décadas de 30 e 40, durante a assim chamada idade clássica do cinema falado.

Embora o criador fundamental do filme típico de Hollywood fosse o escritor, o verdadeiro dono do filme era o produtor, como Scott Fitzgerald reconheceu quando colocou Irving Thalberg como protagonista de seu último romance. O próprio Thalberg era um péssimo fazedor de filmes, mas era o diretor de produção da MGM; e naqueles dias a MGM era uma espécie de Vaticano, onde o chefe de produção era Papa, empunhando as chaves douradas de Schenck.* A equipe de produ-

(*) Joseph M. Schenck, um dos fundadores da Fox. (N. C.)

tores era o Colégio de Cardeais. Os atores eram objetos santos e valiosos que podiam ser comprados, emprestados e roubados. Os atores eram transportados como ícones, de estúdio de som em estúdio de som, de companhia em companhia, de filme em filme, levando atrás deles ouro e boa sorte.

Com uma ou outra exceção (Alfred Hitchcock, por exemplo), os diretores eram, na pior das hipóteses, cunhados; na melhor, técnicos brilhantes. Tudo considerado, era uma turma animada, despretensiosa, e se alguém lhes dissesse que eram *auteurs du cinéma*, poucos teriam correspondido ao conceito, menos ainda ao francês. Eles eram técnicos, orgulhosos comerciantes, e sentiam-se felizes em servir ao que era denominado, com otimismo, A Indústria.

Essa situação perdurou até que a televisão viesse substituir o cinema enquanto principal provedor de diversão de massa nos Estados Unidos. Do dia para a noite os produtores perderam o controle sobre o que restava da Indústria e, inesperadamente, os ícones tomaram o poder. Ao que parece, durante todos os anos em que acreditamos que os ícones não passavam de belas imagens pintadas representando todos os nossos sonhos e desejos, não só esses ícones estavam vivos, como, secretamente, estavam loucos para abocanhar o ouro e o poder.

"Os loucos estão dirigindo o hospício", grunhiu o Sábio Picareta, sentado à Mesa dos Escritores, sem com isso deixar de prosseguir com o cumprimento de sua missão. Ao mesmo tempo, os ícones começaram a produzir, dirigir, chegavam ao ponto de escrever. Durante um certo período conseguiram ignorar o fato de que, com a ascensão da televisão, nenhum ator de cinema podia competir com a "Pergunta dos US$64.000".* Durante essa década de transição, o diretor continuava sendo o cunhado. Mas em vez de se casar com um produtor, foi atrás do ícone. Durante algum tempo, cada ícone tinha seu diretor predileto, e em pouco tempo A Indústria estava quebrada.

(*) Programa de TV dos anos 50, tipo "8 ou 80" e "O Céu é o Limite". (N. C.)

Foi nesse momento que chegaram notícias espantosas da França: todos aqueles cunhados da época clássica eram, na realidade, artistas autônomos e originais. Aparentemente, cada um tinha seu estilo próprio, um estilo que transparecia em cada fotograma de qualquer filme em que esse diretor trabalhasse. Prova? Já que o diretor continuava sendo a mesma pessoa em qualquer filme que fizesse, cada imagem de sua *oeuvre*, necessariamente, estaria marcada com o selo de sua autoria. Tratava-se de um argumento circular, mas com implicações não menos irresistíveis. Citava-se muito a solene vacuidade de Giraudoux: "Não existem obras, só *auteurs*".

André Bazin, em geral uma pessoa sensata, acabou ridicularizando essa idéia em *La Politique des Auteurs* (A Política dos Autores), mas nas páginas da revista que ele fundara, *Cahiers du Cinéma*, o estrago estava feito. O fato de, independentemente do diretor, qualquer filme da Warner Brothers da era clássica transmitir uma impressão soturna, devido à mania dos Brothers de fazer economia com eletricidade e cenário, não causava a menor mossa aos críticos ambiciosos que andavam em busca de uma arte elevada num campo que antes se considerava inteiramente baixo.

Em 1948 o discípulo de Bazin, Alexandre Astruc, escreveu um artigo atrevido: "*La Caméra-stylo*" (A Câmara-Caneta). Nesse manifesto, expunha a idéia de que um diretor é — ou deveria ser — o verdadeiro e solitário criador de um filme, "inscrevendo" seu filme sobre o celulóide. Astruc achava que a *caméra-stylo* era capaz de

> tratar de qualquer assunto, qualquer gênero... Chego mesmo ao ponto de dizer que as idéias e filosofias de vida contemporâneas são de um tipo a que apenas o cinema é capaz de fazer justiça. Maurice Nadeau escreveu, num artigo publicado no jornal *Combat*: "Se Descartes estivesse vivo hoje, escreveria romances". Com todo o respeito que Nadeau merece, um Descartes atual provavelmente estaria fechado em seu quarto com uma câmera de 16mm e algum filme, escrevendo sua filosofia com filme: hoje

o seu *Discurso do Método* seria de um tipo que apenas o cinema conseguiria expressar satisfatoriamente.

Com todo o respeito que Astruc merece, o cinema tem muitas possibilidades encantadoras, mas é incapaz de transmitir idéias complexas através de palavras, ou mesmo, paradoxalmente, um diálogo no sentido socrático. *Le Genou de Claire* (O Joelho de Claire) é praticamente tudo o que é possível produzir em matéria de dialética num filme, e embora a obra de Rohmer tenha suas delícias, o fantasma de Descartes não parece muito inclinado a abandonar a disposição de palavras numa página em troca das sombras vibrantes de cabeças que falam. Seja como for, o Descartes da era Astruc não fez nenhum filme; escreveu o romance *La Nausée* (A Náusea).

Mas os candidatos a escritores-câmeras não estão interessados em filosofia, nem em história, nem em literatura. A única coisa em que estão interessados é em fazer com que o cinema adquira o prestígio das formas antigas, sem que seja necessário, antes, decifrar o código. "Encaremos a questão", escreve Astruc:

> entre o cinema puro de 1920 e o teatro filmado, há espaço de sobra para um tipo diferente e individual de produção de filmes. É claro que isso implica a direção do filme pelo autor do roteiro; ou melhor, o escritor de roteiros deixa de existir, pois nesse tipo de cinema a distinção entre autor e diretor perde o sentido. A direção já não é uma maneira de ilustrar ou de apresentar uma cena, mas um verdadeiro ato de escritura.

É interessante observar que apesar do desejo ardente de Astruc de eliminar o escritor de roteiros (e talvez a própria literatura), ao mesmo tempo ele é obrigado a utilizar termos pertencentes à arte que gostaria de abolir. Para ele, o diretor de cinema utiliza uma *caneta*, com a qual *escreve*, para um dia chegar a ser — elogio supremo — um *autor*.

À medida que as teorias francesas foram cruzando o Atlântico, os cunhados, bestificados, viram-se na situação de serem cortejados por jovens franceses de aspecto esquisito equipados com gravadores. Relembravam-se e explicavam-se detalhes de antigos *westerns*, esquecidos há muito tempo. Cada tartamudeio emitido pelos lábios do *auteur* era anotado e analisado reverentemente. Os desprezados cunhados dos anos 30 tinham virado Artistas. Imbuídos de uma confiança recém-adquirida, os diretores puseram-se a rabiscar pactos importantíssimos para mega-atores *superstar*, a quem agora os diretores podiam controlar, como elementos hifenizados: ou seja, como produtores-diretores ou até como produtores-diretores-autores. Embora os ícones continuassem sendo adorados e superpagos, os negócios realmente importantes tinham passado a ser obra do diretor. Era para eles, também, que ia a glória. Para todos os efeitos práticos, o produtor ou bem saiu de cena (agora o "pacote" é amarrado por uma agência de "talentos") ou se fundiu com o diretor. Enquanto isso, o escritor de roteiro continua sendo o criador primário do cinema falado, e mesmo que em geral ele seja muito bem pago e que seu nome apareça logo depois do do diretor nas resenhas de cinema do *Time*, ele fica inteiramente apagado, atrás do diretor, exatamente como no passado o diretor desaparecia atrás das figuras do produtor e da estrela.

O que fazem os diretores, afinal? O que fazem os escritores de roteiros? É difícil explicar essa questão para pessoas que jamais se viram envolvidas na confecção de um filme. E torna-se ainda mais difícil porque os teóricos franceses aumentaram a confusão idealizando falsas hipóteses (o diretor de estúdio dos anos 30 seria um *auteur*), sobre as quais constroem teorias irrelevantes e enganosas. Na realidade, se Astruc e Bazin tivessem querido ser verdadeiramente perversos (e quase acurados), teriam declarado que o *cameraman* é o *auteur* de todos os filmes. Nesse caso, poderiam ter equiparado James Wong Howe a Dante, a Braque e a Gandhi. Os câmeras, efetivamente, tendem a ter estilos próprios (de modo semelhante ao dos melhores escritores), como raros diretores o têm — considerando-se estilo como o oposto de preocupação. O trabalho de câmera de Gregg Toland é um fato concreto em todos os filmes em que ele trabalhou, associando *Cidadão Kane* a *Os Melhores Anos de Nossas Vidas*, de Wyler, de um modo impossível de se repetir quando se pensa em associar, por exemplo, *Cidadão Kane* a *Relatório Confidencial*, ambos de Orson Welles. Não há dúvida de que em geral o câmera é mais importante que o diretor na confecção cotidiana de um filme, por oposição à preparação de um filme. Depois de realizada a filmagem, o editor torna-se o principal intérprete da invenção do escritor.

Como são poucos os relatos confiáveis sobre a confecção de qualquer filme falado clássico, o livro de Pauline Kael sobre a feitura de *Cidadão Kane* é um documento valioso. Descendo aos menores detalhes, ela estabelece a primazia, naquele empreendimento, do roteirista Herman Mankiewicz. A história de como Orson Welles encarregou-se de fazer com que oficialmente Mankiewicz se tornasse o não-criador de seu próprio filme é sombriamente fascinante, e altamente característica da maneira como tantos diretores oportunistas apropriam-se da criação do roteirista.* Nessa área, poucos diretores possuem a modéstia de Kurosawa, que disse recentemente: "Com um roteiro muito bom, até mesmo um diretor de segunda classe é capaz de fazer um filme de primeira classe. Mas com um roteiro ruim, até um diretor de primeira classe é incapaz de fazer um filme que seja realmente de primeira classe".

Uma apreciação útil, embora necessariamente superficial, da maneira como os filmes eram escritos durante o período clássico, pode ser encontrada nas páginas de *Some Time in the Sun* (Algum Tempo ao Sol). O autor, Tom Dardis, analisa as

(*) Peter Bogdanovich afirma que a versão de Kael sobre a feitura de *Cidadão Kane* não só é inexata como extremamente injusta com Orson Welles, um mestre a quem venero.

carreiras cinematográficas de cinco escritores famosos que se empregaram como roteiristas: Scott Fitzgerald, Aldous Huxley, William Faulkner, Nathanael West e James Agee.

A abordagem de Dardis a esses escritores e ao cinema é a de uma pessoa simples, profundamente séria e altamente envolvida, tipo que atualmente se encontra solidamente instalado na Academia americana. Fala de diálogo "literato", biografias "maciças". Faz uma citação magistral e equivocada de Henry James sobre a questão do ouro. Também *cità equivocadamente Joan Crawford*, o que é mais sério. Ela não disse a Fitzgerald: "Dê duro, Mr. Fitzgerald, dê duro!", quando ele estava preparando um filme para ela. Ela disse: "*Escreva* duro...". São muitas as pequenas inexatidões, extremamente irritantes para quem trabalha com cinema. Por exemplo, Mr. Dardis acha que o hotel do Sunset Boulevard conhecido pelo nome delicioso de Jardim de Alá foi "demolido e reduzido à condição de enorme estacionamento...". Bom, não é bem um estacionamento. Hollywood também tem sua reverência particular em relação ao passado. O Jardim de Alá foi substituído por um Banco, que faz uma referência sutil, em vidro e metal, à fachada falsamente mourisca do hotel onde um dia viveu Scott Fitzgerald. Além disso, Mr. Dardis acha que o hotel foi "demolido" durante a Segunda Guerra. Hospedei-me lá no final da década de 50, na porta imediatamente vizinha à de Errol Flynn, aquele beberrão amante da boa vida.

Deixando-se de lado os erros e a vulgaridade típica do curioso, Dardis realizou uma pesquisa alentada e interessante sobre como os filmes eram escritos e realizados naquele tempo. Um de seus méritos é perceber a ambivalência que sentiam os escritores que tinham descido (apenas temporariamente, claro) do Parnaso da literatura para o mercado lodoso do cinema. Havia uma tendência a brincar de Demônio. O indivíduo era visto como um vendido. "Melhor reinar no inferno que servir no Paraíso", era uma citação freqüente — ou melhor, uma paráfrase — na Mesa dos Escritores. Sabíamos que tínhamos cheiro de enxofre. Nem é preciso dizer que quase todo o tempo era tudo muito divertido, quando a bebida não acabava com você.

Para o escritor descido do Parnaso, o cinema não era simplesmente uma maneira de ganhar dinheiro fácil; mesmo nas piores condições, era genuinamente interessante escrever roteiros. Mr. Dardis está melhor quando mostra seus escritores levando a sério suas variadas "tarefas". O instinto de fazer um belo trabalho é difícil de erradicar.

Dos cinco escritores de Dardis, Faulkner foi quem teve mais sorte, além de ser o mais cínico. Em primeiro lugar, ele geralmente trabalhava com Howard Hawks, diretor que poderia, de fato, ser qualificado como *auteur*. O próprio Hawks era escritor, e tinha uma noção muito clara de como manipular os clichês que dominava melhor. Faulkner e Hawks, juntos, criaram dois filmes bastante bons: *To Have and Have Not* (Ter e não Ter) e *The Big Sleep* (O Sono Eterno). Mas quem fez o quê? Ao que tudo indica, não há suficientes informações disponíveis (pelo menos para Mr. Dardis) para distinguir as autorias. Além disso, a atitude de Faulkner para consumo do público era na seguinte linha: Faço apenas o que me dizem para fazer; é um emprego, e pronto.

Nunnally Johnson (segundo Dardis) achava a relação profissional de Hawks com Faulkner muito misteriosa. "Uma das possibilidades é que ele simplesmente quisesse ver seu nome associado ao de Faulkner. Ou então, já que Hawks gostava de escrever, talvez fosse mais fácil fazê-lo junto com Faulkner, já que Bill não ligava muito se o resultado era esse ou aquele... É provável que nunca cheguemos a saber qual era a importância real, para Bill, dos roteiros nos quais trabalhou junto com Hawks." Entre parênteses, observe-se que Johnson acha absolutamente normal que o diretor quisesse — e recebesse — *todos* os créditos pela realização de um filme.

Problema para o diretor: como obter um roteiro sem o correspondente autor? Solução parcial: dentre todos os escritores, aquele que não faz questão de ter seu nome anunciado é o que apresenta maior interesse para um diretor ambicioso. No tempo em que o produtor de estúdio era rei, havia o hábito de minimizar o papel do escritor designando uma dúzia de escritores para um roteiro. Atualmente nenhum diretor conta com os recursos que os velhos estúdios ofereciam. Tem possibilidade, porém, de contratar um escritor que "não ligue muito se o resultado é esse ou aquele". Também pode colocar seu nome na tela na qualidade de co-autor (procedimento de praxe na França e na Itália). Até o nobre Jean Renoir valeu-se desse estratagema quando dirigiu *The Southerner* (O Sulista). Faulkner gostava do projeto, além de ter escrito o roteiro. O ator do filme, Zachary Scott, afirmou que o roteiro era obra exclusiva de Faulkner. Só que, como havia outros escritores contratados, segundo Mr. Dardis, "toda essa questão de quem fez e de quem deixou de fazer foi resolvida de maneira prática quando Renoir assumiu sozinho o crédito pela autoria do roteiro — a melhor maneira possível para um diretor *auteur* rotular seus filmes".

Scott Fitzgerald, diferentemente de Faulkner, tinha uma ligação muito forte com o cinema; queria que sua carreira de escritor de roteiros fosse um sucesso, e, tudo considerado, caso se dê crédito a Mr. Dardis, sua vida em Hollywood foi muito melhor e mais saudável do que geralmente se imagina. Aliás, é bom que se saiba que o relato de Dardis sobre a vida de Fitzgerald nessa época corresponde ao que se costumava ouvir dizer.

Fitzgerald, que tinha uma natureza metódica, trabalhou em muitos filmes do estúdio. (Faulkner, porém, fingia que só gostava de Mickey Mouse e do Noticiário Pathé.) Fitzgerald fazia anotações. Além disso, fazia o que um escritor ambicioso deve fazer se quiser escrever o tipo de filme que ele próprio gostaria de ver: fez amizade com os produtores. Num tom de censura, Mr. Dardis observa que Fitzgerald "anuncia claramente sua intenção de trabalhar com produtores, e não com diretores, que eram rebaixados ao nível de 'colaboradores'. Na realidade, Fitzgerald demonstrava não ver nenhuma utilidade para diretores enquanto tais". É; só que essa era exatamente a atitude de todo mundo.

Durante quase todo esse período, Howard Hawks, por exemplo, era um diretor de orçamentos limitados, que reconhecidamente trabalhava com método e eficiência. Até sua beatificação pelos franceses, vinte anos mais tarde, ninguém achou que ele fosse um artista original: tratava-se simplesmente de mais um técnico contratado. É verdade que Hawks tinha permissão para trabalhar com escritores, mas é preciso notar que ele estava na Warner Brothers, um posto de fronteira voltado para a bárbara Burbank. Na MGM, a cidade santa, os escritores e os diretores não tinham grandes possibilidades de trabalhar em conjunto. Quem trabalhava com o escritor era o produtor, e Scott Fitzgerald era um escritor da MGM. Mesmo muito mais tarde, durante minha própria experiência na MGM (1956-1958), o roteiro final era uma criação do escritor (sob a supervisão do produtor). O escritor chegava ao ponto de assumir a função mais importante do diretor, descrevendo cada tomada da câmara: longa, média, *close*, e a expectativa era de que o diretor seguisse fielmente as indicações do escritor.

Um dos diretores de maior sucesso na MGM durante esse período era George Cukor. Num ensaio sobre "O Diretor" (1938), Cukor revela a maneira como o jogo costumava se desenvolver. "Em geral", escreve ele, "o diretor faz sua entrada na história de um filme numa fase bem inicial." Tenho certeza de que com freqüência esse podia ser o caso de Cukor, mas é significativo o fato de que considere necessário mencionar a participação numa "fase inicial".

> Em certos casos, toda a idéia de um filme pode vir do diretor, mas mais freqüentemente esse entra em cena quando o produtor o convoca, sugerindo que poderia dirigir uma determinada história.

Não apenas era isso o que em geral acontecia, como, muito freqüentemente, o diretor retirava-se da presença do produtor com o roteiro pronto debaixo do braço. Cukor descreve sua própria experiência ao trabalhar com escritores, mas é preciso levar em consideração o fato de que Cukor era como uma estrela no estúdio. Quase todos os diretores eram "convocados" pelo produtor, que lhes dizia o que deveriam fazer. Aliás, é curioso notar como a idéia de o produtor participar da filmagem desapareceu inteiramente. Agora só se pensa nele na qualidade de protagonista de histórias bem conhecidas: artista frágil tratado cruelmente por produtor insensível fumando charuto — ou Fitzgerald repetidamente barbarizado por Joe Mankiewicz.

Dos cinco escritores de Mr. Dardis, James Agee foi o de menor peso literário, para dizer pouco. Mas era um cinéfilo apaixonado, além de crítico. Era um produto do cinema, exatamente como Huxley era um produto de Meredith e Peacock. Se seu temperamento, sua sorte e sua data de nascimento tivessem sido diferentes, Agee poderia ter sido o primeiro *auteur* de cinema americano: ele era um escritor; seus roteiros pareciam a partitura de uma sinfonia: só precisavam ser interpretados por um maestro... interpretação essa que ele próprio poderia ter fornecido, coisa que talvez fizesse se não tivesse morrido.

Os roteiros de Agee eram fantasticamente detalhados. Dardis escreve: "Todas as tomadas eram determinadas com absoluta precisão, a um ponto que nenhum outro roteirista jamais determinara até então...". Isso já é exagero. Quase todos os roteiristas da época clássica escreviam roteiros extremamente detalhados, com o objetivo de dirigir o diretor, mas, sem dúvida, os exemplos fornecidos por Dardis dos roteiros de Agee provam que eram fantasticamente visuais. A maioria de nós ouve histórias. Ele, além de ouvi-las, via-as. Mas não tenho tanta certeza de que o que ele via fosse o reflexo de uma realidade viva em sua cabeça. Tal como ocorre com diversos dos jovens diretores da atualidade, a memória de Agee estava povoada de memórias, não da vida, mas de antigos filmes. Para Agee, a chuva caindo não era uma lembrança de abril em Exeter, mas evocava uma cena de Eisenstein. Nota-se isso particularmente na adaptação feita por Agee de *The Blue Hotel* (O Hotel Azul), de Stephen Crane, a qual, segundo nos conta Mr. Dardis, nenhum "diretor de cinema até hoje resolveu filmar, embora já tenha sido televisionada duas vezes, cada uma com um diretor e um elenco diferente, e com o roteiro de Agee extremamente simplificado, servindo apenas de marcação para o desenvolvimento da história". É uma afirmação absurda. Em 1954 fui contratado pela CBS para fazer uma adaptação de *The Blue Hotel*. Trabalhei diretamente com o texto de Stephen Crane, sem saber que James Agee já fizera uma adaptação do livro. Só fui sabê-lo quando li *Some Time in the Sun*.

Quando se mencionava o nome de qualquer diretor, o Sábio Picareta, sentado à Mesa dos Escritores, costumava anunciar uma percentagem equivalente a quanto, em sua opinião, um determinado diretor subtrairia dos potenciais 100% do roteiro que estava dirigindo. O pensamento de que um diretor pudesse *acrescentar* alguma coisa que valesse a pena jamais passou pela mente cinzenta e boa do Picareta. Ele teria achado muita graça, sem dúvida, em *A Biographical Dictionary of Film*, de David Thomson, cujas páginas ao acaso estão recheadas de homenagens a diretores.

Mr. Thomson tem seu próprio panteão agradavelmente excêntrico, onde praticamente não há nenhum lugar para escritores. Há uma coluna dedicada à apagada Micheline Presle, mas o melhor de todos os roteiristas, Jacques Prévert, é ignorado. Há uma longa e tola homenagem a Arthur Penn; não se vê, porém, nenhuma biografia do contemporâneo de Penn na televisão NBC, Paddy Chayefsky, cujos filmes nos anos 50 e 60 eram muito mais interessantes do que qualquer coisa que Penn tenha feito. É possível que Chayefsky tenha sido excluído porque, além de escrever seus próprios filmes, costumava contratar um diretor para a filmagem, um pouco como se empregam os serviços de um encanador — ou de um câmera. Durante algum tempo, Chayefsky foi o único *auteur* americano; seu lápis era o diretor. O início da carreira de Chayefsky no cinema é uma contestação inegável da máxima de Nicholas Ray (que Thomson cita e endossa): "Se estivesse tudo no roteiro, para que fazer o filme?". Se não estiver tudo no roteiro, não há nenhum filme a ser feito.

Há vinte anos, sentados à Mesa dos Escritores, todos estávamos de acordo com o Sábio Picareta quando ele dizia que William Wyler subtraía apenas 10% de um roteiro. Algumas das páginas mais belas e sensatas de Bazin são dedicadas ao trabalho de Wyler na década de 40. Por outro lado, Mr. Thomson não gosta nem um pouco dele (seria porque em Wyler não se observam aqueles erros redundantes que criam a ilusão de um Estilo?). Mas tudo o que estava presente num roteiro Wyler filmava com absoluta fidelidade: quando recebia um roteiro de má qualidade não só fazia um filme ruim, como o tipo especial de má qualidade do roteiro transparecia de tal maneira que era muito fácil que aquele diretor excessivamente competente acabasse levando a culpa. Mas quando o roteiro era bom (de seu tipo, *de seu tipo!*), por exemplo *The Letter* (A Carta), ou *The Little Foxes* (As Pequenas Raposas), não havia intérprete melhor.

Na MGM, trabalhei exclusivamente com o produtor Sam Zimbalist. Ele era um homem notavelmente bom e decente, numa atividade onde essas qualidades são raras. Além disso, era um produtor ao velho estilo. Isso significava que o roteiro era preparado para ele e com ele. Uma vez pronto o roteiro, o diretor era chamado; nesse momento ele teria a oportunidade de dizer — sim, queria dirigir aquele roteiro; ou não, não queria. Depois que o filme era confiado a um diretor, havia poucas mudanças. Mas não seria esse o caso no último filme de Zimbalist.

Durante muitos anos, a MGM vinha planejando uma refilmagem de *Ben-Hur*, o filme mudo de maior sucesso do estúdio. Um Escritor Contratado escreveu um roteiro; foi rejeitado. Aí Zimbalist me ofereceu o trabalho. Eu disse que não queria, e fui suspenso. Ao longo de um ou dois anos, S. N. Behrman e

Maxwell Anderson, entre outros, acrescentaram muitos metros de diálogo portentoso a um roteiro que não parava de crescer e de se transformar. O resultado não foi bom. Aí por 1958, a MGM estava quebrando. De repente aquela refilmagem do *Ben-Hur* apareceu como a última possibilidade de conquistar novamente a audiência de massa que a televisão absorvera. Zimbalist perguntou-me novamente se eu aceitaria o trabalho. Respondi que se o estúdio me liberasse do restante de meu contrato, eu iria passar dois ou três meses em Roma e reescreveria o roteiro. O estúdio concordou. Enquanto isso, a direção do filme fora confiada a Wyler.

Num dia gélido de março, Wyler, Zimbalist e eu tomamos um vôo noturno que partia de Nova York. No avião, Wyler leu pela primeira vez a última versão dos inúmeros roteiros. No caminho do aeroporto para a cidade, em Roma, Wyler estava pálido, com um ar um tanto amedrontado. "Isso é um pavor", disse ele, apontando para o enorme roteiro que eu colocara entre nós dois no assento traseiro do automóvel. "Eu sei", eu disse. "Que é que se vai fazer?"

Wyler rosnou: "Esses romanos... você sabe alguma coisa sobre eles?". Eu disse que sim, que tinha feito minhas pesquisas. Wyler ficou me olhando. "Bom", disse ele, "quando um romano senta e relaxa, o que é que ele desaperta?".

Naquela primavera, reescrevi mais da metade do roteiro (enquanto Wyler estudava, um por um, todos os filmes "romanos" que já haviam sido realizados). Cada vez que eu chegava ao final de uma cena, eu a entregava a Zimbalist. Repassávamos a cena juntos. Depois entregávamos a Wyler. Em geral, Wyler é lento e deliberadamente indeciso; mas a construção da Jerusalém do século I tivera um custo extremamente elevado; o primeiro dia de filmagem estava se aproximando; o estúdio estava nervoso. O resultado foi que não cheguei a ouvir muitas vezes a famosa exclamação de Wyler, quando ele devolve o roteiro a você: "Se eu soubesse o que é que não está bom, eu mesmo consertaria".

O enredo de *Ben-Hur* é, basicamente, absurdo, e qualquer tentativa de dar-lhe nexo destruiria a horrível integridade da história. Mas para que seja possível ver um filme, é preciso que os personagens façam algum sentido do ponto de vista psicológico. Estávamos empacados no seguinte: o judeu Ben-Hur e o romano Messala eram amigos de infância. Depois foram separados. Agora o adulto Messala volta a Jerusalém; encontra Ben-Hur; pede-lhe que o ajude na romanização da Judéia. Ben-Hur se nega; há uma disputa; os dois se separam jurando vingança. Esta cena é o único motor que deverá impelir uma história muito longa, até que Jesus Cristo, súbita e despropositadamente, entra em cena, desatando automaticamente alguns dos nós mais grosseiros do argumento. Wyler e eu estávamos de acordo em que era impossível que uma única discussão política se transformasse em uma *vendetta* de toda a vida.

Pensei numa solução possível, que despejei no bom ouvido de Wyler. "Quando garotos, os dois eram amantes. Agora, Messala quer continuar o caso. Ben-Hur o rejeita. Messala fica furioso. *Chagrin d'amour*, o motivo clássico dos assassinatos."

Wyler olhava para mim como se eu tivesse ficado louco. "Mas não podemos fazer *isso*! Quer dizer, o filme é Ben-Hur! Deus do Céu...".

"A gente não vai fazer de verdade. Só sugerimos. Escrevo as cenas de um jeito que elas só farão sentido para aqueles que estiverem sintonizados. Os que não estiverem, continuarão achando que a ira de Messala é emocionalmente lógica, seja lá por que razão."

Tenho a impressão de que Wyler não ficou especialmente encantado com minha solução, mas concordou que "qualquer coisa é melhor do que o que temos. Então, vamos ver no que dá".

Dividi a cena original em duas partes. Charlton Heston (Ben-Hur) e Stephen Boyd (Messala) leram-nas para nós no escritório de Zimbalist. Wyler conhecia seus atores. Avisou-me: "Jamais conte ao Chuck de que se trata; se você contar, ele vai ficar escandalizado".* Tenho a impressão de que até hoje Heston ignora as coisas medonhas que dispusemos à volta dele. Mas Boyd sabia: sempre que olhava para Ben-Hur, parecia um homem faminto vislumbrando um jantar através de uma vidraça. E assim, em meio ao estrondo dos cascos dos cavalos e dos clichês do último (até a presente data) *Ben-Hur*, há algo de estranho e de autêntico numa relação não-explicitada.

Como combinado, parti no início do verão, e Christopher Fry escreveu o resto do roteiro. Antes que o filme fosse concluído, Zimbalist morreu de um ataque do coração. Mais tarde, quando chegou o momento de dar o crédito aos escritores do filme, Wyler propôs que Fry recebesse o crédito do roteiro. Aí Fry insistiu para que eu também recebesse o crédito, já que a primeira parte do filme fora escrita por mim. Wyler ficou no maior dilema. Só Zimbalist (além de Fry e de mim mesmo, duas partes interessadas) sabia quem tinha escrito o quê, e Zimbalist tinha morrido. A questão foi entregue à Associação dos Roteiristas, que deveria arbitrar uma solução, e eles, misteriosamente, deram o crédito para o Escritor Contratado cujo roteiro estava separado do nosso por pelo menos dois outros roteiros não-aproveitados. O filme foi distribuído em 1959 (e não em 1959-1960, como consta em minha edição de *The Filmgoer's Companion*, de Leslie Halliwell), e salvou a MGM do colapso financeiro.

Registrei em detalhes essa questão de somenos importância para mostrar a quase impossibilidade de se determinar como um filme é realmente criado. Se *Ben-Hur* tivesse sido levado a sério — por exemplo, pelos mesmos críticos franceses que admiram *Johny Guitar* —, Wyler teria recebido o crédito pela relação sutil incomum que existia entre Ben-Hur e Messala. Eu mesmo jamais receberia nenhum crédito porque meu

(*) Agora Wyler nega que eu tenha dito a ele qual era minha intenção. É possível que essa conversa tenha ocorrido tendo Zimbalist como interlocutor, mas duvido muito. Seja como for, a prova está nas telas.

nome não aparecia na tela, e o roteirista oficial tampouco receberia o crédito, porque, segundo a teoria do *auteur*, todos os aspectos do filme são criação do diretor.

O lapso de vinte anos durante os quais o produtor foi soberano hoje não passa de uma lembrança. A ascendência dos astros de cinema foi breve. Agora os diretores reassumiram sua primazia original, e a tempestade de Milestone não passa de um eco. Hoje em dia as marquises das salas de cinema destacam os nomes de diretores e jornalistas (*"Uma obra de arte"*, J. Crist); os nomes dos outros colaboradores aparecem em letras miúdas.

Essa situação seria mais aceitável se os diretores de filmes tivessem se tornado verdadeiros *auteurs*. Mas quase todos eles estão mais do que nunca afastados da arte — se não da vida. A maioria é constituída por meros técnicos. Uns poucos vieram do teatro; muitos começaram como editores, câmeras, realizadores de seriados para a televisão, realizadores de comerciais; o mais terrível é que nos últimos anos a maioria é constituída por pessoas que fizeram curso de cinema na universidade. Em princípio, não há nada de errado com uma compreensão profunda dos meios técnicos disponíveis para que uma imagem seja registrada no celulóide. Mas o cinema não é apenas formas de luz, assim como um romance não é apenas papel manchado de tinta. Um filme é uma determinada reação à realidade, e essa reação deve ser definida, primeiramente, por um escritor. Infelizmente, nenhum diretor de cinema contemporâneo suporta ser visto como um mero intérprete. Sente necessidade de ser o único criador. O resultado disso é que em geral ele é um plagiário, contando histórias que não lhe pertencem.

Ao longo dos anos, muitos escritores tornaram-se diretores, mas exceto raras personalidades como Cocteau ou Bergman, os escritores que se apaixonaram pela atividade de diretor geralmente não eram muito melhores escrevendo do que demonstraram ser dirigindo. Até mesmo em termos comerciais, para cada Joe Mankiewicz ou Preston Sturges aparecem doze X e Y — para não falar no deprimente Z.

Os filmes que se fazem hoje são, mais do que nunca, artefatos de luz. Os carros se perseguem despropositadamente ao longo de auto-estradas irrelevantes. A violência parece ter suas raízes numa noção sobre o que deveria acontecer em seguida na tela para contribuir para que as imagens se movam, mais do que em qualquer situação humana anterior àquelas imagens. Na realidade, a situação humana foi eliminada; não através de qualquer desígnio filosófico intencional, mas porque as pessoas que passaram tempo demais com câmaras e aparelhos raramente têm muita percepção do mundo vivo sem o qual a arte não existe.

Tenho a impressão de que agora chegou o momento de levar Astruc a sério... não sem antes reorganizar sua tese. A *caméra-stylo* de Astruc exige que "o escritor de roteiros deixe de existir... O realizador do filme/autor escreve com sua câmara tal como um escritor escreve com a caneta". Muito bem. Mas, nesse caso, vamos eliminar não o roteirista, mas o diretor — esse espertalhão-técnico (vulgo *auteur du cinéma*). Enquanto ele não for substituído por aqueles que sabem usar uma caneta para transcrever fatos da vida na tela, não haverá muita coisa que valha a pena ver. Tampouco é necessário um escritor genial para que se obtenham excelentes efeitos no cinema. Comparada às obras dos mentores do século XIX, a escrita de Ingmar Bergman é de segunda classe. Mas quando escreve diretamente da página para a própria tela, o seu talento se transforma e o resultado, muitas vezes, é de primeira.

Como poeta, Jacques Prévert não pertence à mesma categoria literária de Valéry, mas os filmes de Prévert, *Les Enfants du Paradis* e *Lumière d'été* são realizações extraordinárias. Esses filmes também foram desprezados pelos teóricos franceses dos anos 40, que sabiam perfeitamente bem que os diretores Carné e Grémillon eram inferiores a seu roteirista; mas como a Teoria exige que somente um diretor pode criar um filme, qualquer filme que seja claramente a obra de um escritor não pode ser cinema de verdade. Essa atitude originou algumas especulações críticas extremamente cômicas. Há pouco tempo, um crítico de cinema não conseguia perceber a razão pela qual a qualidade da obra do diretor Joseph Losey passara por uma transformação tão radical depois que ele se mudara para a Inglaterra. Seria uma diferença na cultura? Na luz? Na água? Ou será — e o crítico titubeava — será que talvez os filmes de Losey tinham ficado diferentes quando ele... quando ele — ah, meu Deus — chamou Harold Pinter para escrever seus roteiros? O crítico imediatamente descartou essa possibilidade. No *Dictionary* de Mr. Thomson não consta a biografia de Pinter.

Nunca fui grande admirador dos filmes de Pier Paolo Pasolini, mas acho extremamente interessante a facilidade com que ele se tornou cineasta depois de vinte anos como poeta e romancista. Nos Estados Unidos ele jamais teria podido ser cineasta porque o custo é muito elevado; além disso, os espertalhões-técnicos detêm todo o poder. Mas na Itália, durante os anos 50, era possível que um *auteur* de verdade utilizasse a câmara como caneta (depois de ter inventado, e não roubado, a narrativa que seria iluminada).

Já que o cinema falado está mais próximo do romance do ponto de vista da forma ("o romance é uma narrativa que se organiza no mundo, enquanto o cinema é um mundo que se organiza numa narrativa" — Jean Mitry), ocorre-me que a geração literária que está surgindo poderia ver o cinema como seu tipo específico de romance, um romance a ser criado por eles com a colaboração de técnicos, mas sem a interferência do Diretor, esse plagiário-espertalhão que há vinte anos domina, explora e (ocasionalmente) realça uma forma de arte que ainda está em busca de seus verdadeiros autores.

The New York Review of Books, 25 de novembro de 1976

ALGUMAS LEMBRANÇAS DA AVE GLORIOSA E DE UM EU DE ALGUM TEMPO ATRÁS*

"Gosto de Nova York especialmente nas noites quentes de verão, quando todas as pessoas... hmmm, supérfluas deixam as ruas." Acho que foram estas as primeiras palavras que Tennessee me dirigiu; aí os olhos azul-enevoados piscaram, e uma risadinha nervosa ocupou o momento de silêncio antes que eu dissesse o que disse.

Levanta-se a cortina. Local: um apartamento na Academia Americana, em Roma. Ocasião: uma festa para alguns americanos recém-chegados, entre eles Frederic Prokosch e Samuel Barber. Mês: março de 1948. Dia: agradável. Que mais poderia ser um dia de março na era dourada?

Estou feliz porque consigo lembrar tão bem meu primeiro encontro com a Ave Gloriosa, como o chamei quase imediatamente por razões que esqueci há muito tempo (premonição, talvez, da decolagem e do vôo do doce pássaro da juventude?). Em geral esqueço os primeiros encontros, excetuando-se, é claro, as solenes audiências concedidas pelos velhos e famosos quando eu era jovem e inexperiente. Lembro-me claramente de todos os detalhes de minha conversa com André Gide e de sua aparência, inclusive da boina escura de veludo que ele estava

(*) *Glorious Bird*. Nos diálogos do texto, mantive o nome em inglês. (N. T.)

usando em seu estúdio no número 1-bis da rue Vaneau. Lembro ainda mais nitidamente minhas visitas a George Santayana em sua cela no Convento das Religiosas Azuis. Todas essas audiências, encontros e apresentações ocorreram naquele *anno mirabilis* de 1948, um ano que veio a ser exatamente o ponto médio entre o fim da Segunda Guerra e o começo do que parece ser uma guerra fria permanente. Naquele tempo, é claro, nenhum de nós sabia para onde a história tinha nos levado.

Naquele primeiro encontro achei que Tennessee era, ponto por ponto, tão antigo quanto Gide e Santayana. Afinal de contas, eu tinha 22 anos. Ele tinha 37; mas dizia que tinha 33, valendo-se do respeitável argumento de que os quatro anos que tinha passado trabalhando para uma companhia de sapatos não contavam. Naquele momento, ele era o mais famoso autor teatral americano. *A Streetcar Named Desire* (Um Bonde Chamado Desejo) ainda estava em cena, em Nova York, quando nos encontramos, naquela tarde, num apartamento com vista para o que naquele tempo era uma cidade tranqüila, onde dificilmente haveria alguma pessoa supérflua, a não ser, talvez, nós: a primeira leva de escritores e artistas americanos a chegar em Roma depois da guerra.

Em 1946 e 1947, a Europa ainda estava fora de questão para os estrangeiros. Mas aí por 1948, os italianos já tinham começado a se recuperar, demonstrando mais uma vez sua impressionante capacidade de enfrentar o desastre, tão perfeitamente contrabalançada por sua absoluta incapacidade de lidar com o sucesso.

Roma era estranha para todos nós. Uma das coisas era que a Itália fora inteiramente isolada, não apenas devido à guerra, mas também pelo fascismo. Desde o início dos anos 30, raros artistas ingleses ou americanos conheciam bem a Itália. Entre os que a conheciam estavam o louco Ezra, o suave Max, o espúrio B.B. e, naturalmente, o historiador anglo-americano Harold (atualmente Sir Harold) Acton, que solenemente vivia em Florença. Aí por 1948, Acton já escrevera maravilhosamente bem sobre os Bourbons de Nápoles e os últimos Médicis de Florença; infelizmente, ele tinha — tem — uma tendência a escrever memórias. E assim, sem dúvida querendo moldar mais um capítulo da história ininterrompida de uma vida longa e maravilhosamente sem interesse, Acton deu uma chegada em Roma para ver os novos invasores. O que achou ter visto e ouvido, publicou posteriormente em um livrinho chamado *More Memoirs of an Aesthete* (Outras Memórias de um Esteta), obra que deve ser tratada com carinho devido à quantidade notável de inestéticos erros de impressão e de ortografia que apresenta.

"Depois da Primeira Grande Guerra, os escritores e artistas americanos haviam emigrado para Paris; agora se lançavam sobre Roma." Assim começa Acton. "Segundo Stendhal, bastava o clima para alegrar qualquer pessoa, mas a razão não era essa: um deles me explicou que era devido à facilidade para encontrar táxis, e é impossível ver grande coisa de Roma dentro de um táxi. A Roma clássica e romântica não passava, para eles, de um cenário pitoresco. Tennesse Williams, Victor (ele quer dizer Frederic) Prokosch e Gore Vidal criaram um anexo boêmio da Academia Americana..." Gostar de Roma por seus muitos táxis é uma coisa esplêndida, e eu gostaria de ter afirmado isso. Sem dúvida, a pessoa que o disse estava gozando Acton, pois o encanto de Roma, em 1948, era a ausência de automóveis de qualquer tipo. Mas Acton está só começando. Tem mais.

Lá pelo fim de março, Tennessee deu uma festa para inaugurar seu novo apartamento na Via Aurora (na era dourada, até as ruas tinham nomes adequados). De um jeito ou de outro, Acton conseguiu ser convidado para a festa. Lembro-me dele flutuando pela sala apinhada como uma espécie de grande peixe branquela; de vez em quando, ele fazia uma investida súbita em direção dessa ou daquela iscazinha promissora, enquanto Tennessee, conta-nos ele, "perambulava feito uma alma penada entre os convidados que reunira num apartamento que poderia estar localizado em Nova York. ... Nem ele nem nenhuma pessoa do grupo com quem estive falava italiano, o que não impedia que ele tivesse um *protégé* tipicamente napolitano que não sabia falar inglês".

Naquela época, Tennessee e eu estávamos em Roma há não mais que umas poucas semanas, e o francês — não o italiano — era a segunda língua dos americanos razoavelmente cultos da época. Por outro lado, Prokosch sabia italiano, alemão e francês; também carregava com muita graça a pesada carga de ser doutorado, em Yale, em inglês medieval. Mas para Acton, o autor de *The Asiatics* (Os Asiáticos), o tradutor de Hölderlin e de Louise Labé era apenas mais um bárbaro cujos livros "ficam a dever a sua imaginação ardente, (ele) tinha a beleza morena de um modelo de anúncio de lâmina de barbear...". Felizmente, "Gore Vidal, o mais jovem em idade, agressivamente bonito no estilo universitário-bem-torneado, tinha a palavra sucesso escrita em todo o corpo... Sua franqueza era cativante, mas ele estava levemente na defensiva, como se antecipasse uma crítica a seus escritos ou a sua virtude". Bem, o jovem G. V. não era tão bobo: ao ver nitidamente o velho bote armado a uma distância moderada, manteve-se sensatamente fora do alcance.

"Um homenzinho atarracado, taciturno, bigodudo, sem nenhuma distinção evidente." Assim Acton descreve Tennessee. Em seguida, aponta as baterias para o *protégé* de Nápoles, um jovem que Acton chama de "Pierino". Acton conta-nos que Pierino tinha muitas queixas de Tennessee e de seus amigos, principalmente devido à barreira da língua. O garoto também estava ansioso para ir aos Estados Unidos. Acton tentou desencorajá-lo. Mesmo assim, Pierino estava hipnotizado. "O senhor é o primeiro *galantuomo* que fala comigo esta noite." Depois de marcar um encontro com o *galantuomo* para aquela mesma noite, Pierino se foi. Mais tarde, Acton disse a Tennessee, "tão diplomaticamente quanto possível, que seu jovem *protégé* estava se sentindo negligenciado... (Tennessee) esfregou o queixo pensativamente, nada disse, um tanto perplexo. Havia algo de inocentemente infantil em sua expressão". Uma coisa que não ocorre ao memorialista é que Tennessee pudesse ter ficado assustado com os maus modos de seu estranho convidado. "Evidentemente, ele não percebia que Pierino queria ser levado para os Estados Unidos; fiquei na dúvida se ele o levou, pois aquele foi meu último encontro com Tennessee Williams." É preciso que se diga que Acton conseguiu extrair uma boa quantidade de matéria de um único encontro. Para dar sossego a Acton, informo que Tennessee levou Pierino para os Estados Unidos, onde Pierino, hoje, está casado e, como se diz, vai muito bem.

"Esse episódio fútil ilustrava a atitude negligente e ao mesmo tempo condescendente de alguns estrangeiros em relação aos jovens italianos, que eles cultivavam devido a seu encanto latino, sem nenhum interesse por sua personalidade, suas aspirações ou seus desejos." Esse sentimento ou sentimentalismo poderia ser expresso igualmente em sentido inverso, e com muito mais exatidão. Os michês italianos nunca se interessaram muito pela personalidade, aspirações ou desejos daqueles a quem alugam o rabo. Quando Acton medita sobre O Garoto Italiano, uma hipocrisia doce e enjoativa encobre sua prosa normalmente clara e nítida, e nos vemos em E. M. Forsterlândia, onde as ordens inferiores (masculinas) são adoradas e completamente não compreendidas. Mas deixando de lado o efeito uvas amargas, Acton nada tem de incorreto. Não há dúvida de que ele captou bem a indiferença de Tennessee em relação a lugar, arte e história. A Ave raramente lê um livro, e a única história que conhece é a própria; por fim, ele depende de um gênio romântico para conduzi-lo vida afora. Acima de tudo, é um sobrevivente, agora mais do que nunca, quando está vivendo o que ele chama de os seus "anos de crocodilo".

Peguei as *Memoirs* (Memórias) de Tennessee com uma certa apreensão. Procurei meu nome no índice; li os trechos e encontrei alguns erros, nada de grave. Comecei a ler; fiquei espantado com a técnica que ele tinha escolhido. Há alguns anos Tennessee disse-me que dera uma lida (ou seja, dera uma olhada) em minhas "memórias em forma de romance", *Two Sisters* (Duas Irmãs). Nesse livro, eu alternava trechos descritivos de certos acontecimentos de 1948 com minha vida cotidiana ao escrever o livro. Os trechos de memórias haviam recebido o nome de *Então*. As descrições do dia-a-dia, chamei-as de *Agora*. Na época, Tennessee achou *Two Sisters* interessante porque ele estava no livro. Também deve tê-lo achado tecnicamente interessante, porque não vacilou em se apropriar de minha forma; sem dúvida, já se esqueceu como foi que teve a idéia de descrever o cotidiano de um famoso dramaturgo numa produção *off-Broadway* da fraca peça *Small Craft Warnings* (Sinos de Navios Pequenos), enquanto, em seções alternadas, relembra os tempos passados, não só de Tennessee Williams mas também de um certo Thomas Lanier Williams que não conserva senão uma vaga semelhança de família com o autor teatral que todos conhecemos através de mil e uma entrevistas sinceras demais.

O livro tem um prefácio e, como todos os prefácios, seu objetivo é desarmar. Infelizmente, armou-me até os dentes. Durante os testes de uma peça em New Haven, em 1973, pediram a Tennessee Williams que falasse a alguns estudantes de teatro de Yale. Ocorre que o estilo do prefácio é especialmente sedutor, o velho mestre no máximo de seu encanto: autopiedade e auto-elogio mantidos em refinado equilíbrio pelo melhor estilo cômico desde S. L. Clemens.

"Quando vi estava entrando (por uma porta onde estava escrito SAÍDA) num auditório muito menor do que o teatro Shubert, mas contendo um pequeno público mais do que proporcional. Eu diria, por alto, aproximadamente umas cinqüenta pessoas, sem contar um cachorrão preto que estava descansando no colo de um estudante da primeira fila... Os jovens rostos a minha frente eram uniformemente inexpressivos de qualquer tipo de reação emocional a minha entrada..." Surpreende-me que Tennessee tenha ficado surpreso. A arrogância e a auto-satisfação dos estudantes de teatro em toda a Academia são uma das raras constantes em um mundo cambiante. Todo estudante que já tenha lido uma tradução de Sófocles é, reconhecidamente, superior a Tennessee Williams em sua imperfeita carne. Esses débeis mentais são um reflexo, é claro, da orgulhosa mediocridade de seus professores, que, dentro do magistério, estão classificados numa categoria denominada "teatro mundial", onde a evolução só anda de trás para diante. Professores e pupilos devem ser evitados.

"Não sou muito bom em disfarçar meus sentimentos, e passados alguns instantes deixei de lado toda a aparência de estar sentindo menos desânimo do que sentia." As brincadeiras não funcionaram. Aí "ouvi a mim mesmo descrevendo um encontro, naquela época bem recente, com um colega dramaturgo no Oak Room Bar, no Hotel Plaza de Manhattan". Foi com "meu velho amigo Gore Vidal. Abracei-o carinhosamente. Mas Mr. Vidal não é pessoa que se desarme com um abraço cordial, e quando, em resposta a suas perguntas perfunctórias sobre o progresso dos ensaios... eu lhe disse... que tudo estava parecendo um sonho transformado em realidade depois de muitos pesadelos anteriores, ele sorriu para mim com uma espécie de benevolência pesarosa e disse: 'Bem, Bird, não vai adiantar muito, eu acho; você já expôs negativamente sua intimidade vezes demais para que seja lá o que for possa ainda lhe ajudar' ".

"Bom, nesse ponto, pela primeira vez, pude ver uma centelha de interesse nos jovens rostos a minha frente. Talvez tenha sido a palavra mágica Vidal, talvez a profecia dele sobre meu negro destino profissional." Quando lhe perguntaram se o prognóstico era pertinente, Tennessee olhou para o cachorro preto e disse: "Perguntem pro cachorro".

Historiazinha inquietante. Não tenho nenhuma lembrança do encontro no Plaza. Também tenho uma tendência, sempre que janto tarde, de sofrer do que Dorothy Parker costumava chamar, cruelmente, de "franquices", ou seja, conversa franca para o bem da outra pessoa, do tipo: francamente-essa-criançanão-teria-nascido-mongolóide-se-você-não-tivesse... Uma testemunha ocular, porém, jura que eu não disse o que Tennessee afirma que eu disse. Mas a paranóia dele sempre tem alguma base na realidade. Tenho uma sensação desagradável de provavelmente ter pensado o que não disse e que depois ele achou que eu tinha dito. Quando se trata de coisas não-ditas, a Ave tem ouvido aguçado.

Hoje em dia é difícil avaliar quanto Tennessee sofreu nas mãos da imprensa americana. Durante os anos 40 e 50 os batalhões antibicha estavam em ação por toda a parte. Dos planaltos da *Partisan Review* ao território médio da revista *Time*, ataques cheios de veneno contra bichas reais ou suspeitas não davam folga. Uma matéria de capa do *Time* sobre Auden foi cancelada quando o editor-chefe da época soube que Auden era bicha. De 1945 a 1961, *Time* atacou com rara ferocidade tudo o que foi produzido ou publicado por Tennessee Williams. "Lodaçal fétido" era a expressão mais usada para descrever sua obra. Mas, tanto no *Time* como no tempo, tudo passa. Agora a Ave é uma instituição muito querida.

Hoje, com 64 anos, Tennessee continua tendo o mesmo apetite voraz por trabalho e por sucesso que tinha com 24 anos. Até mais, desconfio, já que a glória é uma droga que vicia mais do que qualquer outra, como os heróis sempre souberam desde Aquiles (o *roman à clef* de Donald Wyndham sobre Tennessee tinha o título apropriado de *The Hero Continues,* O Herói Continua). Mas no teatro a moda muda. O *superstar* dos anos 40 e 50 entrou num período ruim, e essa é a difícil tarefa dessas memórias. Elas nos contam, nos mínimos detalhes, como surgiu o herói. Tennessee descreve menos acuradamente os maus dias em que ele tinha alucinações causadas pela bebida e pelos comprimidos: ele escorregava para fora de um mundo já suficientemente ruim para entrar no país dos pesadelos. "Eu disse a meu amigo Gore: 'Passei os anos 60 dormindo', e ele respondeu: 'Você não perdeu nada'." Tennessee cita freqüentemente esse diálogo. Mas deixa de fora outra observação que fazia parte da conversa: "Se você perdeu os anos 60, Bird, só Deus sabe o que você vai fazer dos anos 70".

Mas é claro que a vida não se divide em décadas boas e más; é viver, simplesmente. Para um escritor a vida é, simplesmente, mais uma vez, escrever, e nessas memórias o velho mágico ainda é capaz de criar um mundo. Mas já que duvido de que seja novidade para a Ave o fato de estarmos numa época escura, o mundo que ele nos mostra já não é o Paraíso Perdido do Romântico, mas a ilha de Próspero, onde, quando o sol se põe, muitas vezes os mágicos gostam de revelar as fontes de sua rude magia, os truques de um negócio.

Não que o mágico seja obrigado por uma questão de honra a dizer toda a verdade. Por exemplo: "Quero confessar a vocês que empreendi estas memórias por razões mercenárias. Na realidade, trata-se de meu primeiro trabalho, no campo da escrita, realizado para obter lucro material". O tom esnobe é o de Santa Teresa lavando assoalhos. Na realidade, Tennessee é um dos escritores vivos mais ricos. Afinal, uma peça de sucesso rende a seu autor 1 milhão de dólares ou mais, e Tennessee escreveu umas quantas peças de sucesso. Além disso, treze obras suas foram transformadas em filmes.

Para que esse papo de pobre? Porque a tática da Ave sempre foi aparecer em público adejando o que parece ser uma asa pateticamente quebrada. Provocando a piedade geral, espera fugir dos predadores. Antigamente, quando uma peça ia estrear na Broadway, costumavam convidar o autor a escrever um artigo para a seção de teatro do *New York Times* de domingo. Os artigos de Tennessee sempre eram eletrizantes, às vezes horrendos. Ele contava como, naquela mesma manhã, tinha cuspido sangue junto com o catarro. Mas, valentemente, tinha continuado escrevendo, sabendo que a nova peça seria seu último trabalho, sempre... Quando a tarefa da Ave de nos macerar chegou ao fim, só Louis Kronenberger, da *Time*, tinha coragem de criticá-lo.

Mas agora que a saúde física e mental de Tennesse é boa (ele negaria isso imediatamente: "Há pouco tempo tive uma série de palpitações do tipo conhecido como terminal"), só o apelo à pobreza será capaz, na opinião dele, de agir como pára-raios, garantindo-lhe opiniões favoráveis na imprensa para as *Memoirs*. É claro que ele não escreveu o livro pelos 50 mil dólares do adiantamento. Como sempre, o incentivo é a fama. Entre parênteses, ele esqueceu que no passado *escreveu* por dinheiro, na época em que tinha um contrato com a MGM, trabalhando num filme chamado *Marriage Is a Private Affair* (Casamento é Assunto Privado), estrelado por Lana Turner e James Craig (a não ser, naturalmente, que Tennessee agora veja nesse filme a terrível grandeza moral detectada pela primeira vez na crítica de cinema feita por Myra Breckinridge*).

As *Memoirs* começam bruscamente. Tennessee é hóspede em uma casa de campo em Wiltshire, perto de Stonehenge. Dentro dos limites da propriedade, há "uma pedra que não conseguiu chegar a Henge".** Ele procura o próprio nome no *Who's Who* (Quem é Quem). Remói seu passado; anda para trás e para a frente no tempo. *Agora* e *Então*. É fascinante ler sobre os primeiros tempos, ainda que a família Williams seja conhecida de todos os freqüentadores de teatro, não só através de *The Glass Menagerie* (Algemas de Cristal), mas também por meio de tantos contos e peças onde inexoravelmente aparecem Rose a Irmã, Edwina a Mãe, Dakin o Irmão, Cornelius o Pai, Reverendo Dakin o Avô, juntamente com diversos outros parentes que agora são identificados pela primeira vez. Ele também nos conta como ficou fascinado com o teatro quando alguns amadores de St. Louis encenaram uma peça que ele havia

(*) Personagem de romance de Gore Vidal com o mesmo nome que muda de sexo. (N. C.)

(**) Trocadilho com as palavras *stone* (pedra) e *henge* (normalmente usado na palavra *stonehenge*, estrutura circular de monumentos da Idade do Bronze, encontrada na Inglaterra). (N. T.)

escrito. "Eu sabia que escrever era a minha vida, e que seu fracasso seria minha morte..."

Eu nunca soube de nenhum escritor — com a exceção da artisticamente talentosa e humanamente estarrecedora Carson McCullers — que desse tanta importância à opinião dos que foram condenados a escrever para jornais. Pouco à vontade diante de uma ânsia realmente notável por total louvor e absoluta notoriedade, Tennessee reconhece que, quando é entrevistado, instintivamente "exagera as coisas com o objetivo de obter 'bons textos'. Razão? Acho que a necessidade de convencer o mundo de que realmente continuo existindo e de transformar esse fato numa questão de interesse e divertimento público". Até que é honesto, Bird. Mas deixe seus velhos amigos de fora.

"Este livro é uma espécie de catarse de sentimentos de culpa puritanos, suponho. 'Toda boa arte é uma indiscrição.' Bem, não posso lhes garantir que este livro será arte, mas está fadado a ser uma indiscrição, já que trata de minha vida adulta..."

"Claro que eu poderia dedicar todo este livro à discussão da arte teatral, mas isso não seria uma chateação?"

"Acho que eu ficaria mortalmente entediado, e o livro seria muito, muito curto, mais ou menos três frases por página com margens muito largas. As peças falam por si mesmas."

Sábia decisão: as peças falam por si mesmas e, para dizer pouco, a cabeça de Tennessee não fica à vontade com teoria. As peças falam por si mesmas com grande beleza. Não só Tennessee tem um maravilhoso sentido da comédia, como também seus efeitos dramáticos, gloriosamente escandalosos, podem ser muito satisfatórios. Ele faz ficar poética (sem aspas) a fala das pessoas semi-educadas, quase-elegantes, cujo lero-lero ele continua guardando na memória. Só vacila nas raras ocasiões em que tenta reproduzir pessoas cultas ou da classe alta. Num tom um tanto recriminatório, ele me disse que diversas vezes fora obrigado a usar o dicionário ao ler *Two Sisters*.

Pedi-lhe que desse um exemplo de palavra que tivera de procurar no dicionário. "Solipsístico", disse. O vocabulário de

Tennessee nunca foi grande (noto que ele continua pensando que "eclético" quer dizer "esotérico"). Mas, também, ele não é o tipo de escritor que vê palavras na página; antes, ele as ouve em sua cabeça, e quando fica ligado no personagem certo, jamais ouve a palavra errada.

"A vida em Roma naquele inverno: um sonho dourado, e não estou me referindo apenas a Raffaello (o 'Pierino' de Acton) e às mimosas e à vida inteiramente livre. Parem aqui: o que eu quero dizer é a vida inteiramente livre e Raffaello e as mimosas..." Naquele momento todos nós, simbolicamente, tínhamos saído da prisão. Livre da pobreza e do trabalho mercenário, Tennessee tinha-se metamorfoseado na Ave Gloriosa, e eu deixara para trás três anos no exército durante a guerra e um surto quase fatal de hepatite. Foi assim que, no início daquele sonho dourado, nos encontramos.

Versão de Tennessee: "(Gore) recém tinha publicado um *best-seller*, chamado *The City and the Pillar* (A Cidade e o Pilar), que era um dos primeiros romances homossexuais sérios. Eu não o lera, mas sabia que tinha estado nas listas de *best-sellers* e que tratava de um 'assunto proibido'". Mais tarde, Tennessee acabou lendo o livro (o único romance meu que ele conseguiu ler até o fim) e disse: "Você estragou tudo com aquele final, sabe? Você não tinha idéia de como o livro era bom". Comentário justo.

"Gore era um garoto bonito, de mais ou menos 24 anos (*sic*), e fiquei muito impressionado com sua cultura, assim como com sua aparência." Diga-se de passagem que fico fascinado com os tributos prestados à minha beleza, tão freqüentes nas memórias daquela época. Naquele tempo, ninguém que fosse de confiança pensou em me dizer isso. Na realidade, eu tinha a impressão de não estar me dando tão bem quanto a maioria das pessoas, porque, com malícia característica, a Natureza tinha feito Guy Madison, e não eu, ser como Guy Madison era.

"Descobrimos que tínhamos interesses em comum e passávamos muito tempo juntos. Por favor, não pensem que estou sugerindo que havia algum namoro." Não me lembro se contei ou não a Tennessee que no ano anterior eu o vira, embora não tivesse me encontrado com ele. Ele estava me seguindo pela 5ª avenida enquanto eu, por minha vez, estava de olho em outra presa. Reconheci-o: estava com uma gravata-borboleta azul com bolinhas brancas. Como eu não estava no espírito de ter encontros literários, fiz cara feia para ele e ele desistiu da caçada logo acima do Rockefeller Center. Já não sei qual foi o fim de minha própria perseguição. Na era dourada, caminhava-se muito.

"Tenho a impressão de que naquele período também fomos a Florença, onde fomos recebidos por aquele maravilhoso velho esteta que era o Berenson." Não, foi outra pessoa. "Aí, certa tarde Gore me levou ao Convento das Religiosas Azuis para encontrar o grande filósofo e ensaísta Santayana, então octogenário e semi-inválido." Tive que arrastar Tennessee para encontrar Santayana. Nenhum dos dois tinha ouvido falar do outro. Mas Tennessee ficou olhando para o ancião com muito interesse. Mais tarde, a Ave observou: "Você notou como ele dizia 'na época em que eu tinha secretários, *rapazes*?' ".

Nas *Memoirs*, Tennesse nos conta muita coisa de sua vida sexual, que é uma maneira de não dizer nada sobre si mesmo. Detalhes desse ou daquele corpo tendem a perder a nitidez na página, como acontece na vida. Tennessee só foi ter seu primeiro caso homossexual com 20 e muitos anos, época em que já mantivera diversas relações heterossexuais maduras e sexualmente significativas, além de muito estimulantes.* Só que na realidade ele não foi tão estimulado assim por essas relações "maduras". O desejo pelo sexo masculino deixava seus nervos em frangalhos. Qual a razão para sua adesão tardia? Bem, isso se passava há quase meio século, e Tennessee era o produto da

(*) No original, *life-enhancing*. (N. T.)

cultura sulina, puritana, onde todo sexo era pecado, e sexo antinatural era particularmente horrível.

Acho que a diferença marcante entre minha atitude em relação ao sexo e a de Tennessee fez com que nós dois parecêssemos um tanto surpreendentes um para o outro. Nunca tive nem sombra de culpa ou ansiedade em relação ao que sempre considerei um apetite humano normal. Ele era — e é — torturado pela culpa e, embora nos afirme que não acredita em vida eterna, continua sendo muito puritano para não acreditar em pecado. Em algum ponto profundo, Tennessee acredita de verdade que o homossexual está errado e que o heterossexual está certo. Devido a esse difuso sentimento de culpa, tanto na vida como no trabalho ele é levado à idéia de expiação, de morte.

Tennesse fala de seu caso com um bailarino chamado Kip. Mas Kip o abandonou; casou-se; morreu jovem. Depois Tennessee ligou-se a um amante em New Orleans, a quem menciona com um pseudônimo; esse caso acabou em bebida e violência. Durante alguns anos, Tennessee viveu com um ítalo-americano, Frank Merlo. Depois de algum tempo, os dois se separaram. Voltaram a se unir na época em que Frank estava morrendo de câncer. Os últimos dias de Frank foram suficientemente pavorosos para satisfazer qualquer consciência puritana culpada, justificando, ao mesmo tempo, a visão extremada de mundo do romântico: "amar-te mais ainda após a morte".

O outro fio condutor ao longo da vida emocional de Tennessee é o que chamo de Mulheres-Monstro. Madrastas, eu diria, se a própria mãe de Tennessee, Miss Edwina, não estivesse tão implacavelmente neste mundo, até mesmo enquanto escrevo estas linhas. Convencida, no momento, de que os negros transmitem sinais uns para os outros, durante as longas noites de St. Louis, batendo as tampas das latas de lixo, Miss Edwina corresponde ponto por ponto à Amanda de *The Glass Menagerie*. Na realidade, a criação de Tennessee é tão poderosa que diante de Miss Edwina não conseguimos ouvi-la: ela é apenas a pessoa em que ele a transformou.

"Naquele dia quarenta senhores me visitaram", diz ela com complacência. Estamos jantando no restaurante do Robert Clay Hotel, em Miami. Ela está segurando delicadamente um garfo com um camarão espetado. Garfo e camarão avançam lentamente em direção a sua boca, enquanto Tennessee e eu olhamos, hipnotizados não só pela conversa ininterrupta, mas também pelo camarão jamais engolido, pois quando ela está a ponto de dar a primeira dentada, sempre se lembra de mais uma história, que brota lá do fundo... ah, cérebro *solipsista*, e o garfo volta para o prato — camarão intacto. "Tom, você se lembra daquela vez que o cachorrinho pegou o chapéu com a pluma e saiu correndo pelo quintal...?" Outro trecho de *The Glass Menagerie*. Tennessee pigarreia nervosamente. O camarão se eleva de novo, devagar, em direção à boca reta e larga que é tão parecida com a abertura de uma caixa de correio em miniatura — uma caixa reservada para convites finamente impressos. Mas, novamente, o camarão não chega ao destino. "Tom, você se lembra...?"

Tennessee pigarreia de novo. "*Mãe, coma seu camarão.*"

"Por que", retruca Miss Edwina, "você não pára de fazer esse barulho esquisito na garganta?"

"Porque, Mãe, quando você destrói a vida de uma pessoa você tem que esperar algumas deficiências nervosas."

Mas Tennessee continuou acrescentando à sua vida mulheres ainda mais grotescas do que Miss Edwina. Nunca consegui suportar nenhuma delas, de Carson McCullers a Jane Bowles ou Anna Magnani. Claro, claro, todas talentos brilhantes. Parte do patrimônio artístico do século XX. Reconheço seu talento, sua glória, seu encanto — para Tennesse, mas não para mim. Carson só falava do trabalho dela. Da grandeza do trabalho dela. Aquela monótona voz sulina nunca se interrompia: "Você assistiu a minha deliciosa peça? Você gostou da minha deliciosa peça? Vou ganhar o prêmio Pulitzer?" Jane ("a melhor escritora de ficção que temos nos Estados Unidos") Bowles era mais original. Pensava e falava muito sobre comida e fazia cenas portentosas nos restaurantes. De Magnani, o melhor que se possa dizer é que ela gostava de cachorros. Quando Marlon Brando aceitou trabalhar com ela no filme feito a partir de *Orpheus Descending* (Descida de Orfeu), de Tennessee, ele avisou: "Sempre que eu filmar uma cena com ela, vou levar uma pedra em cada mão".

Não sei o que Tennessee tira das Mulheres-Monstro, mas se elas lhe dão algum consolo, isso é tudo o que interessa. Não há dúvida de que ele tem um enorme apetite pelo grotesco, não só na arte como na vida. Para falar a verdade, ele é perseguido pelo grotesco. Uma vez, no aeroporto de Miami, fomos interpelados por um homem gorducho, de meia-idade, que conhecera Tennessee (a quem chamava de Tom) nos dias idos de St. Louis. O homem parecia absolutamente comum. Falou com Tennessee sobre amigos comuns. Aí notei que o homem estava carregando uma enorme sacola de compras contendo dois perus assados e meia dúzia de fatias de pão. "O que é isso?", perguntei. O homem nos deu uma piscadela entendida. "Bom, comprei dois perus assados pra mim, ali. E também essas fatias de pão, *porque vocês sabem como é a comida em Miami*." E foi-se embora. Até parece que o verdadeiro artista nunca precisa sair em busca de personagens; o personagem sempre sabe onde encontrá-lo.

É gozada a maneira como os amigos se vêem uns aos outros — ou pensam que vêem — quando chega a hora das memórias e se avista o aceno do cemitério. Uma personalidade de alguma significação em nossa tão distante era dourada era o compositor-romancista Paul Bowles. De vez em quando, ao longo dos anos, Tennessee dedicou um certo número de Orquídeas Walter Winchellish* a Paul, assim como a Jane (temo que

(*) Colunista social dos anos 40. (N. C.)

uma vida inteira da Broadway corrompeu um pouco a fala e a prosa de uso diário da Ave, embora, felizmente, nada possa afetar a autenticidade daquelas vozes em sua cabeça). Não há dúvida de que Bowles foi um dos primeiros heróis de Tennessee.

Mas vejamos o que Bowles faz de Tennessee em *suas* memórias *Without Stopping* (Sem Parar). "Certa manhã, quando nos estávamos aprontando para sair para a praia" (era em Acapulco, 1940), "alguém chegou à porta e pediu para falar comigo. Era um rapaz de rosto redondo, queimado de sol, com um grande chapéu molengo e suéter listrado de marinheiro, que disse que se chamava Tennessee Williams, que era autor teatral, e que Lawrence Langner, do Teatro Guild, lhe dissera que me procurasse. Convidei-o a entrar e instalei-o numa rede, explicando-lhe que estávamos com pressa, que íamos para a praia com alguns amigos. Dei-lhe livros, revistas e rum com coca-cola, dizendo-lhe que pedisse sanduíches aos empregados, se sentisse fome. Saímos. Sete horas mais tarde voltamos para casa e encontramos nosso visitante deitado satisfeito na rede, lendo. Estivemos com ele diariamente até ele ir embora."

Paul Bowles costumava citar o conselho de Virgil Thomson a um jovem crítico musical: nunca introduza suas opiniões pessoais quando fizer crítica de música. "As palavras que você usa para descrever o que ouviu serão a crítica." Ao falar de Tennessee, Bowles faz uma demonstração de domínio do não-dito. É desnecessário dizer que Tennessee leu o que Bowles escrevera sobre ele. Agora vejo a Ave dar o troco...

"Foi lá, em Acapulco, naquele verão, que encontrei pela primeira vez Jane e Paul Bowles. Estavam hospedados em uma pensão na cidade, e, como sempre, Paul estava preocupado com a dieta e com a barriga. A única noite que passamos juntos naquele verão foi quase inteiramente dedicada à questão do que ele podia comer em Acapulco, do que seria capaz de digerir, e a coitadinha da Jane só repetia: 'Ah, Bubbles, se você conseguisse comer só *cornflakes* e frutas frescas!' e assim por diante. Nenhuma das sugestões que ela fez pôde aliviar seu humor dispéptico."

"Achei-os um casal muito estranho e encantador." Acho que vou dar este *round* para Tennessee, por pontos. Mas a prosa de Bowles continua sendo o modelo perfeito de julgamento por vias indiretas, mesmo que, tal como Tennessee, ocasionalmente perceba mal os fatos. Bowles escreve: "Gore tinha acabado de pregar uma peça em Tennessee e em Truman Capote: ele me contou a história falando uma espécie de dialeto. Tinha telefonado para Tennessee e, como é um imitador fantástico, fingiu que era Truman. Depois, imitando até a risadinha, induziu Tennessee a fazer observações pouco elogiosas sobre os escritos de Gore".

Esta é uma variação curiosa da verdadeira história. Diversas vezes telefonei a Tennessee imitando a voz de Capote. A brincadeira consistia em ver quanto tempo ele levava para descobrir que eu não era Capote. Um dia liguei e falei com uma pessoa que pensei que fosse o Tennessee. Mas era Frank Merlo, recém-instalado no apartamento. Eu não tinha nem chegado ao fim da minha imitação do choroso "Aqui é o *Tru*man" e Frank já tinha começado a falar mal de Tennessee. Cortei a ligação. Frank nunca soube se eu tinha contado suas queixas a Tennessee ou não. Não contei. Mas anos mais tarde, contei a história a Bowles.

Voltando a 1948: "Naquela época, Truman talvez fosse a melhor companhia que se pudesse desejar", escreve Tennessee. "Ainda não tinha virado bicha ranheta. Bom, não tinha virado bicha ranheta *maliciosa*. Mas era cheio de fantasias e de maldade." Naquele verão, Capote chegou a Paris, onde Tennessee e eu estávamos hospedados no Hôtel de l'Université ("Um hotel ordinário, mas que convinha perfeitamente a Gore e a mim, porque não se opunha a jovens visitantes"), e Capote costumava deixar-nos fascinados com as fantasias maldosas que fazia sobre as personalidades. Aparentemente, bastava avistá-lo para que homens que tinham sido heterossexuais a vida inteira saíssem de seus insuspeitados enrustimentos. Quando Capote se negou a entregar sua virtude ao embriagado Errol Flynn, "Errol jogou *todas* as minhas malas pela janela do Beverly Wilshire Hotel!". Devo observar que o jovem Capote não era uma pessoa menos atraente naquele tempo do que é hoje.

Quando Tennessee e eu trocávamos olhares durante essas histórias, Capote redobrava em esforços. Será que sabíamos que Albert Camus estava apaixonado por ele? É, o Camus! Loucamente apaixonado. Há pouco tempo o biógrafo de Capote contou-me que a conexão Capote-Camus pode muito bem vir a se tornar um capítulo essencial. Sem dúvida, também aparecerá como uma surpreendente nota de pé-de-página na história da vida de Camus, que até hoje foi reconhecidamente um adepto das mulheres. Depois Capote mostrou-nos um anel de ouro com pedra de ametista. "De André Gide" — e suspirou. Felizmente, essa eu tive condições de averiguar. Poucos dias depois fiz uma visita a Gide na companhia de meu editor inglês. "O que você achou de Truman Capote?", perguntei em meu melhor francês de colégio grã-fino. "Quem?", perguntou Gide. Desconfio que foi então, no fabuloso verão de 1948, que nasceu o romance de não-ficção.

Voltando novamente a 1948, tenho umas coisinhas mais para contar sobre aquela temporada.

"Uma noite Frankie e eu ficamos fora até tarde, e quando voltamos para o apartamento a bandeira basculante da porta da frente estava aberta e lá dentro se ouvia a voz de Truman Capote, aguda de tanta agitação... No apartamento estavam Truman, Gore Vidal e uma policial feminina... Parece que Truman e Gore, que naquele momento ainda mantinham relações de amizade, tinham se embriagado um pouco e tinham entrado no apartamento, escalando a bandeira da porta, para esperar por mim e Frankie."

Antes que esse caso se cristalize na história literária, deixem-me corrigir o registro. Tennessee, uma atriz e eu voltamos para o apartamento de Tennessee para deparar-nos com Capote e um amigo nas garras da lei. Tinham realmente sido apanhados entrando no apartamento. Mas quando chegamos, Capote já estava com a questão inteiramente sob controle. A policial feminina em trajes civis e o policial idem estavam ouvindo Capote com olhos esbugalhados, enquanto ele lhes contava absolutamente *tudo* sobre as vidas particulares de Mr. e Mrs. Charles Chaplin.

Os apartes de Tennessee sobre os vários personagens que cruzaram seu caminho muitas vezes são divertidos; às vezes reveladores. Ele descreve um jantar hilariante com o artista russo Evtutchenko, que achou conveniente dar uma aula a Tennessee sobre mercantilismo, perversão sexual e as responsabilidades da arte, tudo isso enquanto enxugava vinho de boa qualidade. Tennessee admirava Dylan Thomas até o dia em que o conheceu, recebendo "a seguinte desfeita: 'Qual é a sensação de ganhar todo esse dinheiro de Hollywood?' ". Sartre também lhe deu uma esnobada. Tennessee deu uma festa no Hôtel de l'Université, na esperança de que Sartre aparecesse. Em vez disso, o Mestre ficou sentado num café a poucos quarteirões dali durante várias horas, fazendo questão de *não* ir à festa, apesar das súplicas de vários emissários.

Tennessee deixa de mencionar um magnífico almoço no Grande Véfour, que nos foi oferecido por Jean Cocteau, que queria comprar os direitos autorais de *A Streetcar Named Desire* para a França, para que Jean Marais trabalhasse na peça. Fui junto na qualidade de tradutor. Marais estava bonito mas com sono. Cocteau estava, como sempre, brilhante. Não falava inglês, mas como conseguia produzir eventualmente um som de "th", além do "g" final, muitas vezes dava a impressão de estar falando inglês. Tennessee não sabia francês. Também não tinha muita noção de quem fosse Cocteau, enquanto Cocteau não sabia nada sobre Tennessee, a não ser que tinha escrito uma peça de muito sucesso nos Estados Unidos, com um papel fantástico para seu amante, Marais. Com Tennessee fazendo análises solenes da peça e Cocteau desenvolvendo retórica sobre teatro (os longos braços adejavam como se estivessem sinalizando com bandeiras a presença de alguma última encruzilhada perigosa), ninguém entendia nada de nada a não ser Marais, que interrompeu seu longo silêncio para perguntar, acerca da personalidade de Stanley Kowalski: "Vou precisar fazer sotaque de polonês?".

Embora Marais e Cocteau tivessem terminado seu caso pouco depois, Cocteau encenou a peça sem Marais. A adaptação de Cocteau, ao que parece, foi uma confusão deslumbrante. Jovens negros despidos contorciam-se através de cortinas de contas enquanto Arletty, a quem foi atribuído erroneamente o papel de Blanche, fazia pose em meio a penas de pavão.

A situação de um autor teatral praticante nos Estados Unidos não é fácil, para dizer pouco. A Broadway está virando cada vez mais um terreno baldio. Com exceção de uma ou duas comédias nativas e de um punhado de peças "sérias" importadas das ilhas britânicas, a Broadway é conhecida principalmente por grandes musicais, geralmente ruins. Durante a temporada teatral de 1947-48, havia 43 peças não-musicais em cena na Broadway. Em 1974-75, havia 18, sobretudo importadas. As peças ousadas atualmente são encenadas *off-Broadway*, e às vezes *off-off*... lá onde nosso memorialista foi acabar como ator de *Small Craft Warnings*.

Caso único entre os escritores, o autor de teatro vê-se na situação de depender do elogio dos jornalistas, que raramente sabem muita coisa sobre seja o que for que fuja aos preconceitos de seus empregadores. Com a quebra de meia dúzia de jornais no último terço de século, o sucesso de uma peça, hoje em dia, depende quase inteiramente da boa vontade do crítico do *The New York Times*. O atual resenhista é um inglês simpático e animado, que sabe muito de balé mas não tanto sobre as nuanças sociais e políticas de seu país de adoção. Isso não impede que Tennessee, aos 64 anos, continue tentando atrair as graças da imprensa. A respeito de *Small Craft Warnings*, "Clive Barnes" (no *The New York Times*) "mostrou-se cautelosamente respeitoso. Com exceção de Leonard Harris, não dou importância às resenhas da televisão. Acho que em geral foram negativas".

Tennessee mudou de idéia logo depois. Num outro parágrafo: "Dizer que não dou importância às resenhas de televisão é dificilmente uma verdade completa. Como eu poderia deixar de dar importância a qualquer resenha que determine a vida ou a morte de uma produção?". É mesmo: como? Só que depois de trinta anos de elogios sem sentido e de injúrias igualmente sem sentido, não é de se espantar que Tennessee esteja meio pirado. Nas raras ocasiões em que os pares literários de Tennessee se deram ao trabalho de olhar para sua obra, o resultado foi deprimente; testemunho disso é o artigo de Mary McCarthy, "A Streetcar Named Success" (Um Bonde Chamado Sucesso).

Houve queixas de que essas *Memoirs* contam muito sobre a vida sexual de Tennessee e pouco sobre sua arte. Pessoalmente, acho que a franqueza em relação a sua vida sexual é interessante, se não esclarecedora. No pior dos casos, fornecerá material para a homofobia tão integrada à psique nacional. Mas talvez seja melhor que a gente mesmo se encarregue de escrever esse tipo de coisa, em vez de deixar tudo para os outros inventarem.

Recentemente, o venerável vendedor de fofocas literárias, Alfred Kazin, escreveu: "Vidal extrai maior quilometragem literária de sua vida sexual do que qualquer outra pessoa, desde Oscar Wilde e Jean Cocteau." Isso me chocou por ser espantosamente falso. Primeiro, nem Wilde nem Cocteau jamais exploraram suas vidas sexuais em busca de "quilometragem". Ambos eram reticentes em público. Houve um momento em que a lei revelou a vida particular do primeiro, enquanto amigos (e um tipo um tanto ambíguo de memórias não assinadas) revelaram a vida do segundo. O autor de fofocas literárias não menciona as entrevistas reconhecidamente excessivas que dei ultimamente a revistas como *Playboy*, onde sexo é sempre um assunto Solene e Sagrado e onde eu também sou Solene, mas nunca pessoal. Como prova de minha busca de quilometragem ele cita um trecho um tanto pobre: " 'Na juventude eu nunca deixava passar nada... Experimentei de tudo... para mim era tão difícil ir para a cama com uma pessoa cuja obra eu admirasse quanto... bom, fazer amor com um espelho. A fama dos outros desliga o desejo' ". Eu diria que essa não é a mais libidinosa das confissões. Exceto em *Two Sisters*, um livro de memórias através de espelhos, nunca usei a mim mesmo como objeto de análise pessoal, devido ao fato de que, já que vivemos numa época em que a personalidade do escritor é tudo e o que ele escreve, nada, só um tolo ajudaria o inimigo contribuindo para trivializar vida, trabalho.

Um colunista relata que Tennessee foi obrigado a cortar metade de suas *Memoirs* devido à quantidade de "sujeira". Espero que nos proporcionem a outra metade algum dia; e duvido que haja muita "sujeira", só indiscrições provavelmente interessantes. Afinal de contas, Tennessee conheceu ou encontrou boa parte dos movimentadores e abaladores de nosso tempo. Digo "encontrou" porque durante um longo período ele era... bem, desatento. Às vezes, a combinação entorpecedora de Nembutal e vodca (hoje abandonada) o deixava zonzo. Eu estava presente no dia em que Edna Ferber (é, Edna Ferber) se aproximou de nossa mesa num restaurante e se apresentou. Com enorme encanto, contou a Tennessee quanto o admirava. Ele a ouviu com uns olhos que se tinham apertado a ponto de não serem mais do que o que Miss Ferber descreveria como "simples fendas". Enquanto ela se afastava, a Ave sibilou: "Por que aquela mulher está me criticando?".

Tennessee é o tipo de escritor que não se desenvolve; apenas continua. Desde os tempos de adolescente, ele tinha seus temas. Passa o tempo jogando e voltando a jogar o mesmo pequeno mas brilhante conjunto de cartas. Que eu saiba ele não recebeu nenhuma nova informação (ou sentimento?) durante os 28 anos que se passaram desde nossa primavera romana. Conseqüentemente, seguimos caminhos diferentes. "Gore não me recebe mais", disse a Ave a um de seus inúmeros entrevistadores; e atribuía esse fato a minha vida social, alegadamente fascinante. Mas a razão de nosso afastamento é simplesmente diferença de temperamentos. Sou um aprendiz compulsivo de coisas novas, enquanto as reações ocasionais e esporádicas da Ave ao mundo que está além do arco do proscênio não foram auspiciosas. "Castro, apesar de tudo, foi um cavalheiro", anunciou ele depois de um encontro amistoso com o ditador. Vá dizer isso às bichas perseguidas de Cuba.

A tão apregoada conversão de Tennessee ao catolicismo romano ocorreu durante a época de sua grande confusão. Pouco tempo depois de a Ave ser recebida no seio da Mãe Igreja, um padre jesuíta telefonou-lhe para perguntar se ele gostaria de ser recebido em audiência pelo Papa. Ou de ter um encontro com o líder da ordem dos jesuítas. Ah, claro. Claro! Tennessee estava encantado. Na manhã seguinte, o padre chegou para levar Tennessee ao Vaticano, onde, supostamente, o Papa estava esperando ansiosamente pela oportunidade de examinar a última aquisição da Igreja. Infelizmente, Tennessee tinha esquecido por completo a audiência. Disse ao padre que pedisse desculpas, mas que naquele dia ele não estava com cabeça para o Papa. O padre ficou bestificado. A reação do Papa não foi registrada.

Os jesuítas, porém, são feitos de material mais resistente. O secretário do Papa Negro ligou para dizer que um coquetel fora organizado, que Mr. Williams ia ter que estar lá, senão. A Ave estava lá. Quase imediatamente, começou a fazer um carnaval sobre Deus. Agora, se há alguma coisa de que um jesuíta goste menos do que conversa sobre Deus é de ter que ficar ouvindo o entusiasmo religioso de um leigo. Tentando desviar Tennessee do que estava se transformando rapidamente numa exortação a *la* Billy Graham sobre Deus e a bondade, um dos jesuítas perguntou: "Como é que o senhor começa a escrever uma peça, Mr. Williams?". A Ave mal fez uma pausa em sua gloriosa ascensão. "Começo", disse com rudeza, "com uma frase." Em seguida contou aos membros da Companhia de Jesus ali reunidos que desde que tinha virado católico romano estava sentindo uma presença divina constantemente a seu lado. Ao ouvir isso, os jesuítas remexeram-se, inquietos. Como velho ator que é, a Ave nesse momento se interrompeu abruptamente em pleno vôo para poder observar o efeito que estava fazendo. Passado um momento de embaraçoso silêncio, um dos jesuítas perguntou timidamente: "Essa presença é uma presença *cálida*?". "Não tem temperatura", disse a Ave sem vacilar.

Mas apesar da "conversão", hoje em dia Tennessee escreve: "Sou incapaz de acreditar que exista outra coisa que não permanente esquecimento depois da morte... Para mim, o que mais existe senão sentir por baixo de mim a corrente invariavelmente ascendente da mortalidade, e convocar toda a coragem que possa estar presente em meu sangue, e que não era pouca". Ao concluir as *Memoirs*, ele volta o pensamento para Hart Crane, cuja história sempre o obcecou. Mas, mesmo sendo um romântico, Tennessee não é nenhum Crane. Por um lado, já está muito tarde para optar por uma morte brusca no mar. Por outro, a arte é muito sedutora e muito difícil: "a vida é feita de acontecimentos de momento a momento, nos nervos e nas percepções, e por mais que você tente, não consegue consigná-los aos fatos de sua própria história".

Mas Tennessee continua tentando. Agora ele convidou o mundo a dar uma boa olhada nele, mais ou menos tal como ele é (a iluminação foi cuidadosamente preparada, é claro, e ele não é pessoa de confundir uma Entrada com uma Saída). O resultado deveria ser gratificante. A Ave Gloriosa não só é reconhecida mas aplaudida nas ruas. Quando veio para autografar exemplares das *Memoirs* em uma grande livraria de Manhattan, quase mil exemplares foram vendidos e a livraria teve de ser fechada porque havia gente demais. A semelhança com os últimos dias de Judy Garland seria inquietante se não fosse pela circunstância feliz de que, como Tennessee já não pode morrer moço, provavelmente acabará não morrendo (seu avô viveu quase um século). Seja como for, os artistas que continuam achando graça nos quebra-cabeças que a arte propõe nunca se entediam e não têm necessidade de morte.

E quanto à vida? Bem, essa é uma questão difícil. Mas sempre foi uma questão difícil para aqueles dentre nós que nasceram com o sentido da transitoriedade desses átomos emprestados que constituem nosso ser físico.

"Preciso de alguém para rir comigo", escreve Tennessee com súbita urgência. Bom, nós todos não precisamos, Bird? Seja como for, alegre-se porque sua arte provou que é uma dessas pedras que realmente conseguiram chegar a Henge, possibilitando aos mágicos do futuro que calculem, a partir de seu astuto posicionamento, não só o duro solstício do inverno de nossos últimos dias, como também o solstício de verão — o sonho dourado, as mimosas, a total liberdade, e todo aquele delicioso tempo não vivido que agora foi vivido.

The New York Review of Books, 5 de fevereiro de 1976

O GRANDE MUNDO E LOUIS AUCHINCLOSS

"Que trabalho mais chato e monótono esse de crítico", escreveu Diderot. "É difícil criar alguma coisa, até mesmo uma coisa medíocre; é tão fácil detectar a mediocridade." Ou o grande filósofo estava exagerando de propósito ou os americanos sempre viveram num diapasão inteiramente diferente do da Europa. Para nós, a produção de coisas medíocres é a regra, enquanto a capacidade para detectar mediocridade ou qualquer outra coisa é rara. Há um século, E. L. Godkin escreveu em *The Nation*: "O grande mal sempre foi que toda vez que nossos críticos se afastam da trilha popular e costumeira do panegírico, começam e terminam na personalidade, de modo que a consciência pública quase sempre associa crítica desfavorável com animosidade pessoal".

Não critique, construa! era o brado de Warren Harding. Cujo corolário era evidente: todos os que criticam são más pessoas, com algum ressentimento. Como resultado, o americano sempre reagiu à definição de normas como o conde Drácula reage a um dente de alho ou a um crucifixo. Já que somos essencialmente um país de espertalhões, e não de pessoas que realizam obras, qualquer tentativa de colocar limites a nossos objetivos, normas ou regras, é atacar um sistema de livre iniciativa no qual não só o trouxa não tem chance, como o homem honesto é simplesmente aquele cujas trapaças não são notadas.

Pior, dizer que determinada frase em inglês poderia ser melhor do que outra é ser pretensioso, um subversor da democracia, um preconceituoso inimigo dos que aportaram recentemente em nossas praias e seu difícil idioma.

Duvido que E. L. Godkin achasse nosso cenário americano de fofocas literárias melhor hoje do que era quando ele e seu editor literário, Wendell Phillips Garrison, esforçavam-se ao máximo para criar, se não leitores comuns, pelo menos críticos extraordinários. Hoje em dia, o panegírico é mais raro do que era no século passado, mas a personalidade ainda é tudo, como o *New York Times Book Review* de domingo comprova semanalmente: quem poderá esquecer o encantador tributo do *Times*, não tanto ao livro de Mr. Saul Bellow que estava sendo resenhado, mas à unanimemente reconhecida beleza física extraordinária de seu autor? O que interessa não é se um livro é bom ou mau (quem, afinal de contas, poderia saber a diferença?), mas se o autor é ou não uma boa pessoa ou uma má pessoa. É questão de fé, entre nós, que só uma boa pessoa é capaz de escrever um bom livro; certamente uma má pessoa só escreverá maus livros (o debate permanente em torno de Ezra Pound está cheio de excelentes exemplos dessa sabedoria popular).

É que o moralismo é tão natural para o escritor americano de fofocas literárias quanto para o resto de nossos conterrâneos — uma espécie de tique nacional. Naturalmente, há modas na bondade devido a mudanças no Clima da Opinião (previsão do momento: Chomsky encoberto, zona de baixa pressão sobre a experiência negra, pequenos avisos Stravinsky-Craft). Além disso, do tempo de Godkin para cá a universidade americana realizou sua terrível potencialidade. Os departamentos de inglês atualmente produzem, por um aparente processo de partenogênese, romances para serem utilizados exclusivamente na sala de aula; meu predileto demonstrava que a universidade é — o que mais seria? — a universidade. Ocasionalmente, um romance da universidade (ou *romance U*) poderá ser lido pelo público em geral (e cada vez menor) do romance; e às vezes um romance escrito para esse mesmo público (*romance P*) poderá ser absorvido pela Academia, mas cada vez aumenta mais a divisão entre as duas esferas, e em breve o que for escrito para ser ensinado em aula por lá ficará, e o que for escrito para ser lido fora também ficará por lá. Nesse dia o reinado da prosa chegará a seu fim, com uma exegese.

Enquanto isso, os fofoqueiros literários, tanto de P como de U, continuam zumbindo como uma mamangava enlouquecida que goste de tanaceto;* seu estoque de mel amargo periodicamente colhido e ofertado ao público (?) em livros com títulos como *Litterary Horizons: A Quarter Century of American Fiction* (Horizontes Literários: Um Quarto de Século de Ficção Americana), por Granville Hicks, uma das mais veneráveis abelhas do ramo, uma bela velharia que gosta de praticamente tudo que seja "sério", mas que tende a se preocupar mais com os autores do que com os livros. Será que X vai se desenvolver? Será que vai passar o obstáculo do Segundo Romance (todo mundo tem Um Romance dentro de si, o Primeiro) ou será que a moda irá destruí-lo? Bebida? Afinal de contas, será que ele merece ser catalogado nos *Horizontes Literários*? A lista de romancistas aprovados de Mr. Hicks inclui um negro, um católico, uma Wasp** sulista e seis judeus. Essa é a fórmula-padrão dos anos 70. A fórmula dos anos 50 seria de seis Wasps sulistas, um judeu, nenhum negro, etc.

Para aqueles que acham intrigante o favorecimento de que desfrutam os escritores judeus no país do fofoqueiro literário de hoje em dia, recomendo a leitura da portentosa introdução de Mr. Alfred Kazin ao *The Commentary Reader* (As Seleções da Revista Commentary), "O Judeu enquanto Escritor Americano

(*) Erva cujas folhas são amargas e têm odor desagradável, com propriedades insetífugas. (N. T.)

(**) WASP: *White Anglo-Saxon Protestant*, mas também vespa. (N. C.)

Moderno". Mr. Kazin nos conta, com desculpável orgulho, que não só os judeus são "a elite mental da era do poder", como "indubitavelmente a grande coisa, agora (1966), era ser judeu". Daí resulta que ser um judeu nos Estados Unidos seja um tema sério tanto para um romance P como até para um romance U, enquanto ser um Wasp é estar longe do centro criativo; o católico nato (por oposição ao convertido) é visto, no melhor dos casos, como engraçadinho (se for irlandês) e, no pior dos casos, como bobo (se for um irlandês bêbado). Nos permissivos anos 60, os negros tinham licença de se fazerem de negros e seus livros foram muito aclamados durante um certo tempo, mas depois houve toda aquela confusão nas escolas, mais uma coisa e outra, e os escritores negros foram desaparecendo, exceto James Baldwin, o negro-símbolo de Mr. Hicks. Mas até Mr. Hicks está preocupado com Mr. Baldwin. Será que ele deveria *realmente* ter sido colocado na Lista? Será que está na hora de realizar seu "enterro" como escritor? Ou será que ele vai realizar um último esforço titânico e juntar todas as pontas e escrever O Romance?

Tal como Bouvard, tal como Pécuchet,* tal como qualquer fofoqueiro literário de hoje em dia, Hicks acha que realmente existe em algum lugar uma coisa chamada O Romance, que passa por transformações periódicas e progressivas (para melhor — afinal, estamos na América!) devido a Experiências de Grandes Mestres. Conseqüentemente, a Tarefa do Crítico é organizar Listas de Contendores e fazer suas apostas de acordo com elas. O truísmo de Brigid Brophy (não existe isso de O Romance: só romances) não é com Mr. Hicks.

Não importa em que momento, o assunto ou o tema da ficção americana vêem-se limitados pelos preconceitos morais e pelos pressupostos predominantes dos residentes na terra dos fofoqueiros literários. Os romances U têm que ser sempre pre-

(*) Personagens de Flaubert que colecionam toda tolice humana. (N. R.)

visivelmente experimentais (deixo para outra ocasião o exame desses interessantes cactos), enquanto o respeitável romance P é sempre naturalista, em geral urbano, freqüentemente judeu, sempre de classe média, e, é claro, profunda, sinceramente heterossexual.

Consciente do que *deveria* ser o problema da ficção, Mr. Hicks coloca — um tanto nervosamente — Louis Auchincloss em sua lista. Por um lado, Auchincloss ocupa-se inteiramente do cenário americano, escreve de maneira confortavelmente convencional e é um dos raros intelectuais que escrevem romances populares. Por outro lado, apesar dessas virtudes, Auchincloss não é muito bem visto nem no mundo P nem no mundo U, e Mr. Hicks vê-se forçado a zumbir meio sem graça: "Embora eu tenha lido e resenhado quase toda a obra de Louis Auchincloss nos últimos doze anos, hesitei muito em incluí-lo neste volume". É assim que o Debrett original deve ter-se sentido quando pela primeira vez viu-se levado a incluir a nobreza irlandesa. "Não há dúvida de que ele não está entre os escritores que movimentaram e abalaram o período do pós-guerra". Por oposição, presume-se, a Reynolds Price, a Wright Morris, a Herbert Gold, a Bernard Malamud, e às outras usinas da lista de Mr. Hicks. Na realidade, apenas dois ou três dos escritores de Mr. Hicks podem ser apontados como tendo feito qualquer contribuição à literatura mundial. Mas isso é uma questão de gosto. Afinal de contas, Pôncio, o que *é* literatura?

Mr. Hicks volta ansiosamente ao *problema* da ficção. Aparentemente, Auchincloss "em geral escreveu sobre a 'boa' sociedade, os bem de vida e os bem-nascidos. E escreveu sobre eles com autoridade. O que me incomoda não é o fato de que ele escreva sobre o seu mundinho, mas sim o fato de que ele parece não perceber nenhum outro. Embora esteja consciente das próprias falhas, nunca questiona seriamente seus valores". Isso é fascinante. Li todos os romances de Auchincloss e não lembro de nenhum onde os valores de seu "mundinho" não fossem questionados muito seriamente. Mundinho!

É um tributo à argúcia de nossos governantes e à burrice de nossos intelectuais (pelo menos os que pertencem à categoria "fofoqueiros literários") que o mundo sobre o qual Auchincloss escreve, o universo dos banqueiros, advogados e corretores da Bolsa de Wall Street, seja considerado irrelevante, um enclave refinado-gentio esmaecido e esmaecendo-se, quando, na realidade dos fatos, esse mundinho inclui a classe dominante dos Estados Unidos, perfeitamente vigorosa e auto-renovadora — uma oligarquia com rígido controle do Chase Manhattan Bank, da política externa americana e dos processos de tomada de decisão tanto do Partido Republicano como do Partido Democrata; além disso, de maneira absolutamente "relevante", os personagens de Auchincloss estabelecem e administram as diversas fundações que subsidiam, justamente, as universidades onde os acadêmicos podem aninhar-se serena e obtusamente, feito sapos que pensam que estão no oceano — ou que a universidade é o universo.

De todos os nossos romancistas, Auchincloss é o único que nos conta como nossos governantes se comportam em seus bancos e salas de diretoria, em seus escritórios de advocacia e em seus clubes. Mesmo assim, tão vasta é nossa sociedade e tão distantes estão os acadêmicos e fofoqueiros literários do poder de fato, que aqueles que deveriam se sentir mais em débito para com esse escritor não fazem idéia da utilidade do serviço que ele nos presta ao revelar e, em certos aspectos, trair sua classe. Mas aí, como é possível que os atos de um banqueiro — que é branco, gentio e rico — sejam *relevantes*, quando todos sabem que a única experiência americana significativa tem que ser judia, de baixa classe média, e acadêmica? Ou (nas palavras de Mr. Hicks) "Como afirmei há pouco e fui recriminado por afirmar, o herói característico de nosso tempo é um desadaptado". Podem me chamar de Granville.

A ignorância do mundo real não é coisa nova em nossa vida literária. Depois da Segunda Grande Guerra, um jovem crítico fez sensação com um livro que atribuía a pobreza da ficção americana à inexistência de um sistema de classes — uma variação vulgar das observações algo semelhantes mas em geral incompreendidas de Henry James sobre a vida americana. Esse escritor, especificamente, era de uma cidadezinha do Meio-Oeste; ao sair da escola, fora convocado, e depois do serviço militar entrara para uma universidade. Como ele mesmo nunca tinha visto nenhum sinal de sistema de classes, concluiu que os Estados Unidos eram uma sociedade verdadeiramente igualitária. Deve-se chamar a atenção para o fato de que um dos encantos da organização americana é que um cidadão pode atravessar uma existência sem nunca saber qual é sua verdadeira posição na vida nem quem são seus governantes.

Claro que nossos escritores sabem que há pessoas ricas escondidas em algum lugar (nas colunas de fofocas de Suzy, nos romances de Louis Auchincloss), mas desde a Depressão os proprietários do país têm jogado macio, mantendo-se longe da vista, consumindo discretamente. Finalmente, ninguém menos do que aquele escritor P (agora P-U), amiguinho de toda a vida do rico Ernest Hemingway, sentiu-se obrigado a tranqüilizar-nos com o fato de que os ricos na verdade são só gente. Para o escritor P, a classe dominante não existe enquanto assunto de ficção, quando mais não fosse porque os governantes não podem ser encontrados em seu mundo real de desesperados subúrbios. O escritor U tem conhecimento do plano *Harkness* — mas, e depois: o que é um *harkness*? Algo a ver com corridas de cavalos?* E os nomes com que foram batizadas as fundações não evocam, para ele, nossos verdadeiros governantes — apenas seus intendentes na burocracia da filantropia, a última fortaleza das grandes fortunas imutáveis.

O compenetrado escritor P sabe que precisa refletir o mundo em que vive: o cotidiano do homem médio. Olhar para além desse mundo é ser desleal e, possivelmente, antide-

(*) Alusão à semelhança da palavra *harkness* com *harness*: arreios. (N. T.)

mocrático. Escrever sobre os governantes concretos do mundo em que vivemos (supondo-se que existam, é óbvio) é viajar pelo país da fantasia. Como resultado, os romances que lidam com política, com o passado, dinheiro, costumes, poder, são tão irrelevantes para o compenetrado escritor P quanto as ficções comerciais sussurrantes de todos os Irving — tão diferentes das relevâncias mais altas de todos os Norman.

Numa sociedade onde as questões importantes são invariavelmente eufemizadas (como é possível que uma arma antipessoal* chegue a matar de verdade?), um escritor como Louis Auchincloss, que escreve sobre a maneira como se produz e gasta dinheiro, terá muita dificuldade para ser levado a sério. Uma das coisas é que atualmente há uma crença generalizada no país dos fofoqueiros literários de que as antigas famílias ricas não existem desde o tempo de Edith Wharton, enquanto os novos ricos se adaptam melhor a exposições jornalísticas do que a um tratamento nos sérios romances P ou U. É verdade que um público leitor indeterminado gosta de ler Auchincloss porque, à diferença dos bem-educados, suspeita que os ricos continuam aqui e que provavelmente não estão aprontando nada de bom. Mas desde a tão alardeada morte da instituição Wasp, a questão da ficção de Auchincloss simplesmente não pode ser considerada importante.

Isso é mau. Afinal de contas, ele é um bom romancista e um excelente contista. Mais importante, fez um valente esforço para criar sua própria tradição literária — um oásis particular na terra de cactus das letras americanas. Escreveu sobre a queda de Shakespeare pela malignidade sem razão (um tema tipicamente americano), sobre Henry James, sobre nossas escritoras enquanto guardiãs e curadoras dos valores daquela infle-

(*) *Antipersonnel weapon*: jargão do Pentágono para bombas, utilizadas no Vietnã, que explodem em pequenos fragmentos, ferindo e matando pessoas (ou seja, seus alvos não são edifícios ou veículos). (N. C.)

xível tribo européia que originalmente matou os índios e colonizou o continente.

Mr. Hicks, com seu estranho dom por entender mal o assunto que está sendo abordado por um escritor, acha que Auchincloss está exibindo orgulhosamente sua classe, enquanto deplora sua invasão pelos recém-chegados. Na realidade, o olhar que Auchincloss lança sobre sua própria classe é um olhar frio, e ele parece mais torturado do que complacente quando registra, livro após livro, o colapso do sistema ético puritano e sua substituição por — até onde nós, vivos, podemos dizer — nada. Quanto à questão de a classe dominante ser substituída por recém-chegados, ele sabe (embora eles, aparentemente, não saibam) que, independentemente da considerável mexida que os recém-chegados provocaram nos mundos periféricos das universidades, do *show-biz* e dos fofoqueiros literários, eles praticamente não causaram nenhum impacto na estrutura real de poder do país.

Auchincloss trata dos mestres do império americano em parte porque são as pessoas que ele conhece melhor, e em parte, desconfio, porque não pode imaginá-los de maneira satisfatória para ele mesmo. Eram melhores ou piores no século passado? O que é bom e o que é mau em negócios? E os negócios (dinheiro) sempre foram o núcleo das atividades de nossa classe dirigente; isso se torna particularmente óbvio agora, que o estilo evangélico cristão do último século foi abandonado por todos, exceto pelos mais insignificantes empregados de nossos governantes (leiam qualquer discurso de qualquer presidente recente para saborear o que um dia foi o próprio som de Carnegie, Gould ou Rockefeller).

Finalmente, que coisa mais fora de moda, Auchincloss escreve melhor na terceira pessoa; o tipo de revelação que ele faz exige uma certa obliqüidade, uma complexidade moral que não pode ser transmitida no tom confessional que caracteriza uma parte tão grande da ficção americana atual, tanto boa quanto má. Ele faz o papel de Deus diante de seus personagens, e apesar do fato de seu método literário estar tão fora de moda, ele é um narrador excepcionalmente interessante ao contar-nos coisas que não sabemos sobre pessoas que raramente encontramos nos romances — que outro romancista foi colega de escola de Bill e McGenghis Bundy?* Agora, abruptamente, ele pára de se pôr no papel de Deus. A terceira pessoa vira primeira pessoa quando ele descreve, em *A Writer's Capital* (Um Capital do Escritor), o mundo e a família que o produziram, um mundo e uma família onde não estava previsto, tanto por seus próprios padrões como pelos da turma dos fofoqueiros literários, que surgisse um artista de qualquer tipo.

Preciso confessar, aqui, um envolvimento. Desde o tempo em que eu tinha 10 anos até quando tinha 16, meu velho padrasto era Hugh D. Auchincloss, recentemente saudado por um cronista da sociedade como "o primeiro cavalheiro dos Estados Unidos" — para o enorme prazer e genuíno assombro da família. Os Auchincloss são parecidos com os Prime da ficção em *The Embezzler* (O Desfalcador), uma família que com o passar dos anos tornou-se extraordinariamente notável por nenhuma razão perceptível, ou, nas palavras de Louis, "Nunca existiu uma fortuna Auchincloss... cada geração de homens Auchincloss fez sua própria fortuna ou se casou com ela".

Despretensiosamente, até com certa secura, Louis faz a crônica da história da família desde sua chegada à América, em 1803, até o dia de hoje. É realista em relação às pretensões da família, embora não pareça estar consciente do coro constante de críticas em que sua numerosa coleção de contraparentes costumava (ainda costuma?) incorrer. Lembro de diversas rebeliões quase cômicas por parte dos contraparentes (em certa época liderados por Wilmarth Lewis) durante as reuniões anuais do clã em Nova York. O que os contraparentes nunca conseguiram entender era a razão para o auto-apreço da família.

(*) Referência a McGeorge Bundy, assessor de Kennedy e Johnson, entusiasta da guerra do Vietnã, e Genghis Khan. (N. C.)

Afinal de contas, o que é que eles tinham *feito*? Por acaso eles não tinham vindo para os Estados Unidos um tanto tarde, segundo os autênticos padrões "aristocráticos"? E não tinham sido mascates lá na Escócia, para se dedicarem ao comércio de *secos* ao chegar em Nova York? E o que havia de tão fantástico na confecção de *blue-jeans*? Além disso, eles todos não eram um tanto escurinhos? O que dizer "daqueles olhos sérios, aquosos, no alto de grandes narizes aquilinos"? E não havia um boato de que eles tinham sangue italiano? E quando se vai direto ao ponto, será que eles não tinham um ar (isto era uma coisa que se comentava só aos cochichos em Bailey's Beach ou no banheiro dos homens do Knickerbocker) *judeu*?

Nas várias peregrinações do ramo da família ao qual eu estava ligado (quase escrevo "inscrito": mais cedo ou mais tarde os Auchincloss coletam um exemplar de cada coisa, inclusive do mais chique dos presidentes), nunca encontrei Louis, que, de toda a maneira, era oito anos mais velho do que eu. Logo depois da guerra, quando me disseram que um certo Louis Auchincloss tinha escrito um romance, eu disse: Não é possível. Nenhum Auchincloss seria capaz de escrever um livro. Bancos, Direito, poder e dinheiro — é a essa espécie que eles pertencem.

Lendo as memórias de Louis, chego à conclusão de que ele próprio tinha essa opinião sobre o assunto. Teve que superar muita coisa, e isso se reflete no tom curiosamente tenso de sua narrativa. Teve a má sorte, para um escritor, de vir de uma família feliz, e não há nada mais nivelador do que um amor familiar. O ódio de um ou outro parente pode produzir um Ivã o Terrível ou um Hemingway; o amor protetor, de pais devotados, porém, pode arrasar com um artista. Isto, ao que parece, foi particularmente verdadeiro no caso da mãe de Louis. Uma das coisas é que como ela entendia muito de literatura (diferentemente de todas as mães de escritores americanos), queria que ele não saísse um escritor de segunda, e infeliz.

Desde o começo, Louis foi um escritor: ligado às palavras,

dado a fofocas, devorador de livros. Em outras palavras, um maricas, segundo os padrões da constante ditadura heterossexual que perverteu tão perfeitamente, de uma maneira ou de outra, praticamente todos os cidadãos do sexo masculino do país. O menino sensível, gorducho, do tipo de Louis, passa por uma situação particularmente impiedosa, mas, felizmente, como demonstram suas memórias, ele acabou sendo capaz de adquirir domínio sobre si mesmo e sobre a sociedade de uma maneira que muitos dos outros meninos sensíveis e gorduchos nunca conseguiram. Uma constante sombra de praticamente todas as reuniões literárias nos Estados Unidos é o escritor embriagado, mole, que está ficando velho, que oscila, trança os passos e golpeia pateticamente inimigos reais e imaginários, feliz em sua loucura alcoolizada porque está fazendo uma demonstração de sua potente hombridade para todo mundo ver.

Por amar o pai e a mãe mais ou menos igualmente, Auchincloss teve uma visão do mundo masculino da Lei e da finança; viu o que ele fez com seu pai, que a certa altura sofreu um esgotamento nervoso. Não sem lógica, "Comecei a pensar que as mulheres eram uma turma privilegiada e feliz, que elas podiam passar os dias em casa sentadas no sofá telefonando, enquanto os homens eram pobres escravos fadados a ir para o centro da cidade fazer coisas chatas, debilitantes, para sustentar as famílias". Quanto a Wall Street, "jamais vou esquecer o horror que me inspiravam aquelas ruas estreitas e escuras e aquelas altas torres fuliginosas...". A história da vida de Auchincloss é como ele reconciliou o mundo do pai com o da mãe; como se tornou advogado e romancista; como a prática do Direito nutriu sua arte e, presumivelmente, vice-versa, embora eu não tenha muita certeza de que quisesse um bom romancista desses organizando um truste para mim.

Groton, Yale, Virginia Law School, a Marinha durante a Segunda Guerra, depois um escritório de advocacia em Manhattan, psicanálise, casamento, filhos, duas dúzias de livros.

Agora, na meia-idade, o autor olha para trás, para si mesmo e nosso tempo, segurando o espelho assim e assado, perguntando-se por que, afinal de contas, não teve capacidade, mais cedo, para ser feliz, para ser ele mesmo. Com modéstia característica, minimiza o próprio esforço para conciliar dois mundos, sem mencionar a dualidade de sua própria natureza. Mesmo assim, desconfio que ao tornar-se escritor ele deve ter achado desmoralizante o fato de que o tipo de coisa que ele estava interessado em escrever simplesmente não era aceitável para os sérios fofoqueiros literários U, ou mesmo P.

A linhagem literária a que pertence Auchincloss nunca teve força nos Estado Unidos — como demonstra a sábia transferência de seu mestre Henry James para a Inglaterra. Edith Wharton mudou-se para a França, mas continuou sendo americana; mesmo assim, até hoje, ela é considerada apenas um James esmaecido. Desde Mrs. Wharton, o romance de costumes manteve-se em grande medida nas mãos de sucessos comerciais. Nem Marquand, de dentro, nem O'Hara, de fora, são levados a sério em território U, enquanto em território P ambos foram especialmente difamados depois da guerra, quando os comentários de livros deixaram de ser escritos por jornalistas que recebiam livros para resenhar: eles não eram suficientemente bons para escrever sobre jogos. As resenhas passaram a ser escritas por jovens homens e mulheres que tinham freqüentado universidades, onde a tradição moderna (*sic*) era perfeitamente exótica: Joyce e Lawrence, Proust e Kafka foram solenemente apresentados a eles como os modelos que valiam a pena honrar e imitar. É verdade que logo depois da guerra houve um renascimento de James, mas apenas enquanto meticuloso construtor de modelos: *o que* Maisie sabia não era tão importante quanto a maneira como ela contava o que sabia.

O início da década de 50 não foi uma boa época para um escritor como Louis Auchincloss. Mas podia ter sido pior: pelo menos ele não teve que se desculpar por sua classe porque, antes de Camelot, nenhum escritor americano tinha a menor idéia de quem ou do que era um Auchincloss. Entretanto, mesmo naquele momento seus romances nunca chegaram a interessar muito seus colegas escritores nem os que os comentavam, porque ele aparentemente não tratava de nada que fosse realmente importante, como a guerra recente, ou ser judeu/acadêmico/classe média/heterossexual num mundo de castradores. Ninguém estava preparado para romances secos e irônicos sobre nossos governantes — nem mesmo os cientistas sociais, que estão sempre em busca do registro de venda dos Estados Unidos.

O próprio Auchincloss não ajudava. Negou-se a fazer propaganda de si mesmo. Se os fofoqueiros litarários não tinham idéia do que fosse Sullivan and Cromwell, não era ele quem ia dizer-lhes. Limitou-se a mostrar a firma de advocacia de Nova York em ação. Além disso, desde o começo ele sabia o que estava fazendo: "Posso dizer sinceramente que nunca fui 'desiludido' pela sociedade. Eu estava perfeitamente consciente desde o começo de que estava interessado na história do dinheiro: como ele era ganho, herdado, perdido, gasto". Desde Dreiser não houve nenhum outro escritor americano que tivesse tanto a contar-nos sobre o papel do dinheiro em nossas vidas. De modo fascinantemente detalhado, ele mostra como gerações de advogados mantiveram intactas as grandes fortunas do século passado. Com uma determinação faraônica, eles encheram a paisagem social americana de pirâmides de dinheiro isento de impostos, para eterna glória de Rockefeller, Ford *et al.* Como resultado, a vida de cada americano foi afetada pelas pessoas sobre as quais Auchincloss escreve tão bem.

Não consigo me lembrar onde ou quando encontrei Louis pela primeira vez. Ele diz que eu estava entre uma dúzia de escritores que ele encontrou há vinte anos no apartamento em Greenwich Village do simpático romancista Vance Bourjaily e sua mulher. Lembro-me da curiosidade que eu sentia em relação a ele: como era possível que fosse ao mesmo tempo advogado e escritor (questão inteiramente subjetiva: como é possível que eu tenha escrito o que escrevi e que seja um político eficiente? Resposta: deixa pra lá). Não me lembro como foi que ele respondeu a minha pergunta, nem se chegou a responder. Achei graça na reação que ele provocou em outros escritores. Eles sabiam — especialmente as mulheres e namoradas — que ele tinha algo de "social", mas isso não era nem positivo nem negativo na era Eisenhower. Antes, isso teria sido uma desvantagem considerável. Em meus primeiros anos como escritor, muitas vezes fiquei feliz por ser identificado com o protagonista de *The City and the Pillar* (A Cidade e o Pilar) — um prostituto. Afinal, era uma identidade *real*, pensava eu, partilhando da inocência coletiva.

Louis se movimentava em meio a essas questões com enorme encanto; ele exagera quando escreve: "O fato de que eu fosse um advogado de Wall Street, um republicano filiado ao partido, e uma pessoa com lugar reservado na alta sociedade, era suficiente para que a metade das pessoas presentes a qualquer festa me descartasse como se eu fosse uma espécie de ornitorrinco que não devia ser levado a sério". Um tanto ansiosamente, observa: "Tenho certeza de que tinha lido mais livros escritos por um maior número de convidados em qualquer festa do que qualquer outro". Tenho certeza de que tinha. Só que nos Estados Unidos sempre foi verdade que as pessoas que deviam ler livros, escrevem livros. Coitado do Louis que *conhecia* literatura francesa e americana, que "se mantinha informado" sobre o que estava acontecendo: agora ele se via dentro de uma sociedade literária de jovens atores iletrados. Superexcitados com a publicidade que cercava Hemingway e Fitzgerald, eles haviam decidido imitar esses "velhos mestres". Pelo menos uma dúzia estava se fazendo de Hemingway — coisa que vários sobreviventes grisalhos continuam fazendo. Sem dúvida ninguém era ele próprio — mas sabemos que é difícil surgirem individualidades nos Estados Unidos. Assim, de certa maneira, Louis era mesmo uma espécie de ornitorrinco naquele quintal de galos de imitação. Afinal, ele não se parecia com nenhum escritor famoso de que já tivéssemos ouvido falar. Era simplesmente ele mesmo, e por isso um homem esquisito para os jovens imitadores.

Depois disso, Auchincloss aprendeu (através da psicanálise, conta-nos ele) que "a história de um homem é em grande parte sua própria criação". Mas, ao analisar a resposta para essa descoberta, tal como a expressou em sua obra, ele escreve:

> Os críticos americanos ainda atribuem muita ênfase ao fator do meio sobre os personagens num livro, e com meio querem dizer uma coisa absoluta, que é a mesma para todos os que estão em cena. Mais do que isso, têm a tendência de partir do princípio de que qualquer privilégio de classe no meio tem necessariamente de ser deletério para um personagem, e que o autor introduziu esse meio apenas para explicar o mal feito. A verdade, porém, é que o meio da maioria de meus personagens foi escolhido simplesmente porque se trata de um meio que me é familiar, e, portanto, mais à mão como modelo... Não tenho outra saída senão concluir que a teimosa recusa por parte de muitos críticos de reconhecer isso evidencia um ressentimento da parte deles em relação aos ricos, um ressentimento que por vezes chega ao ponto de fazer com que neguem que um homem rico possa ser um personagem válido de ficção... Um tal ponto de vista seria ridículo, evidentemente, nos séculos XVIII ou XIX, quando a grande maioria dos personagens da ficção eram oriundos da classe alta ou da classe média alta. Os críticos não ficaram indignados com Ana Karenina nem com o coronel Newcome.

O último livro de Louis Auchincloss, *The Partners* (Os Sócios), é uma coletânea de contos relacionados uns com os outros, situados em um escritório de advocacia de Nova York. Foi proposta a fusão da modesta firma dos sócios com uma firma maior, mais espalhafatosa. Os velhos valores (será que são mesmo valores?) fazem frente às novas forças. Invariavelmente, aqueles que fazem a coisa certa, abnegada, acabam fazendo eco a Mrs. Lee, de *Democracy*, de Henry Adams: "A coisa mais triste em toda essa história horrível é que nove em cada dez de seus compatriotas diriam que cometi um erro". Por não ter se casado com um senador canalha.

As qualidades do autor são bem demonstradas: ele é praticamente o único de nossos escritores capaz de mostrar de maneira convincente homens trabalhando — homens trabalhando, gerindo discretamente o dinheiro da nação, escolhendo seus governadores, criando o império americano. Seus vícios também estão presentes. A narrativa às vezes tem um andamento rápido demais, o que faz com que os personagens percam seu vigor, enquanto as profundas qualidades literárias do autor transparecem nos mais estranhos personagens. Tenho certeza de que nem mesmo o mais civilizado desses tipos de Wall Street costuma citar o *Rei Lear* e Saint-Simon tão freqüentemente quanto seu autor o faz citar. Além disso, há certas passagens teatrais que se repetem em todos os livros — os personagens de Auchincloss sempre "jogam as mãos para cima"; coisa que nunca vi ninguém fazer na vida real a oeste de Nápoles.

Uma pequena melhoria: em todos os livros anteriores de Auchincloss, mais cedo ou mais tarde o fascínio jacobita do autor com o teatro se intromete, e quando isso ocorre, sei com terrível premonição que irei me deparar, na página, com a feia e sombria palavra "*scrim*".* Tenho o prazer de informar que em *The Partners* não tem *scrim*; somente o elegante arco do proscênio do autor, emoldurando nossos orgulhosos e selvagens governantes enquanto eles se dedicam obstinadamente a sua principal tarefa: preservar as fortunas que deveriam ser desmanteladas.

The New York Review of Books, 18 de julho de 1974

(*) Tecido grosseiro de linho ou algodão, usado para estofamentos, cortinas; painel de tecido colocado diante de uma cena de teatro para criar um ambiente de luz difusa. (N. T.)

O QUARTO DIÁRIO DE ANAÏS NIN

Em Roma, no ano passado, recebi um telegrama de Anaïs Nin. Estava para sair o quarto volume de seu Diário (1944-47). Ela precisava de minha permissão para publicar o que escrevera a meu respeito. Máquina do tempo, aqui vou eu, pensei, ao entrar no bar do Pont Royal, em Paris, para deparar-me com Anaïs, aos 67 anos, bonita como sempre. "Passei o dia com a televisão. Televisão da Alemanha Ocidental, com Jeanne Moreau. No parque." Lançou-me um olhar duro. (Tinham-me contado que ela achava que o personagem de Marietta Donegal em *Two Sisters* (Duas Irmãs)* era baseado nela.)

"Assinalei as páginas onde você aparece. É muito sistemático. Edmund Wilson foi maravilhoso em relação ao retrato dele." Quinze a zero. Saque de Vidal. "Agora, se você quiser cortar alguma coisa, eu tiro. Mas se tiver muita coisa para cortar, aí corto todo o trecho." Eu estava dividido. Acho que nada deveria ser suprimido; por outro lado, eu sabia muito bem como eram os "retratos" de Anaïs. Uma vez, ela tinha copiado num caderno vermelho tudo o que escrevera a meu respeito ao longo dos anos. Guardei o caderno sem abrir durante alguns meses (eu já lera, antes, alguns trechos do diário). Amolada, ela pediu o caderno de volta.

(*) *Two Sisters*: romance de 1970 de Gore Vidal. (N. R.)

Agora, tomando chá, li conscienciosamente as páginas que ela me indicou (note-se, aliás, que ela não me mostrou o retrato inteiro — diversas verrugas de primeira foram subtraídas da exibição). Sugeri que ela cortasse uma ou duas linhas que envolviam uma terceira pessoa. Ela concordou, obviamente aliviada por eu também estar me dedicando a ser maravilhoso. Depois fui repreendido por causa de *Two Sisters*.

"Não li, é óbvio — não leio esse tipo de livro —, mas me disseram que era uma caricatura horrenda." Expliquei-lhe que nem a personalidade de Marietta Donegal (uma senhora de letras americana, impetuosa e criadora de casos) nem sua Relação (quando se trata de Anaïs, tem-se a sensação de que a palavra "relação" merece um R maiúsculo — pelo menos no começo) comigo no romance-memória tinham qualquer coisa a ver com a relação que nós dois tínhamos na vida; na verdade, era, antes, o oposto. Mas admiti que a "filosofia" de Marietta ("É preciso fluir do fundo do âmago de nosso ser íntimo") era muito semelhante à dela, achando que, numa época em que se questionava a razão e se adorava a emoção, uma paródia bem-humorada não ia fazer mal nenhum. Ela até que aceitou minha colocação. Estava consciente de que já não tínhamos a mesma opinião sobre as coisas. "Seja como for, você disse — me disseram — que eu escrevia bem."

Quem é Anaïs Nin, então? Nascida em 1903; filha de um compositor-pianista espanhol; criada na França; transplantada a contragosto para Nova York quando criança, onde começou a escrever um diário para poder conquistar o amor do pai distante — missão de fôlego, e, conseqüentemente, um enorme diário, que a essas alturas já continha diversos milhões de palavras.

No início da década de 30, Anaïs voltou para a França, casou-se com um rico negociante (não mencionado em seus volumes anteriores), brincou de ser artista pobre ("Até hoje — 1945 — não consegui entender por que tive de me fazer de pobre em Paris, a ponto de ter de empenhar coisas. Era porque todos os meus amigos estavam lá, e eu queria chegar ao mesmo grau de pobreza e desprendimento deles"), conheceu Henry Miller e ajudou-o a se lançar. Também começou a escrever monólogos poéticos como *A Casa do Incesto* e *Inverno de Artifício*.

No início da guerra, ela voltou para Nova York, acompanhada por um segundo marido rico que — a pedido dele — não faz nenhuma aparição nos diários. Juntos, os dois criaram uma atmosfera de boêmia romântica num apartamento de quinto andar, sem escadas, no Village. Mais uma vez ela brincou de pobre (fiquei chocado quando certa vez ela me disse que era para eu deixar o marido dela pagar a conta do jantar, porque ele não era artista pobre, como os dois tinham fingido ser, mas banqueiro). Quando não conseguiu publicar seus livros comercialmente, ela mesma os imprimiu.

Um dos livros era um volume de contos, *Under a Glass Bell* (Sob uma Redoma de Vidro). Edmund Wilson elogiou-o no *The New Yorker*. Anaïs virou celebridade de um dia para outro, e aí começa o diário em questão.

De saída, encontramos seu companheiro de *élan* vital dos dias idos, Gonzalo. Ele está trabalhando na gráfica que ela financiou; ela o ajudou a aprumar-se, fisicamente. "Gonzalo assumiu a liderança. Está orgulhoso da posição que ocupa, de sua máquina, de sua independência. Estou muito cansada, mas satisfeita. Estou orgulhosa de minha criação humana." Ela tem suas semelhanças com a heroína de Feiffer, que deseja "um homem forte que eu possa moldar". Sua fantasia constante é de que é Joana d'Arc, eternamente instalando delfins no trono. Infelizmente, sempre que o delfim vira rei ela se transforma em regicida — isso quando não tenta conquistar o trono para ela mesma —, um impulso vital humano normal, como aprendemos com o Movimento de Liberação das Mulheres, mas, para uma mulher latina de sua geração, fonte de vergonha e culpa.

À medida que os meses vão passando, Gonzalo não cumpre o que prometera; mostra-se destruidor, é preciso mandá-lo para o Peru — e ela fica pensando em quanto de si mesma dá aos outros: "Será que minha fé em Henry (Miller) tornou-o suficientemente forte para continuar sem mim? Será que a gente cria mesmo força nos outros, ou será que a gente simplesmente se transforma nessa força?". Todas as Relações começam numa nota alta e terminam com recriminações.

Enquanto isso, Edmund Wilson se apaixona por Anaïs, mas ela prefere a companhia de diversos jovens ("as crianças transparentes"), que a protegem da vulgaridade do mundo nova-iorquino, impiedoso e competitivo. Note-se que, embora ela invada a intimidade dos outros sem vacilar, a dela é respeitada. Nunca ficamos sabendo com quem ela vai para a cama. Mas certos modelos emocionais vão-se repetindo, e é possível imaginar, até certo ponto, suas Relações.

É divertido observar Anaïs ir-se transformando num personagem da Alta Boêmia de Nova York, o mundo dos emigrados surrealistas como Breton, de personagens nativos do peso de James Agee, Richard Wright, Maya Deren (outra relação, com "r" minúsculo, que começa magicamente e termina com recriminações: Maya fez Anaïs parecer velha em seu filme *Ritual and Ordeal*, Ritual e Provação). Aí, em 1945, encontramos o autor de 20 anos do romance *Williwaw* (Ventania), o subtenente (ainda de uniforme) Gore Vidal, que recentemente voltara das ilhas Aleutas e que mais recentemente ainda fora contratado como editor por E. P. Dutton — onde fiquei seis meses para conseguir que eles publicassem *Ladders to Fire* (Escadas de Incêndio) e *Childrens of the Albatross* (Os Filhos do Albatroz), de Anaïs. Aliás, meu retrato no livro é legendado "Gore Vidal aos 17 anos". Na realidade, é Gore Vidal aos 21, com ar sombrio devido a uma gonorréia contraída na semana anterior na cidade da Guatemala.

A parte mais interessante do quarto volume é quando ele trata da carreira de Anaïs e da maneira como tratava de promovê-la. Passa o tempo confabulando com editores de livros, com editores do *Harper's Bazaar* e do *Town and Country*, posando para fotografias, encontrando pessoas úteis, fazendo palestras. Em Harvard, "usei um vestido preto e uma echarpe cor-de-rosa chocante. Conquistei muita gente, até alguns que tinham uma opinião abertamente contrária...". Reclama das resenhas desfavoráveis, num certo momento preside à dissolução de sua corte de rapazes. Como todo mundo, as crianças também a desapontam.

Desfere um "golpe mortal" contra mim, concluindo a Primeira Fase de uma longuíssima Relação. Depois atravessa de carro, com um amigo, os Estados Unidos. Não há dúvida de que essa é, de longe, a melhor parte do diário, pois a paisagem provoca nela uma reação imediata, de prazer, coisa pouco característica. Reencontra Miller e sua nova mulher, em Big Sur. Depois prossegue até Acapulco — naquela época uma vila de pescadores —, e o diário termina aí.

Ao longo dos anos, os defensores de Anaïs Nin — entre os quais me incluo — têm afirmado que, sejam quais forem as falhas de seus livros, seus diários, fonte primitiva desses livros, um dia comprovariam sua grande sensibilidade. Agora aí estão eles, e já não estou tão certo disso. Sabe-se que Anaïs deixou de incluir muita coisa. Ela se tratava com dois analistas (1944-47), mas só um é citado. Finalmente, duas Relações Significativas são completamente omitidas. O que ela fez foi selecionar, com muita esperteza, as páginas que tratam de pessoas bem conhecidas dos leitores de hoje. O resultado não é a verdade completa, mas um *tour d'horizon* muito interessante de seus dias e obras, amores e ódios, em meio às celebridades dos tempos idos, e, para mim, lê-la é um verdadeiro festim de *madeleines* na hora do chá.

A queixa mais freqüente em relação à obra de Anaïs é seu (dela) narcisismo. Como não me ocorre nenhum autor moderno que não seja narcisista (se você é incapaz de amar a si próprio, não pode amar ninguém), acho que não é justo acusá-la de um pecado comum a nossa raça de macacos. Mesmo assim, seu autocentrismo desconcerta as pessoas, e em minha opinião ele está relacionado ao que Wilson denomina seu "estilo solene, hierático". Não só ela escreve uma prosa empolada, oracular, como nunca consegue sair de seus personagens. Isso seria tolerável se ela soubesse iluminar seus interiores; coisa que raramente faz, e por uma estranha razão.

Há dois tipos de narcisistas: os objetivos e os subjetivos. Os objetivos olham-se no espelho e vêem as rugas, vêem a morte em seu rosto, e registram-na. Os subjetivos olham-se enlevados no espelho, têm uma visão que mais ninguém pode ver, e, quando não são dotados de grande capacidade artística, não conseguem absolutamente comunicá-la. Em seus melhores momentos, Anaïs Nin sabe escrever muito bem, sem dúvida. De repente uma frase cintila na página: ela percebe as coisas, é o que se conclui, e passa-se para a linha seguinte; aí a terrível seqüência de adjetivos começa, e a gente percebe que ela não está vendo: está escrevendo. Como não é boba, percebe as próprias limitações, embora, como todos nós, as considere com afeto. "O que aconteceu é que eu chegara a um ponto tão profundo de vida inconsciente que as mulheres (em *Ladders to Fire*) perdem suas características separadas e instintivas e fluem uma na outra. Como se eu estivesse escrevendo sobre a vida noturna da mulher e tudo virasse uma coisa só." Como é incapaz de ocupar-se de outras mulheres, só consegue escrever sobre si mesma, apostrofada. Para ela, as pessoas só existem enquanto pares de olhos, onde percebe seu próprio reflexo. Nada mais natural que os proprietários dos olhos a desapontem tantas vezes. Eles também querem espelhos.

Os diários constituem um problema concreto. Anaïs está falando de pessoas reais. Mesmo assim, eu não teria reconhecido nenhuma delas (inclusive eu mesmo) se ela não tivesse rotulado cada espécimen com todo o cuidado. É especialmente devastadora no retrato que faz de Edmund Wilson. Nunca gostou dele. Mas como ele era o crítico mais importante do momento, estava sempre com ele, brincava de amiga dedicada. No almoço, "Percebi sua aflição, ouvi suas confidências. Ele me fala de seus sofrimentos com Mary McCarthy".

Mais adiante, Anaïs escreve a um jovem amigo seu, Leonard, e diz a ele que prefere sua companhia à de Wilson, "que apresenta suas opiniões, crenças e conhecimento como se fossem a verdade última". Em seguida nos faz a descrição precisa de uma noite na casa vazia de Wilson ("Mary levou toda a mobília"). Mas "quando ele falava de minha obra, tinha muito a dizer sobre as falhas de *Winter of Artifice* e pouco sobre o que estava bom". A noite termina com Wilson no meio da rua, gritando para ela: "Não me abandone! Não me deixe sozinho!". Como George Sand, Anaïs Nin não é nenhum cavalheiro. Pondera sobre a possibilidade de ir para a cama com ele, mas resolve que "se ele algum dia provar de mim, estará comendo uma substância que não lhe serve, uma matéria fosforescente que ilumina a alma e não responde à luxúria". A Relação chega ao fim quando ele se oferece para ensiná-la a escrever, oferecendo-lhe a obra completa de Jane Austen, cúmulo do insulto. Ela responde furiosamente: "Não sou uma imitadora de estilos ultrapassados". Trata-se de uma esplêndida comédia ao estilo de Meredith; tanto melhor, porque em nenhum momento ela percebe que está diante da melhor cabeça dos Estados Unidos. O fato é que Wilson representa tudo o que ela detesta: história, política, literatura. Para ela, cabeça e emoção têm que estar eternamente em luta. Foi assim que ela desequilibrou sistematicamente tanto a arte como a vida.

Se há um tema no Volume IV, é o imenso desejo de poder, de Anaïs. Mesmo assim, ela é capaz de escrever, sobre mim: "Pela primeira vez eu via uma discrepância entre nossos objetivos. Como Miller, (Gore) está interessado em conhecer todas as pessoas, em conquistar o mundo". Chega ao ponto de registrar com mão firme: "Escrever num diário criou diversos hábitos: um hábito de honestidade (porque ninguém imagina que algum dia o diário será lido)". Isso foi escrito em junho de 1946, quando, por insistência dela, eu estava tentando conseguir que Dutton publicasse o diário da infância. O diário sempre foi escrito para ser lido, pois se tratava de sua vingança, de sua vitória sobre o pai que não a amava.

Literalmente, Anaïs Nin foi de vanguarda. Em seu desprezo pelo intelecto, em sua crença mística no Amor (o registro da tragédia humana, nos diários, não está bem contado), em sua aceitação sincera da psicanálise e da astrologia, ela era uma precursora da geração que atualmente trilha os caminhos emocionais que ela ajudou a construir. Tampouco para eles existem história, literatura ou razão. A emoção é tudo, e a astrologia, como o homem, é coisa séria. Acontece que a razão nunca encontrou uma base sólida nos Estados Unidos — uma sociedade onde a inteligência está sempre sendo tolerada, como observou D. H. Lawrence, dependente da vontade da maioria.

Aviso aos historiadores literários: tenham cuidado ao lidar com os "fatos" de Anaïs. Pequeno exemplo: em nosso primeiro encontro, diz ela, apresentei-me como tenente Vidal. Em primeiro lugar, eu nunca teria usado uma patente militar; segundo, sabidamente eu era um subtenente, de uniforme. Quando chamei a atenção dela para esse ponto no bar do Pont Royal, ela riu gostosamente. "Você sabe, nunca consigo acertar essas coisas." Mas tampouco as corrige. A melhor passagem ela não me mostrou (a que tem mais condições de agradar os empregados do *Time*): "Gore tem preconceito contra negros". Meu Deus. Bom, fui criado por meu avô, um senador nascido no Mississippi. De lá para cá, amadureci. Agora tenho preconceito contra brancos.

Finalmente, não chego a reconhecer Anaïs — nem eu mesmo — nessas páginas amargas. Mesmo assim, quando penso nela e nas horas ricas que passamos juntos há tantos anos, me pego sorrindo, lembrando com prazer de sua voz suave, de seu sotaque francês, e da maneira como ela sempre dizia "*yatch*" em vez de "*yacht*". Isso desculpa muita coisa.

The Los Angeles Times Book Review, 26 de setembro de 1971

A MORTE DE MISHIMA

Uma praia branca, sedosa, logo ao sul de Madras. Mar azul cheio de tubarões, céu azul cheio de nuvens que lembram plumas de garça. Perto, metade na água e metade na areia, a pirâmide cinza-arroxeada de um templo hindu desfazendo-se gradualmente à medida que o mar vai subindo ao longo dos séculos. Em primeiro plano, o corpo de um homem: sem cabeça, sem braços, só com uma perna, cuja carne acaba no joelho. Abaixo do joelho, um belo osso branco brilhante, em torno do qual foi amarrada uma corda. O ângulo do osso mostra que as pernas e os braços do homem foram amarrados, juntos, às suas costas. Sem emoção, transformo-me em investigador. Tento concluir judiciosamente há quanto tempo o homem morreu. Chamo a atenção de meu acompanhante para o fato de que não resta uma única gota de sangue no cadáver: à primeira vista, pensamos que fosse um espantalho, uma trouxa de trapos brancos e cinzentos — depois vimos que estavam expostos músculos de verdade, tegumentos filamentosos, o osso da canela, e vimos que alguém tinha sido assassinado, jogado vivo no mar. Mas quem? E por quê? Decididamente não se trata de um chinês, concluo (não apenas sou, no fundo, um investigador, como também um geógrafo da escola de Strabo).

Sou interrompido pela chegada de uma meninazinha tâmil que lembra a falecida Fanny Brice. A menina observa o corpo atentamente. "Não é bonito isso, nem um pouco bonito!" Balança a cabeça em sinal de desaprovação, não quer que tenhamos uma impressão equivocada da Índia. Enquanto nos esforçamos para tranqüilizá-la, aproxima-se de nós um amigo com um jornal na mão: Yukio Mishima cometeu *seppuku* (a palavra correta para harakiri) no gabinete do generalíssimo do Japão; em seguida, sua cabeça fora decepada por um ajudante... Lemos assombrados os detalhes sangrentos. Tal é o poder da escrita (para os viciados na leitura) que o cadáver real que estava diante de nós ficou menos real do que a idéia vívida da cabeça sem corpo de Mishima, um homem exatamente da minha idade, cuja trajetória se assemelhava à minha em diversas coisas, porém não tanto quanto acreditavam certos fofoqueiros de livros da década de 50.

Tóquio. Não é uma cidade bonita, mas está viva e cresce monstruosa, cancerosamente; assim como Nova York (tampouco bonita), está visivelmente morrendo, sua podridão é um estilo de vida. Assim será, também, o futuro de Tóquio, mas por enquanto o clima é de *boom*. Os meios oficiais e comerciais estão eufóricos. Os outros estão inquietos.

Encontro um líder esquerdista que no momento está prestando auxílio aos recrutas que consideram imoral que seu país assassine asiáticos. Ele não está nada otimista com o Japão. "Desde a guerra, não sabemos mais quem somos. A ruptura com a antiga cultura deixou-nos à deriva. Mas continuamos sendo uma família."

A primeira coisa que uma pessoa que está viajando pelo Japão nota é como as pessoas se parecem umas com as outras, com variações óbvias, um pouco como membros de uma mesma família, e essa noção de identidade comum foi a origem de seu poder no passado: todos eram filhos de um imperador que era filho do sol. Mas o sol já não se levanta para o Japão — na realidade, a Terra gira —, e o chefe da família coleciona espécimens marinhos para se distrair, enquanto os filhos se entediam com a recente prosperidade, as cidades feias, a cultura meio-ocidental meio-japonesa, as ilhazinhas poluídas.

Faço a pergunta costumeira: o que os japoneses pensam dos americanos? A resposta é brusca. "Muito pouco. Não como antes. Estive lendo, justamente, um jornal de Osaka. Há cinqüenta anos uma moça escrevia que a ambição de sua vida era encontrar um caucasiano, um americano, e tornar-se sua amante. Tudo muito respeitável. Mas agora há um certo... desdém pelos americanos. Claro que o Vietnã contribui para isso." Com pouco tempo de Tóquio, fica claro o desprezo dos japoneses não só pelo império americano como por seus produtos culturais. Embora eu não seja nenhum defensor zeloso de meu país, descubro que não consigo resistir à vontade de implicar com seus detratores em Tóquio, pelo menos nas questões literárias. Afinal de contas, já faz algumas décadas que o escritor mais popular (e profundamente admirado) do Japão é W. Somerset Maugham.

Falamos da morte de Mishima e da possibilidade de uma volta ao militarismo: o que a imprensa mundial via como uma coisa só. Mas meu informante não via nenhum motivo político para a morte de Mishima. "Foi um gesto pessoal. Um gesto dramático. O tipo de coisa que *ele* faria. Você sabe que ele tinha um exército particular. Sempre marchando por aí, de uniforme. Muito louco. Certamente não tinha conexões políticas sérias com a direita."

O suicídio de Mishima teve um efeito avassalador sobre toda a família japonesa. Em primeiro lugar, ele era um escritor famoso. Ou seja, era levado muito mais a sério pela nação (família) do que qualquer escritor americano é levado a sério pelos clãs étnicos antagônicos, cujo ódio mútuo é o fato essencial do estilo de vida americano. Imaginem o suicídio de Paul Goodman no escritório do general Westmoreland, tal como seria noticiado pelo *New York Times* à página 22. "Paul Goodman, escritor, 59, suicidou-se com um tiro no escritório do general Westmoreland, para protestar contra a política externa norte-americana. Inicialmente o general Westmoreland não pôde ser localizado para declarações. Mais tarde, um assessor afirmou que o general, naturalmente, lamentava o ato de Mr. Goodman, que fora motivado por uma visão 'obviamente equivocada do papel dos Estados Unidos na Ásia'. Mr. Goodman escreveu diversos livros e artigos. Um de seus livros tinha o título de *Growing Up Absurd* (Crescendo Absurdo). Deixa..." Uma atitude indiferente.

Mas Mishima, aos 45 anos, aparentemente era o mestre de todos os gêneros literários no Japão, soberbo aprendiz de nenhum.* Ou, nas palavras de um redator de *releases* da Knopf:

> Iniciou sua brilhante carreira de sucessos em 1944, obtendo uma menção do Imperador por ter sido o primeiro colocado entre os graduandos da Escola dos Pares. Em 1947, diplomou-se em Direito pela Universidade Imperial de Tóquio. Desde a publicação de seu primeiro romance, em 1948, escreveu treze romances, já traduzidos em quinze países; 64 contos; um livro de viagens; e diversos artigos, inclusive dois em inglês (publicados em *Life* e *Holiday*).
>
> Seus livros serviram de roteiro para cerca de dez filmes. *O Ruído das Ondas* (1956) foi filmado duas vezes, e uma das obras-primas de Ishikawa, *Enjo*, baseou-se em *O Templo do Pavilhão Dourado* (1959). Também podem ser encontrados em tradução para o inglês os romances *Depois do Banquete* (1963) e *O Marinheiro que Perdeu as Graças do Mar* (1965), além de *Cinco Peças Nô Modernas* (1957).
>
> Estrelou o papel-título de um filme policial, e o público americano de televisão pôde vê-lo em *The Twentieth Century* (O Século XX) e em *Small World* (Mundo Pequeno), de Edward R. Murrow. A despeito de uma intensa agenda de trabalho, Mi-

(*) No original "*Japan's master of all letters, superb jack of none*", inversão do ditado "*Jack of all trades, master of none*". (N. C.)

shima conseguiu viajar para muitos lugares dos Estados Unidos e da Europa. Vive em Tóquio, com a mulher e dois filhos.

A abrangência, a variedade e o caráter público de sua carreira têm, para mim, um tom terrivelmente familiar. Algum ingênuo em literatura também poderia apontar em nós dois a influência "de Proust e Gide" (como certa revista "informativa" escreveu alegremente sobre Mishima). O fato de Proust e Gide não se parecerem nem um pouco com o outro (nem com ele nem comigo) é irrelevante para o objetivo bem conhecido da revista "informativa": a tradicional difamação sexual, que já há tanto tempo tornou insuportável o cenário americano.

A imprensa americana, de um modo geral, explorou dois aspectos do suicídio: o homossexualismo de Mishima e seu último e confuso discurso às tropas, pedindo a volta ao militarismo e à antiga virtude. A reação japonesa foi mais inteligente e variada do que a americana. Uma ou outra vez também foi doida. O professor Yozo Horigome, da Universidade de Tóquio, viu "uma impressionante semelhança" entre o suicídio de Mishima e a morte de Thomas à Becket, tal como foi contada por T. S. Eliot! Ao que tudo indica, o bom professor andara preparando algumas notas sobre Eliot, e tão absorvido estava por essa tarefa que qualquer morte voluntária, para ele, evocava baderna na catedral de Canterbury. Na opinião de Taruho Inagaki, quando liberou seu narcisismo, Mishima deixou de ter condições de prosseguir como escritor e como homem. Inagaki também observou, um tanto misteriosamente, que, como Mishima não tinha "nostalgia", sua obra mais recente tendia a ser artificial e insatisfatória.

O professor Taku Yamada, da Universidade de Kanazawa, comparou o suicídio de Mishima ao suicídio de um rebelde do início do século XIX, em protesto contra o *shogunato* — um virtuoso rapaz que (como Mishima) sofrera a influência do sábio chinês do século XV, Wang Yang-ming, que acreditava que "saber e agir são uma e a mesma coisa". Ao adaptar essa filosofia a suas próprias necessidades, observou o professor, os japoneses simplificaram-na, transformando-a numa espécie de culto da morte, com a ressalva de que "o que se teme não é a morte do corpo, mas a morte da mente". A meu ver, Yamada é quem chega mais perto do alvo, caso se deva considerar a estranha apologia de Mishima, *Sol e Aço*, publicada poucos meses antes de sua morte, como seu último testamento.

As frases da abertura dão o tom:

> De uns tempos para cá, dei de sentir dentro de mim um acúmulo de todos os tipos de coisas que não podem achar expressão adequada através de uma forma artística objetiva como o romance. Um poeta lírico de vinte anos se sairia bem dessa situação, mas eu não tenho mais vinte anos e, de qualquer forma, nunca fui poeta.*

De saída, a obsessão com a idade. Os escritores, estranhamente, predizem com freqüência o próprio futuro. Duvido que Mishima, quando escreveu *Cores Proibidas*, com a idade de 25 anos, estivesse inteiramente consciente de estar fazendo um retrato possível de si mesmo com 65: o famoso e árido homem de letras Shunsukê (que publicou sua primeira coletânea com 45 anos), "que odiava a verdade crua. Agarrava-se firmemente à crença de que qualquer parte do talento de uma pessoa... que se revelasse espontaneamente era uma fraude". O velho escritor distrai-se, durante seus últimos dias de vida, corrompendo deliberadamente um belo jovem (infelizmente a influência estética de *Dorian Gray* é, aqui, mais forte que a de *Les Liaisons Dangereuses*), cujas iniciais são — a esse ponto chega a divisão em Yukio Mishima, mesmo aos 25 anos — Y. M. O autor é ao mesmo tempo um rapaz belo e vazio e um ancião sedutor de mentes. No fim, o jovem é deixado no limbo, herdeiro de Shun-

(*) Tradução de Paulo Leminski, Brasiliense, 1985.

sukê, o qual, discreta, agradecidamente, se suicida, depois de usar Y. M. para fazer grandes maldades a terceiros.

Os romances de Mishima são permeados de morte. Em uma de suas primeiras obras, *Sede de Amor* (1950), uma jovem viúva reflete que "aquela morte sacrificial com a qual ela sonhava era uma coisa oculta, um suicídio cometido não tanto pelo pesar causado pela morte do marido, como por inveja dessa morte". Mais tarde, em *Cores Proibidas*, "O suicídio, tanto o majestoso como o vulgar, é antes o suicídio do próprio pensamento; em geral, um suicídio no qual o sujeito não pensa muito não existe". Não é uma frase muito elegante. O tradutor, A. H. Marks, normalmente escreve o inglês comum dos Estados Unidos, apenas interpondo ocasionalmente um "trens guinchando" ou mulheres "sentindo-se nauseabundas". Mesmo assim, é difícil concluir, pelo que Mr. Marks escreve, se no original o texto de Mishima tem alguma distinção. Acho que a versão de Donald Keene para o diálogo das peças Nô de Mishima é particularmente preciso e eloqüente, parece a obra de outro escritor — ou será que é (oh decepção) simplesmente a prosa diferente de outro tradutor, que chegou mais perto do original? Como não sei ler japonês, é coisa que nunca saberei. Por sorte, os estadunidenses não se interessam muito por linguagem, preferindo debater-se com Problemas Morais, de modo que podemos ignorar completamente a qualidade da frase (que é tudo o que um escritor tem de seu) para ocupar-nos de suas Idéias, que, naturalmente, são propriedade de todos e, em geral, o que ele tem de menos interessante.

Mishima se refere a *Sol e Aço* como "crítica confidencial". Conta-nos que sempre foi uma pessoa fascinada com as palavras. E, embora não o diga diretamente, sente-se, por sua trajetória (fama aos 19 anos, facilidade para todos os tipos de texto), que talvez as coisas para ele tenham sido simples demais. Mishima deve ter tido a impressão (assim como seus contemporâneos, surpreendentemente não rancorosos) de que não havia nada que não pudesse fazer em matéria de romance, ensaio e teatro. Porém, só quando reescreve as peças Nô, parece transcender a mera competência e fazer literatura (aos olhos de um observador estrangeiro). A impressão que se tem é que ele era o tipo de escritor que reluta em dar o difícil passo seguinte, passado o primeiro — e brilhante — domínio de uma forma. Só que desde o início, como ele nos conta, estava consciente da existência de "duas tendências contraditórias dentro de mim. Uma era a decisão de investir lealmente usando a função corrosiva das palavras, fazer disso a obra de minha vida. A outra era o desejo de encontrar a realidade em algum terreno onde as palavras não tivessem qualquer participação".

Essa é a agonia tradicional e específica do romântico. Não sei se Mishima alguma vez leu D. H. Lawrence (suas referências culturais, um tanto insistentes, consistem em hinos, à maneira de Winckelmann, ao estatuário grego e na menção eventual de nomes como Pater, Beardsley, Poe, Baudelaire, Sade), mas é possível reconhecer uma tensão semelhante à de Lawrence na obra de Mishima. O fascínio com os corpos dos outros (no caso de Mishima, com o jovem com "uma cabeça de touro novo", "fileiras de dentes faiscantes" — às vezes parece que seu ideal está equipado com um conjunto de dentes mais numeroso do que os de praxe — "de tênis") e a vã esperança de perder-se de alguma maneira na identidade de outro, fundindo dois corpos para formar uma coisa nova e estranha. Mas embora os encontros homossexuais sejam em si tão excitantes quanto os encontros heterossexuais (mais, proclamam os grandes pederastas, cujo testemunho ecoa através das idades), não é fácil construir uma filosofia universal baseada num tipo de união que não envolva nenhum mistério procriativo — só prazer momentâneo, incluindo, caso se queira, a encenação do ritual, a imposição da fantasia, o ato deliberado da imaginação, sem a qual não existe isso que se conhece como amor, nem sua filosofia, o romantismo.

A julgar pelo que Mishima escreve, seu ritual amoroso era complexo e localizava-se no fulcro de sua loucura. Ele se cansava facilmente da promiscuidade, tão mais fácil para o homossexual do que para o heterossexual. Mais exatamente, Mishima não conseguia iludir-se — como Lawrence — com a idéia de que a rendição absoluta ao escuro deus fálico era o mais alto objetivo de um homem. Mishima era muito materialista, tinha muita consciência do corpo para isso. No que diz respeito a sua vida pessoal, casou-se, teve dois filhos. Mas aparentemente procurava o prazer noutro lugar. Um trecho de um de seus romances dá a impressão de ter sido retirado da vida real. Mishima descreve como um homem e uma mulher recém-casados vão para a cama.

> A primeira noite de Yuichi fora um modelo do esforço do desejo, uma personificação engenhosa que iludiu um comprador inexperiente... Na segunda noite, a personificação bem-sucedida tornou-se a fiel personificação de uma personificação... No quarto escuro os dois foram-se transformando lentamente em quatro pessoas. As relações sexuais do Yuichi real com o garoto em que ele havia transformado Yasuki, e as relações sexuais do Yuichi de faz-de-conta — imaginando que era capaz de amar uma mulher — com a verdadeira Yasuki, tinham de se desenvolver simultaneamente.

Vamos esperar pelas memórias da viúva Mishima.

Em *Sol e Aço* Mishima descreve o florescimento de seu próprio narcisismo (substantivo sempre utilizado em sentido pejorativo pelos poucos favorecidos fisicamente) e sua compreensão gradual de que a carne é tudo. O que é o "aço" do título? Nada mais portentoso do que a halterofilia, embora Mishima eufemize extremamente bem à maneira francesa. Lidando com peitorais e laterais Mishima encontrou a paz e um novo senso de identidade. "Se o corpo pudesse atingir uma harmonia perfeita, não individual, seria possível trancar para sempre a individualidade em prisão fechada." É fácil fazer troça de Mishima especialmente quando sua trenodia ao aço começa a assumir ares de panfleto para os institutos de musculação Vic Tanney, mas não há dúvida de que numa era em que a compacta musculatura do corpo do homem tem muito pouca utilidade, o desenvolvimento deliberado desse corpo é um passatempo tão bom quanto qualquer outro, sem dúvida uma religião tão legítima quanto a consciência de sangue de Lawrence, tão admirada em certos círculos literários.

Para Mishima, o corpo é o que se é; e um corpo fraco e vacilante não tem outra saída senão conter um espírito correspondente. Em momentos de clareza (se não de caridade), Mishima é menos severo com a maioria mole e sabe que não é assim. Entretanto, "músculos salientes, ventre rijo e pele curtida, pensei, corresponderiam respectivamente a um intrépido espírito combativo...".

Por que ele queria esse espírito guerreiro? Por que criou um exército particular de dedicados efebos? Ele é sincero:

> Especificamente, eu alimentava um impulso romântico para a morte, embora ao mesmo tempo exigisse um corpo estritamente clássico como seu veículo; um estranho sentimento de destino levava-me a acreditar que a razão pela qual meu impulso romântico para a morte permanecia irrealizado, na realidade, era o fato imensamente simples de eu não ter as qualificações físicas necessárias.

Aí está. Durante dez anos ele cultivou seu corpo para poder matá-lo ritualmente da maneira mais pública possível.

Trata-se de um exibicionismo que vai muito além da capacidade de nosso produto local. Dizer a Bobby Kennedy que vá se foder na Casa Branca é realmente uma coisa insignificante se comparada ao dramatismo de abrir o próprio corpo a adaga e em seguida submeter-se à decapitação diante do comandante do Exército.

Note-se, porém, que os clássicos japoneses ficaram apavorados. "Tão vulgar", disse-me um deles, estremecendo com a lembrança. O "*seppuku* deve ser realizado de acordo com um ritual preciso e elegante, *em particular*, não" (arrepio) "no escritório de um general, com uma dúzia de testemunhas. É que Mishima estava inteiramente ocidentalizado". Acho que é verdade. Não há dúvida de que ele era um admirador da literatura francesa do século XIX, preferindo Huysmans a Flaubert. Na verdade, seu gosto literário é profundamente banal, mas o que uma cultura decide selecionar de outra cultura é sempre uma questão misteriosa. Gide certa vez falou-me com admiração de James M. Cain, acrescentando, gratuitamente, que não conseguia entender como uma pessoa era capaz de admirar E. M. Forster.

Mesmo assim, a paixão de Mishima pela força física não encontra paralelo nas letras ocidentais. Raros, dentre os burgueses manchados de tinta que criaram a literatura ocidental, alguma vez acreditaram que a beleza da espada estava:

> ... no fato de que ela associa a morte não com o pessimismo e a impotência, mas com a energia exuberante, com a flor da perfeição física e com o desejo de luta. Nada poderia estar mais distante do princípio da literatura. Na literatura, a morte é posta em xeque mas ao mesmo tempo é usada como energia impulsora; a força é devotada à construção de ficções vazias; a vida é posta em suspenso, misturada a uma medida exata de morte, tratada com preservativos e esbanjada na produção de obras de arte que possuem uma misteriosa vida eterna. A ação — poder-se-ia dizer — perece com a flor. A literatura é uma flor imperecível. E uma flor imperecível, é claro, é uma flor artificial. Portanto, combinar ação com arte é combinar a flor que murcha com a flor que dura para sempre...

Muitas vezes, é aconselhável (talvez piedoso seja um termo melhor) conceder ao artista, se não a palavra final, pelo menos a afirmação fundamental sobre o que pretendia fazer dele mesmo e de sua vida. Mesmo assim, entre o que Mishima pensava estar fazendo e o que fez, ainda há confusão. Quando cheguei ao Japão, os jornalistas ficavam me perguntando o que eu achava da morte dele. No começo, pensei que estavam simplesmente sendo delicados. Despistei, disse que não tinha condições de entender uma questão que me parecia tão inteiramente japonesa. Falei solenemente de culturas diferentes, tradições diferentes. Disse-lhes que no Ocidente nos suicidamos quando não conseguimos prosseguir como desejaríamos: que o suicídio é, na verdade, um acontecimento fortuito — para nós não existe *seppuku*, só tiro de revólver ou bebida. Mas agora que li *Sol e Aço* e uma dúzia das primeiras obras de Mishima, algumas pela primeira vez, vejo que o que ele fez foi uma completa idiossincrasia. Aqui, portanto, com atraso, o relatório do investigador acerca do corpo decapitado no escritório do general.

Quarenta e cinco anos é uma idade extremamente difícil para o homem, especialmente para um homem que se manteve intensamente consciente do próprio corpo, assim como do dos outros. Venerar a saúde e a beleza do físico (os psiquiatras americanos ficam particularmente ofendidos com esse tipo de obsessão) é uma estética — ou mesmo uma religião — tão válida quanto outra qualquer, embora mais trágica do que a maioria delas, pois no curso normal dos acontecimentos é preciso viver meia vida com a ruína do que mais se prezava. Para Mishima, o futuro daquele corpo que ele tinha trabalhado tanto para tornar merecedor de uma morte (ou vida) clássica era sombrio. Nem todo o sol nem todo o aço são capazes de salvar o atleta que envelhece.

Mesmo assim, Mishima desejava uma vida do físico, da ação, uma vida distante das palavras. Há quem interprete isso como significando que ele sonhava tornar-se uma espécie de senhor guerreiro, restituindo ao Japão suas antigas virtudes militares. Mas em minha opinião, Mishima estava em busca de uma coisa muito mais simples: queria a exaustão do corpo através de exercícios físicos, surtos amorosos, aventuras como tornar-se, na meia-idade, soldado raso durante algumas semanas, ou romper a barreira do som com um jato militar.

Não há dúvida de que Mishima não tinha mentalidade política. Era um Artista Romântico num estilo muito *fin de siècle* francês. Mas em vez de alterar os sentidos usando drogas, Mishima tentou liberar sua inteligência consciente (sua arte) através do uso e da adoração de seu próprio corpo e do de outros. Finalmente, preferiu morrer a encarar a lenta e amarga dissolução do eu encarnado. Não conseguia aceitar o destino de todos, não conseguia seguir o exemplo da secura saudável com que o poeta do século X (no *Kōkinshu*) escrevera: "Se pelo menos quando ouvimos a velhice que vem chegando pudéssemos trancar a porta/e não deixá-la entrar jamais!" O *showman* romântico preferiu morrer como tinha vivido, cercado por um esplendor de publicidade.

Agora um pouco de moralismo ao estilo americano. A morte de Mishima é explicável. Certamente ele nos preparou, e a ele próprio, para essa morte. De maneira extremamente dramática, a flor perecível colhe-se a si mesma. Sem conotações políticas. Mas o que dizer das flores artificiais que deixou atrás de si? Mishima era um escritor que dominava todas as formas literárias — até certo ponto. Ao ler um de seus primeiros romances, senti-me incomodado por uma influência que percebia mas não conseguia localizar imediatamente. Era um livro curto, preciso, que em certa medida apoiava-se em *coups de théâtre*, um tanto fácil demais no que pretendia, mas elegante e satisfatório de um ponto de vista convencional, como... como Anatole France, que eu não lia desde a adolescência. *Le Lys Rouge*, escrevi na margem. Assim que fiz essa anotação, apareceu no texto o nome de Anatole France. Acho que ali ele se traiu. Mishima era fatalmente atraído pelo que é fácil em arte.

Tecnicamente, os romances de Mishima não têm ousadia. Isso não é uma falha, de modo nenhum. Mas uma observação que se pode fazer sobre sua arte é que ele nunca escreveu nada de exclusivamente seu. Satisfazia-se muito depressa com modelos bem conhecidos e de nenhum modo os melhores. Somente em sua reescritura das peças Nô é que Mishima, paradoxalmente, parece "original", com efeitos brilhantes e rápidos, como o melhor Ibsen. O que o leitor lembra de seus romances são simplesmente obsessões carnais e devaneios sádicos: invariavelmente, o jovem bem-amado é posto a sangrar, enquanto aquele marinheiro que perdeu as boas-graças do mar (a natureza dessas boas-graças nunca fica inteiramente explicada) vê-se cortado em pedaços por um grupo de rapazes pubescentes. As conversas sobre arte às vezes são interessantes, mas poucas vezes brilhantes (no romance americano não há conversas sobre arte, o que é uma virtude negativa, sem deixar de ser uma virtude).

Na obra de Mishima, tal como filtrada pelos tradutores, não há humor e a finura é escassa. Há ironia, mas ao estilo de W. Somerset Maugham... as coisas não são o que parecem, as pessoas respeitáveis são secretamente corruptas. Aliás, para aqueles que pensam que a cultura japonesa é pesada, portentosa, sanguinária, e tem um caráter ritualístico (em outras palavras, como os filmes japoneses de samurai), seria necessário chamar a atenção para o fato de que nem os fundadores da literatura japonesa em prosa (Lady Murasaki e Sei-Shōnagon) eram muito profundos em matéria de finura. No caso de Sei-Shōnagon, muito pelo contrário.

Na qualidade de escritor mais famoso e mais ativo do Japão, Mishima não deixou um jardim, mas toda uma paisagem cheia de flores artificiais. A despeito de Mishima, porém, a flor artificial é tão perecível quanto a verdadeira. Só que a situação fica mais difícil quando se tenta reciclá-la. Desconfio que boa parte de seu tédio com as palavras* tivesse algo a ver com uma falta de interesse temperamental por elas. Os romances não

(*) Diversos niponófilos profissionais ficaram ofendidos com este trecho. Será que eu não sabia que Mishima (nas palavras de um cabeça-oca acadêmico) era "um forjador consumado de palavras", fascinado pela linguagem? Sabia. O tédio com as palavras dizia respeito ao relato de Mishima (na página 148) acerca das duas tendências contraditórias que havia nele: a vida das palavras *versus* a vida da ação. No fim, a ação romântica preponderou; faltaram-lhe as palavras, em todos os sentidos.

apresentam nenhum desenvolvimento especial ao longo dos anos e têm poucas variações. Nos últimos livros, as obsessões tendem a se impor sobre o resto, o que jamais é suficiente (se fosse, o Marquês de Sade seria tão grandioso quanto afirmam os inimigos da arte).

Mishima era um artista menor, no sentido de que, como nos ensina Auden, uma vez que o artista menor "chegou à maturidade e se encontrou, deixa de ter uma história. O artista maior, por outro lado, está sempre se reencontrando, de modo que a história de sua obra recapitula ou espelha a história da arte". Incapaz ou sem vontade de transformar sua arte, Mishima transformou sua vida através de sol, aço e morte, tornando-se, assim, um personagem grandioso da arte, da única maneira possível — temo — de ser entendida por nossos contemporâneos: não através da obra, mas através da vida. Agora Mishima pode ser colocado ao lado de "grandes" romancistas americanos, como Hemingway (que jamais escreveu um bom romance) e Fitzgerald (que só escreveu um). Talvez seus livros não fossem tão bons, mas, sabe, tiveram vidas interessantes e últimos dias desesperados. Durante uma ou duas gerações, os acadêmicos vão gostar de escrever sobre Mishima. E ficamos à espera das especulações que farão a respeito do que Mishima poderia ter escrito se não tivesse morrido. Outro *À la recherche du temps perdu*? ou *Les caves du Vatican*? Temo que nenhum dos dois. Minha bola de cristal já revelou o que se seguiria: *Servidão Humana*.

De tudo isso, interessa alguma coisa? Desconfio que não. Afinal de contas, literatura já não tem grande interesse nem para quem a faz. Pode muito bem ser que o atual fenômeno — o escritor que transforma sua vida em sua arte — seja o mais útil de todos. Se assim for, talvez as flores artificiais de Mishima nunca tenham sido concebidas com a intenção de sobreviver ao fulgor do sol e do aço ou de competir com sua própria realidade física, tornada sanguinolenta por obra de um machado. Afinal de contas, o que uma máscara pode confessar, exceto que recobre uma caveira? Assim, todas as honras a um homem que viveu e morreu do jeito que queria. Eu apenas sinto nunca termo-nos encontrado, pois os amigos dizem que ele era um bom companheiro, um excelente parceiro de bebida e que era divertido "caçar" com ele.

The New York Review of Books, 17 de junho de 1971

LETRAS FRANCESAS: TEORIAS DO NOVO ROMANCE

Dizer que hoje em dia ninguém gosta muito de ler romance é exagerar só um pouquinho. O grande público que costumava sentir prazer com ficção em prosa prefere cinema, televisão, jornalismo e livros sobre "fatos". Outra coisa é que os americanos nunca foram leitores muito entusiásticos. Segundo o Dr. Gallup, só 5% de nossa população é constituída do que se poderia chamar de leitores habituais. É provável que esses 5% sejam uma minoria que se mantém de geração em geração, embora no fim do século XIX nos Estados Unidos houvesse o mesmo número de livrarias do que há hoje. É verdade que muitas vezes os romances editados em *paperback** atingem um público enorme. Só que esse público dificilmente pode ser considerado sério, a acreditar-se num levantamento recente do *New York Times* sobre edições em *paperback*. Tudo indica que os romances são escolhidos não pelo seu autor, mas pela apresentação, o que significa que *Boys and Girls Together* (Rapazes e Moças Juntos) vai vender mais do que *Pale Fire* (Fogo Pálido), o que não se verificou na edição em capa dura. Fora um ou outro autor de "distrações", como o falecido Ian Fleming, o

(*) Nos Estados Unidos, normalmente os livros são lançados em edições em capa dura (*hardcover*). Edições subseqüentes, em capa mole (*paperback*), são mais baratas, atingindo um público maior. (N. T.)

grande público não entende nada de autores. Compra livros pelo título, preferindo não-ficção a romances. Livros sobre os Kennedy, sobre médicos, sobre assassinatos emocionantes, interessam mais que o produto da imaginação de uma pessoa, por mais que ela possa ser deliciosamente corrupta.

Nisso, se não no resto, o grande público tem cabeça de amanuense. Um deles, Norman Podhoretz, observou nove anos atrás que "está muito disseminado um sentimento de insatisfação e impaciência, irritação e tédio, em relação à ficção contemporânea séria", argumentando que se as pessoas preferem ler um artigo de revista a um romance é porque o artigo é útil, específico, relevante — coisa que a maioria dos romances não é. Talvez esse gosto pelo fato explique por que alguns de nossos romancistas mais conhecidos só são lidos atentamente quando comentam questões literárias ou sociais. Um novo romance de James Baldwin, William Gass ou Norman Mailer — citando ao acaso três romancistas de sucesso — poderá provocar um certo embaraço nos mais altos círculos intelectuais, pois o livro aparece como uma espécie de evidência de uma fortuna freqüentemente adquirida sem o menor refinamento, pouco tendo a ver com os comentários eruditos do autor.

Na academia, verifica-se uma situação ainda mais estranha. Embora esta seja uma época em que se utilizam promiscuamente obras de autores vivos como textos de aula, os estudantes lêem muito pouco por iniciativa própria. "Detesto ler, nunca compro *paperbacks*", declarou um aluno do último ano de Harvard a um repórter do *New York Times*. A aversão dos estudantes universitários pela leitura de romances deve-se em parte à maneira penosa como estes são estudados: a obra vai sendo lentamente morta através da análise rigorosa do texto. Entre a obra e o leitor se interpõe a explicação, e aquele que explica tende a considerar o objeto da análise como um pouco inferior à análise propriamente dita.

De fato, segundo Saul Bellow, "críticos e professores declararam-se herdeiros e sucessores autênticos dos autores de clássicos modernos". E assim, para poder garantir a posição que usurparam, tendem a "redescrever tudo do começo ao fim, obscurecendo a época presente e negando qualquer limensão criadora aos contemporâneos". Mr. Bellow exagera a questão, mas é verdade que o romance, tal como é produzido atualmente, já não atrai os intelectuais — assim como não atrai o grande público. É bem possível que essa forma se extinga, agora que entramos na era que o professor Marshall McLuhan batizou de "pós-Gutenberg". Estejam ou não corretas as fascinantes generalidades do professor (de que o tipo linear, que durante séculos deu forma a nosso pensamento, foi substituído por mecanismos eletrônicos), não se pode negar que a geração que atualmente cursa a universidade é a primeira a ser inteiramente educada dentro da tradição da televisão, e que ela difere significativamente das gerações anteriores. Rápido no aprendizado através da visão e do som, o estudante de hoje muitas vezes tem dificuldade para ler e escrever. O clarão cálido do tipo linear, tão reconfortante para o homem de Gutenberg, deixa seus descendentes desagradavelmente suados. Nem é preciso dizer que a brilhante minoria que dá continuidade à cultura literária não deixou de existir, mas não é nenhum segredo que até eles preferem ir ao cinema a ler um romance. John Barth deveria interessá-los mais do que Antonioni, mas não é isso o que se verifica.

Para o romancista sério, porém, a perda do público não deveria ser motivo de inquietação. "Eu escrevo", declarou um deles serenamente. "Deixe o leitor aprender a ler." E, ao contrário do que disse Whitman, não é preciso um grande público para a criação de literatura de alto nível. Os últimos cinqüenta anos foram especialmente bons para a poesia em língua inglesa, embora até o público capaz de ler inteligentemente saiba muito pouco sobre o que foi produzido. Idealmente, o escritor não precisa de outro público senão os poucos que compreendem. Querer mais é pouco modesto e voraz. Infelizmente, o romancista, pela natureza áspera de sua arte, é voraz e imodesto; se não é lido por todo mundo, como vai fazer para agradar, instruir, reformar ou destruir um mundo que desejaria diferente, quando mais não fosse pelo fato de ele próprio viver nesse mundo? Escritores tão diferentes como Dickens, Joyce, George Eliot e Proust sofreram dessa loucura. É a natureza da besta. Mas agora a besta está enjaulada, confinada por formas caducas que já não atraem. Assim, a questão é: essas formas podem ser transformadas, e a besta, libertada?

A partir da Segunda Grande Guerra, Alain Robbe-Grillet, Nathalie Sarraute, Michel Butor, Claude Simon e Robert Pinget, entre outros, têm se esforçado por transformar não só a forma do romance como também a relação entre o livro e o leitor, e embora suas experiências sejam vistas com a maior seriedade na Europa, ainda são muito pouco conhecidas e ponderadas nos países que o falecido general de Gaulle achava serem, em grande parte, povoados por anglo-saxões. Dentre os comentaristas americanos, apenas Susan Sontag em *Against Interpretation, and Other Essays* (Contra a Interpretação, e Outros Ensaios), publicado em 1966, realizou um esforço sistemático para compreender o que os franceses estão fazendo. É interessante ler os ensaios que ela escreve de vez em quando sobre o assunto, não apenas porque são reflexões de uma mente interessante e interessada, mas também porque ela participa do desejo dos novo-romancistas (como eles se descrevem vagamente) de que o romance se torne "aquilo que não é na Inglaterra nem nos Estados Unidos, com raras e isoladas exceções: uma forma de arte que as pessoas com gosto sério e sofisticado (*sic*) pelas outras artes possam levar a sério". Certamente, Miss Sontag não acha nada de ousado nem de sério "na obra dos escritores americanos mais admirados hoje em dia: por exemplo, Saul Bellow, Norman Mailer, James Baldwin, William Styron, Philip Roth e Bernard Malamud". Estes estão "essencialmente não preocupados com os problemas do romance enquanto forma de arte. Sua preocupação básica são seus 'assuntos'". Por essa razão, ela os classifica como "essencialmente não sérios e não ambiciosos". Segundo esse critério, para que um escritor possa ser sério e ambicioso em matéria de romance, ele deverá criar obras de prosa comparáveis às experiências na pintura que nos conduziram às artes pop e op, e na música aos silêncios estratégicos de John Cage. O sucesso ou o fracasso dessas experiências é irrelevante. Basta, se o artista é sério, tentar novas formas; em nenhuma hipótese ele deverá repetir as velhas.

Os dois principais teóricos do Novo Romance são Alain Robbe-Grillet e Nathalie Sarraute. Enquanto romancistas, suas obras não se parecem muito; aliás, nem um nem outro se adaptam às normas recíprocas. Mas é na qualidade de teóricos, e não de romancistas, que deles nos ocuparemos. Dos dois, foi Alain Robbe-Grillet quem mais fez para explicar o que acha que é ou deixa de ser o Novo Romance, em *Instantâneos* e *Por um Novo Romance*. Para começo de conversa, ele acha que qualquer tentativa de controlar o mundo atribuindo-lhe um sentido (a tarefa consagrada do romancista tradicional) não é mais possível. Na melhor das hipóteses, o sentido era

> uma simplificação ilusória; e longe de ter ficado cada vez mais claro por causa dele, o mundo simplesmente foi perdendo pouco a pouco toda a sua vida. Como a realidade do mundo consiste basicamente em sua presença, nossa tarefa, agora, é criar uma literatura que leve em consideração essa presença.

Em seguida, ele critica a idéia de "profundidade" psicológica, que afirma ser um mito. Desde a condessa de La Fayette até Gide, o papel do romancista era cavar "cada vez mais fundo para atingir estratos cada vez mais íntimos". De lá para cá, porém, "algo" foi-se "transformando completa, definitivamente, em nossas relações com o universo". Embora ele não defina esse temível "algo", seu principal efeito é que "já não consideramos o mundo como nosso, propriedade privada dos homens, concebido de acordo com nossas necessidades e prontamente domesticado". Em conseqüência:

> o romance de personagem pertence inteiramente ao passado; descreve uma época e aquilo que marcou o apogeu do indivíduo. Talvez isso não seja um avanço, mas é evidente que a época atual é sobretudo uma época de cifras administrativas. O destino do mundo, para nós, deixou de se identificar com o ascenso ou o descenso de determinados homens, de determinadas famílias.

Nathalie Sarraute também se preocupa com a idéia do homem como cifra administrativa, em *Tropismos* e em *A Era da Suspeita*. Cita Claude-Edmonde Magny: "O homem moderno, assoberbado pela civilização mecânica, ficou reduzido ao triplo determinismo da fome, da sexualidade e do status social: Freud, Marx e Pavlov" (sem dúvida na ordem inversa). Ela também rejeita a idéia de profundidade humana: "As profundezas expostas pelas análises de Proust já demonstraram ser nada mais do que uma superfície".

Tal como Robbe-Grillet, ela vê o romance moderno como uma evolução de Dostoievski-Flaubert a Proust-Kafka; e ambos estão de acordo (em ensaios escritos por ela em 1947 e por ele em 1958) ao considerar que um dos marcos mais importantes do romance moderno é *O Estrangeiro*, de Camus, obra que ela acha que "chegou na hora certa", quando o velho romance psicológico tinha entrado em falência porque, paradoxalmente, a própria psicologia, tendo ido mais longe do que nunca antes, "inspirava dúvidas quanto ao valor último de todos os métodos de pesquisa". O *Homo absurdus*, portanto, era a pomba de Noé, a mensageira da libertação. O estrangeiro de Camus é mostrado inteiramente a partir de dentro, "aparentemente aboliram-se todos os sentimentos e pensamentos". Ele foi criado sem psicologia ou memória; existe num presente perpétuo. Robbe-Grillet, em sua análise, vai ainda mais longe:

> Não é nenhum exagero afirmar que esse homem acaba sendo levado ao crime, muito especificamente, por coisas: o sol, o mar, a areia fulgurante, o brilho da faca, a fonte entre as pe-

dras, o revólver... já que, está claro, entre essas coisas, o papel principal é assumido pela Natureza.

Só a presença absoluta das coisas pode ser registrada; não há dúvida de que a representação da personalidade humana deixou de ser possível. Na realidade, Miss Sarraute acredita que, tanto para o autor como para o leitor, o personagem é "o ponto de convergência de sua desconfiança recíproca"; ela transforma "O gênio da dúvida entrou em cena", de Stendhal, no *leitmotiv* de uma época em que "o leitor se cansou de praticamente tudo. Isso aconteceu porque já faz algum tempo que o leitor vem aprendendo coisas demais e porque ele é incapaz de esquecer completamente tudo o que aprendeu". Talvez a coisa mais expressiva que o leitor aprendeu (pelo menos era expressiva na época em que ela escreveu o artigo, em 1947) tenha sido a ocorrência do genocídio nos campos de concentração:

> Ultrapassados os limites extremos até onde Kafka não os seguiu, mas onde teve a coragem sobre-humana de precedê-los, todos os sentimentos desaparecem, até mesmo o desprezo e o ódio; resta apenas uma estupefação imensa, vazia, uma incompreensão definitiva e total.
>
> Permanecer no ponto onde ele se interrompeu ou tentar prosseguir a partir dali são coisas igualmente impossíveis. Quem vive num mundo de seres humanos não tem outra alternativa senão voltar atrás.

A prova de que a vida humana pode ser tão perfeitamente sem sentido, vista à escala de uma sociedade humana quanto o é na eternidade, deixou aturdida uma geração inteira, e o choque causado por essa constatação, mais do que qualquer outra coisa (certamente mais do que as descobertas dos terapeutas mentais ou das novas técnicas de automação industrial), provocou um deslocamento dos valores humanos, que por sua vez tornou inevitável uma coisa como o Novo Romance.

Embora Nathalie Sarraute e Alain Robbe-Grillet sejam teóricos formidáveis, nenhum dos dois está inteiramente livre das consonâncias retóricas a que os franceses recorrem com tanta freqüência sempre que notam que suas melhores argumentações estão a ponto de escorregar da rede da lógica. Ambos estão excessivamente integrados à tradição intelectual francesa, tão maliciosamente descrita em *Tristes Trópicos*, de Lévi-Strauss:

> ... um método sempre idêntico, que consiste em opor duas maneiras tradicionais de ver a questão; depois se introduz a primeira, justificada pelo senso comum, e em seguida trata-se de destruí-la com a segunda; finalmente, refutam-se as duas, graças a uma terceira, que revela o caráter igualmente parcial das duas outras, transformadas, através de artifícios do vocabulário, em aspectos complementares de uma mesma realidade: forma e fundo, continente e conteúdo, ser e parecer, contínuo e descontínuo, essência e existência, etc. Em pouco tempo esses exercícios se tornam verbais, fundados sobre uma arte do jogo de palavras que substitui a reflexão; as dissonâncias entre os termos, as homofonias e as ambigüidades proporcionam progressivamente a matéria desses efeitos teatrais especulativos, em cuja engenhosidade se reconhecem os bons trabalhos filosóficos.

Miss Sarraute não está acima desse tipo de impostura, especialmente quando redefine as categorias literárias e afirma que os romancistas tradicionais são formalistas, enquanto os novo-romancistas, ao se absterem das velhas formas, são os verdadeiros realistas, porque

> suas obras, que procuram romper com tudo o que está prescrito, convencional e morto e voltar-se para o que é livre, sincero e vivo, mais cedo ou mais tarde irão tornar-se, necessariamente, emuladoras de emancipação e progresso.

Toda essa demagogia não chega a encobrir o fato de que ela está obcecada com a forma de uma maneira que o escritor tradicional raramente está. É ela, e não ele, quem sonha

> com uma técnica que fosse capaz de mergulhar o leitor na corrente daqueles sonhos subterrâneos de que Proust só pôde obter uma rápida visão aérea, e em relação aos quais ele só observou e reproduziu as amplas linhas inanimadas. Essa técnica daria ao leitor a ilusão de estar repetindo ele próprio aquelas ações, de um modo mais claramente lúcido, mais ordenado, diferenciado e convincente do que é capaz de fazer na vida, sem que elas perdessem o elemento de indeterminação, de opacidade e mistério que sempre estão presentes nas ações daqueles que as vivem.

Isso está perigosamente próximo de textos-de-senhora bem-escritos (Miss Sarraute gosta de tríades, principalmente de adjetivos), mas, diga ela o que disser, é óbvio que está completamente obcecada pela forma. Sei que ela não gosta de ser chamada de formalista, mas como é que ela pretende evitar esse rótulo quando se atribui a tarefa suprema de prosseguir conscienciosamente as experiências com a prosa, que tornaram o início do século XX uma das grandes épocas do romance?

Quanto aos mestres modernos, tanto Robbe-Grillet como Miss Sarraute observam com uma certa dose de espanto que Proust, Joyce e Kafka não deixaram herdeiros autênticos; o eixo central do romance realista foi simplesmente retomado, como se esses autores nunca tivessem existido. Mesmo assim, como observa Robbe-Grillet:

> Flaubert escreveu o novo romance de 1860, Proust o novo romance de 1910. O escritor deve consentir orgulhosamente em carregar sua própria época, sabendo que na eternidade não há obras-primas, somente obras na história que sobreviveram apenas na medida em que conseguiram deixar o passado para trás e anunciar o futuro.

Aqui, como tantas outras vezes na obra teórica de Robbe-Grillet, somos brindados com uma afirmação sensata, seguida por uma observação dúbia sobre a sobrevivência (muitas obras convencionais e até reacionárias sobreviveram sem problemas), concluindo com um acorde do tipo veja-o-alvorecer-de-uma-nova-era interpretado em *fortissimo*. Isso não impede que o desejo de prosseguir com a tradição moderna seja perfeitamente válido. E mesmo que os novo-romancistas não consigam (no campo da ciência, quase todas as experiências fracassam), pelo menos eles são "verdadeiramente sérios", como diria Miss Sontag.

Só que existe algo de muito estranho num movimento literário que é ao mesmo tempo tão radical em seus pronunciamentos e tão tradicional em suas referências. Tanto Miss Sarraute como Robbe-Grillet passam o tempo estabelecendo laços entre eles próprios e grandes predecessores, o que nos faz suspeitar de que, tal como os usurpadores literários de Saul Bellow, estão assumindo pessoalmente as realizações de Dostoievski, Flaubert, Proust, Joyce e Beckett. Nesse ponto, pelo menos, eles são consideravelmente mais modestos que seus heróis. É impossível imaginar o Joyce de *Finnegans Wake* reconhecendo uma dívida literária para com seja lá quem for, ou Flaubert admitindo — como faz Robbe-Grillet — que sua obra é "simplesmente o prosseguimento da evolução constante de um gênero". É interessante notar que os escritores aos quais Robbe-Grillet e Miss Sarraute mais se assemelham escreveram livros que Arthur Symons descreveu para a *Encyclopaedia Britannica* como sendo

> constituídos de um número infinito de detalhes, postos lado a lado, cada detalhe igualmente importante... (os autores) não têm outra ambição senão chegar à "base física da vida", e encontram tudo o que pode ser sabido acerca dessa força desconhecida escrito nitidamente na aparência repentina dos pequenos incidentes, dos pequenos movimentos expressivos... É prer-

rogativa deles — a melhor de suas invenções —, para produzir sensações novas, uma nova visão das coisas, terem inventado uma linguagem nova.

Eles, naturalmente, são os irmãos Edmond e Jules de Goncourt, atualmente fora de moda, cuja colaboração chegou ao fim em 1870.

Tanto Robbe-Grillet quanto Miss Sarraute estão pisando em terreno firme quando criticam o romance tradicional. Miss Sarraute é particularmente eficiente quando observa que até mesmo os tradicionalistas menos avisados são aparentemente "incapazes de fugir a um certo sentimento de desconforto no que diz respeito ao diálogo". Ela chama a atenção para o modo contrafeito como os autores contemporâneos semeiam seus textos com "disse ele" e "replicou ela", e faz troça — delicadamente — do comentário esperançoso de Henry Green de que talvez o romance do futuro seja composto em grande parte de diálogos, já que, segundo a citação que ela faz dele, as pessoas já não escrevem mais cartas: servem-se do telefone.

Mas Miss Sarraute não se interessa pelo romance de diálogo, que aproxima "perigosamente o romance da área do teatro, onde está fadado a ocupar uma posição de inferioridade" — já que as nuanças do diálogo, no teatro, são fornecidas pelos atores, enquanto no romance é o próprio autor quem tem de suprir, seja como for, a subconversa que é o verdadeiro significado. O oposto do romance de diálogo é o romance de análise proustiano. Miss Sarraute acha que esse é um método muito incompleto (sem profundidades significativas depois do caminho aberto por Freud), mas concede que "Apesar das acusações bastante sérias que podem ser levantadas contra a análise, é difícil deixá-la de lado, hoje, sem dar as costas ao progresso".

"Progresso", "Novo Romance", "criação permanente do mundo do amanhã", "a descoberta da realidade prosseguirá somente se abandonarmos nossas formas externas", "evolução geral do gênero"... ao ler os manifestos desses dois exploradores somos lembrados a todo instante de que estamos vivendo (talvez fosse melhor dizer que estamos aprisionados) na idade da ciência. Miss Sarraute, especialmente, adora fazer referências com tintura científica. Refere-se a sua primeira coleção de artigos como "Tropismos" (segundo quem entende, tropismo é "a reação de aproximação ou de afastamento do organismo em relação a uma fonte de estímulo"). Ela também é viciada em palavras como "larvar" e "magma", e suas analogias muitas vezes são clínicas: "A suspeita, que está em vias de destruir o personagem e todo o mecanismo ultrapassado que lhe dava força, é uma das reações mórbidas através das quais um organismo se defende e procura encontrar outro equilíbrio...".

Só que ela não gosta de ser chamada de "romancista de laboratório", assim como não gosta de ser chamada de formalista. Por que será? Ora, é evidente que tanto ela quanto Robbe-Grillet se imaginam de avental branco tentando elaborar novas fórmulas para uma ficção nova. O que está por baixo de todas as suas teorias é a convicção de que, se os cientistas são capazes de cindir o átomo com uma equação, um autor dedicado deveria ter condições de encontrar uma nova forma que redefinisse o "imutável coração humano", como Bouvard poderia ter dito a Pécuchet*. Já que as velhas fórmulas perderam sua eficácia, se o romance quiser sobreviver será obrigado a encontrar algo novo; e, dessa forma, para criar esse algo novo, eles acham que os escritores têm de recorrer à invenção premeditada e à experiência ousada.

Um comentário interessante sobre nossa era é que tanto Miss Sarraute como Robbe-Grillet partem do princípio de que a melhor literatura sempre foi produzida por escritores determinados e vanguardistas. Não há dúvida de que isso é verdade

(*) Personagens de um romance de mesmo nome escrito por Gustave Flaubert, onde dois copistas "colecionam" toda a tolice humana na confecção de um "Dicionário de Idéias Feitas". (N. R.)

em relação a Flaubert. As cartas que ele escreveu mostram-no no laboratório, sofrendo com o duplo genitivo — que quase azedou a receita de *Madame Bovary*. Também é verdade em relação a Joyce, que passou um terço de sua vida inventando uma linguagem para a noite. Mas Dostoievski, Conrad e Tolstoi — para citar apenas três romancistas igualmente grandes — não se preocupavam muito com experiências de laboratório. Seus interesses se centravam no que Miss Sontag chama de "o assunto"; e embora seja verdade que eles alteraram a forma do romance, sua arte tampouco foi produto de experiências intencionais com a forma: foi, antes, o resultado de sua capacidade de transfigurar o trivial e de torná-lo único, e isso devido ao que eles eram: homens geniais que não estavam obcecados pelo que Goethe uma vez chamou de "desejo excêntrico de originalidade". Ou, nas palavras de Saul Bellow: "O gênio, sem fazer força, é sempre de vanguarda. Se se afasta da tradição, não é por capricho ou porque segue um plano, mas por necessidade íntima".

Inteiramente absorvido por seu assunto, o gênio é um inovador natural — fato que deve ser enlouquecedor para o escritor comum, que, simplesmente ambicioso, é obrigado a abordar a literatura do exterior, na esperança de que o estudo da forma de uma obra-prima e a análise de seu conteúdo lhe dêem condições de reconstituir o princípio de sua elaboração, para então criar paródias ou, se for furiosamente ambicioso, algo "novo" (reorganizando os componentes). Essa abordagem a partir do exterior também é, obviamente, o caminho natural do crítico. Nesse sentido, é significativo que os novo-romancistas tenham uma tendência a deixar indefinida a fronteira entre crítico e romancista. "A preocupação crítica", escreve Robbe-Grillet, "longe de esterilizar a criação, pode, ao contrário, ter um papel de força impulsora."

Na era atual, os métodos do cientista (que só lida com o que pode ser medido, demonstrado e provado) são fundamentais. Conseqüentemente, uma coisa tão completamente inverificável como o romance é suspeita. Ou, como afirma Paul Tournier, citado por Miss Sarraute:

> Ninguém mais quer admitir que inventa. A única coisa que importa é o documento, que deve ser preciso, datado, provado e autêntico. Os frutos da imaginação estão banidos, porque são inventados... Para que o público possa acreditar no que lhe é dito, é preciso convencê-lo de que não está sendo "gozado". A única coisa que conta, hoje, é o "fato verdadeiro".

Isso talvez explique por que tantos romancistas contemporâneos se sentem na obrigação de pedir desculpas, por efeitos que pareçam indevidamente extravagantes ou inventados ("Mas foi assim mesmo que aconteceu!"). Também não é nenhum escândalo observar que quase todos os romances americanos "sérios" são autobiografias, em geral escritas para acertar as diferenças. Ora, o romancista tampouco pode ser responsabilizado pela sociedade que ele reflete. Afinal de contas, boa parte do que é lido no mundo consiste nessas revistas semanais de notícias, onde pessoas reais recebem tratamento de personagens de ficção. Faz parte do espírito desta era acreditar que qualquer acontecimento, não importa quão suspeito possa parecer, é superior a qualquer exercício da imaginação, não importa quão verdadeiro. Essa atitude teve um resultado particularmente doloroso nas universidades, onde os departamentos de inglês, hoje em dia, se esforçam para fazer de conta que são em tudo tão voltados para os fatos quanto os cientistas físicos (que recebem o maior volume de verbas). Os professores de inglês, servilmente, desenvolvem pesquisas, publicam descobertas eruditas, desmontam F. Scott Fitzgerald e, em sua busca de fatos, comportam-se como se nenhuma obra de literatura pudesse ser considerada completa enquanto cada um dos personagens não for identificado satisfatoriamente com alguém que realmente viveu e teve uma história que o autor conhecia. Não há nada de espantoso no fato de o escritor ambicioso sentir-se tentado a recriar o romance de acordo com o que acredita ser uma linha científica. Miss Sontag cita William Burroughs com admiração:

> Acho que a arte e a ciência tenderão a se fundir. Os cientistas já estão estudando o processo criativo, e penso que a linha que divide a arte da ciência desaparecerá completamente, e os cientistas, espero, ficarão mais criativos, enquanto os escritores ficarão mais científicos.

Há pouco tempo, discutiu-se muito na França a questão da ciência e do romance. Num ensaio intitulado *Nova Crítica ou Nova Impostura*, Raymond Picard atacou o novo crítico Roland Barthes, que imediatamente se defendeu alegando que a preocupação com a forma é uma coisa mais do que natural, já que a estrutura precede a criação (conclusão retirada da antropologia, disciplina que ficou na moda nos últimos tempos). Picard voltou ao ataque, ridicularizando os escritores que fingem que são cientistas, chamando a atenção para o fato de que eles

> aplicam inadequadamente à área literária métodos comprovadamente fecundos em outras áreas, mas que perdem sua eficácia e seu rigor quando utilizados assim. ... Essas abordagens críticas têm aparência científica, mas a semelhança não passa de caricatura. Os novos críticos utilizam a ciência tão toscamente quanto uma pessoa que não sabe nada de eletricidade utiliza a eletrônica. Eles só estão em busca de prestígio; em outros aspectos, estão em absoluta oposição com o espírito científico. Suas afirmações, em geral, mais parecem oráculos do que hipóteses aproveitáveis: categóricas, impossíveis de serem verificadas, nem um pouco esclarecedoras.

É possível que Picard seja excessivamente severo, mas ninguém pode negar que Robbe-Grillet e Nathalie Sarraute freqüentemente se apropriam da linguagem da ciência sem compreender seu espírito — por exemplo, é possível verificar a lei da física que afirma não haver ação sem uma reação correspondente, mas como provar a assertiva crítica de que as coisas nelas mesmas é que são responsáveis pelo fato de o personagem de Camus ter matado? Mesmo assim, se os escritores consideram útil fingir que são físicos para poder ressuscitar uma forma agonizante de arte, não deveríamos atormentá-los injustamente só porque vestiram com toda solenidade máscara e luvas de borracha. Afinal de contas, o conde Tolstoi achava que era filósofo. Só que, seja como pseudocientistas, seja como pensadores originais, tanto Robbe-Grillet como Miss Sarraute têm a maior dificuldade para transformar a teoria em prática. É como diz Robbe-Grillet, candidamente: "É mais fácil apontar uma nova forma do que adotá-la sem errar". É preciso que se diga que boa parte do tempo ele erra: será que existe algo mais cabalístico do que a repetição da palavra "lúgubre" em *Ano Passado em Marienbad*? Ou mais visceral do que a repetição do ato de matar a centopéia em *Ciúme*? Ao mesmo tempo, Miss Sarraute considera seus ensaios mais recentes "muito distanciados da concepção e da estruturação de meu primeiro livro" — que nem por isso deixa de incluir no mesmo volume dos ensaios, com o comentário um tanto intrigante de que "este primeiro livro contém, em germe, toda a matéria-prima que continuei a desenvolver em minhas obras posteriores".

Para Robbe-Grillet, obviamente, o problema do romance é o problema do homem em relação a seu meio, relação que ele acredita ter-se modificado radicalmente nos últimos cinqüenta anos. No passado, o homem tentou personalizar o universo. Na prosa, isso se revelava pela metáfora: "picos majestosos", "lugares aninhados", "sol impiedoso". "Essas analogias antropomórficas se repetem com uma insistência excessiva, coerentemente demais para não revelarem um sistema metafísico completo." Em seguida ataca o que considera ser uma visão humanística: "Sob o pretexto de que o homem só é capaz de atingir um conhecimento subjetivo do mundo, o humanismo decide erigir o homem em justificativa de todas as coisas". De fato, ele está convencido de que os humanistas chegarão ao ponto de afirmar que "não basta mostrar o homem onde ele está: é preciso proclamar também que o homem está em toda parte". Com certa ousadia, observa: "Se eu digo 'o mundo é o homem', sempre serei absolvido; mas se eu disser que as coisas são as coisas e que o homem é apenas o homem, serei imediatamente acusado de estar cometendo um crime contra a humanidade".

O que está na base da teoria de Robbe-Grillet é esse desejo de retirar da natureza das coisas tudo o que é falsamente humano. Sua argumentação não é tanto contra o que Ruskin chamou de "patética falácia", quanto contra a tendência de nossa espécie a encontrar consolo tornando humano o que, claramente, não é humano. Àqueles que o acusam de tentar desumanizar o romance, Robbe-Grillet retruca que já que todos os livros são escritos por um homem "animado por tormentos e por paixões", esses livros não podem ser considerados senão humanos. Por outro lado, "imagine os olhos desse homem repousando sem indulgência sobre as coisas, insistentemente: ele as vê, mas recusa-se a se apropriar delas". Por fim, "o homem olha para o mundo mas o mundo não olha para o homem, por isso, se ele está rejeitando a comunhão, também está rejeitando a tragédia". Paradoxalmente, mais adiante cita, com admiração, Bosquet: "Olhamos a passagem das coisas para poder esquecer que elas nos estão olhando morrer".

As coisas olham ou não olham? Às vezes Miss Sarraute escreve como se acreditasse que sim. Seus *Tropismos* estão cheios de coisas investidas de respostas humanas ("As casas agachadas levantando-se percorrem com o olhar as ruas cinzentas"), mas também ela não é tão rigorosa quanto Robbe-Grillet em sua apreensão da realidade. Aceita "essas analogias que se limitam à natureza instintiva irresistível dos movimentos... produzidos em nós pela presença de outros ou por objetos do mundo exterior". Para Robbe-Grillet, porém, "Todas as analogias são perigosas".

A consciência do homem agora foi separada de seu meio ambiente. Ele vive num perpétuo presente. Possui memória, mas não é uma memória cronológica. Assim, o melhor que o escritor pode esperar fazer é transmitir uma sensação precisa do ser do homem no presente. Para conseguir essa imediação, Miss Sarraute é favorável a "alguma ação dramática precisa apresentada em câmara lenta"; um mundo onde "o tempo não era mais o tempo da vida real, mas o tempo de um presente imensamente ampliado". Enquanto isso, Robbe-Grillet, comentando seu filme *Ano Passado em Marienbad,* declara:

> O Universo onde todo o filme se situa está, caracteristicamente, num perpétuo presente, o que torna impossível qualquer recurso à memória. É um mundo sem passado, um mundo auto-suficiente a cada momento, que se oblitera à medida que avança.

Para ele, o filme é um fato de noventa minutos, sem antecedentes. "O único personagem 'importante' é o espectador. Toda a história se desenrola em sua mente, uma história que é precisamente imaginada por ele." É claro que o verbo "imaginar" está incorreto, enquanto o advérbio nada significa. O espectador *não* está imaginando o filme; está assistindo a uma criação que foi realizada num passado histórico preciso, por um escritor, um diretor, atores, câmaras, etc. O objetivo de Robbe-Grillet, porém, continua sendo envolver o espectador ou o leitor direta e temporariamente no ato de criação. Ele almeja "um presente que se inventa constantemente" com "a colaboração criativa do leitor", que participa "de uma criação, para, por sua vez, inventar a obra — e o mundo — e assim aprender a inventar sua própria vida". Isso é mais ambicioso. Mas os ingredientes da fórmula estão sempre variando. Ao elogiar Raymond Roussel, por exemplo, Robbe-Grillet admira o autor por realizar uma "*investigação* que destrói, na própria escritura, seu objeto". Mais adiante: "A obra deve parecer necessária, mas necessária para coisa nenhuma; sua arquitetura não tem utilidade, sua força não foi posta à prova". Depois: "O escritor genuíno não tem nada a dizer. A única coisa que tem é uma maneira de dizer. Ele deve criar um mundo, mas partindo do nada, do pó...". Aparentemente não seria possível inventar um mundo que por um lado fizesse o leitor "inventar sua própria vida" e que por outro estivesse sendo destruído à medida que fosse criado. Talvez seu objetivo seja que o leitor se transforme em pó, gradualmente, página a página. Não seria a pior das soluções.

Sem dúvida, há aqueles que consideram as contradições dos escritos críticos de Robbe-Grillet o que eles têm de melhor — mais ou menos na mesma linha de achar que a chatice de certas peças ou a incompetência de certos quadros são sua verdadeira realização. Mesmo assim, é preocupante ser informado de que um homem pode criar um mundo a partir do nada, quando essa é a única coisa que ele não pode nem pensar em fazer, simplesmente porque, por mais que tente, não pode dispor de si próprio. Mesmo que se limite a escrever substantivos e adjetivos, aquele e aquilo que ele é irão, inconscientemente, determinar a ordem. Nada humano é por acaso, e é absurdo afirmar:

> A arte não se baseia em nenhuma verdade anterior a ela; e pode-se dizer que não expressa nada além dela mesma. Cria seu próprio equilíbrio e seu próprio significado. Sustenta-se por ela mesma... ou desmorona.

O que nos faz lembrar a resposta queixosa do professor Herzog à proposição filosófica de que o homem moderno num determinado momento caiu no cotidiano: onde é que ele estava, então, antes da queda? Seja como for, como é possível que algo seja único, no sentido de Robbe-Grillet, que surja ou caia ou seja qualquer coisa que não ela mesma? Quanto a não refletir "nenhuma verdade anterior a ela", isso não é possível. O fato de o autor ser um homem "animado por tormentos e por paixões" significa que todo o tipo de "verdade" irá ocorrer no curso da escritura. O ato de compor prosa é uma manifestação não só da vontade humana, como também do desejo de refletir a verdade — especialmente quando se tem um espírito messiânico, e Robbe-Grillet está muito dentro dessa tradição. Não só ele quer que o homem "invente sua própria vida" (lendo Robbe-Grillet), como sugere que a arte de hoje é "uma maneira de viver no mundo atual, e de participar da criação permanente do mundo de amanhã". Também parece estranho que uma teoria do romance que exige existência total num presente autodevorador possa sequer chegar a pensar na idéia do tempo futuro, já que o homem existe, comprovadamente, apenas no presente — a conjugação no futuro é uma pretensão humana comparável a "picos majestosos". Quanto ao uso do adjetivo "permanente", tem-se a impressão de que foi a retórica, e não o pensamento, que fez brotar essa infeliz palavra da mente inconsciente do autor.

A obra ideal, de acordo com Robbe-Grillet, é:

> Um texto que seja ao mesmo tempo "denso e irredutível"; tão perfeito que não pareça "ter tocado", um objeto tão perfeito que apagasse nossas marcas... Não é nisso que reconhecemos a ambição mais alta de todo escritor?

Mais do que isso, o único significado do romance é a invenção do mundo. "Nos sonhos, na memória, em nosso sentido da visão, nossa imaginação é a força organizadora de nossa vida, de *nosso* mundo. Cada homem, por seu turno, precisa reinventar as coisas que estão a sua volta." Só que, quando se refere às coisas, ele escreve, algumas páginas mais adiante:

> Elas não se referem a nenhum outro mundo. São o signo de nada além delas mesmas. E o único contato que o homem pode estabelecer com elas é imaginá-las.

Mas como fazer para ser leal ao fato real das coisas se elas precisam ser reinventadas? Ou bem elas estão *aqui* ou bem não estão. Seja como for, se as filtramos através da imaginação (da reinvenção), perdemos a verdadeira objetividade, como o próprio Robbe-Grillet admite num desdobramento posterior de seu pensamento: "A objetividade, no sentido tradicional da palavra — total impessoalidade de observação —, não passa, é claro, de uma ilusão. Mas deveria ser possível existir liberdade de observação, e mesmo assim não existe" — porque um "envoltório constante de cultura (psicologia, ética, metafísica, etc.) é acrescentado às coisas, conferindo-lhes um aspecto menos desconhecido". Mas ele acredita que a "humanização" pode ser reduzida a um mínimo, se tentarmos "construir um mundo que seja ao mesmo tempo mais sólido e mais imediato. Que os objetos e os gestos se estabeleçam, antes de mais nada, por sua presença, e que sua presença continue prevalecendo sobre o subjetivo". Conseqüentemente, a missão do Novo Romance é nada mais nada menos do que buscar

> novas formas para o romance... formas capazes de expressar (ou de criar) novas relações entre o homem e o mundo, para todos aqueles que resolveram se dedicar a inventar o romance, ou, em outras palavras, a inventar o homem. Tais escritores sabem que a repetição sistemática das formas do passado não só é absurda e fútil, como pode chegar a ser danosa, porque fecha nossos olhos para nossa situação real no mundo hoje, impedindo-nos, em última análise, de construir o mundo e o homem de amanhã.

Substituindo um ou dois substantivos, isso poderia perfeitamente ser o encerramento de um discurso sobre política externa dos Estados Unidos, proferido pelo professor Arthur Schlesinger, Jr., para o *lobby* liberal ADA (Americans for Democratic Action).

Tal como Robbe-Grillet, Nathalie Sarraute considera *O Estrangeiro*, de Camus, um ponto de partida. Ela acha que os antecessores imediatos do livro são "a promissora arte do cinema" e "a saudável simplicidade do novo romance americano". Diga-se de passagem que ela é muito divertida quando descreve qual foi exatamente o efeito desses romances "saudáveis" sobre os franceses durante os anos imediatamente posteriores à guerra:

> Ao transportar o leitor francês para um universo estrangeiro onde ele se sentiu perdido, (eles) acalmaram suas inquietações, despertaram nele o mesmo tipo de curiosidade crédula inspirada pelos livros de viagem, e lhe deram a deliciosa sensação de fugir para um mundo desconhecido.

É reconfortante ficar sabendo que essas obras não foram levadas muito a sério pelos franceses, e que Horace McCoy afinal de contas não era o mestre que em certa época disseram ser. Aparentemente, o romance americano não passou de um estimulante vigoroso para uma velha literatura passada. Miss Sarraute, porém, é uma admiradora sincera da capacidade de Faulkner de envolver o leitor em seu próprio mundo. Para ela, é necessário em primeiro lugar "despojar o leitor e atraí-lo, a qualquer custo, para o território do autor. Uma das maneiras de conseguir isso é utilizar o artifício que consiste em designar os personagens principais como 'eu' ". O uso da primeira pessoa, para ela, parece ser o emblema da arte moderna. ("Desde o impressionismo, todos os quadros foram pintados na primeira pessoa.") E assim, tal como a fotografia afastou os pintores da idéia de representar a natureza (acabando com antigas artes, como a dos miniaturistas e a dos escultores de bustos-retratos), o cinema "acumula e aperfeiçoa o que o romance deixou ficar da natureza". Agora o romance precisa ir onde a câmara não é capaz de segui-lo. Nesse novo país, o leitor contou com a ajuda de escritores modernos, como Proust e Joyce; sua sensibilidade foi tão estimulada por eles que agora ele tem condições de reagir àquilo que está por trás do monólogo interior, aquela "imensa profusão de sensações, imagens, sentimentos, memórias, impulsos, pequenas ações larvares que nenhuma linguagem interior pode transmitir". Para Miss Sarraute, a ênfase recai sobre o que ela chama de subconversação, aquela que é sentida e não dita, o contraponto oculto ao tema declarado (obviamente, isso é uma coisa muito difícil de sugerir, quanto mais de escrever, já que "nenhuma linguagem interior pode transmiti-la").

"O universo de Bosquet — o nosso — é um universo de signos", escreve Robbe-Grillet. "Tudo nele é signo; e não o signo de alguma outra coisa, de uma coisa mais perfeita, inatingível, mas um signo dela mesma, dessa realidade que só pede para ser revelada." Essa resposta para *O Salão de 1859*, de Baudelaire, é sensata (embora seja antropomórfico sugerir que a realidade *pede* para ser revelada). Robbe-Grillet também é muito sensato quando deseja que as coisas sejam reveladas, tanto quanto possível, tal como são.

> No universo futuro do romance, os gestos e os objetos estarão ali, antes de serem *alguma coisa*; e continuarão estando ali depois, duros, inalteráveis, eternamente presentes, troçando de seu próprio "significado", esse significado que tenta em vão reduzi-los ao papel de instrumentos precários, etc.

Só podemos concordar com ele que a integridade do mundo não-humano deveria ser respeitada. Mas o que será que ele quer dizer (ah, pergunta proibida!) quando afirma que os objetos estarão *ali*, depois que o significado tiver tentado violá-los? Será que ele quer dizer que eles continuarão existindo na página, inviolados, de alguma maneira, em sua coisice? Se é isso, com certeza está enganado. O que existe na página é tinta; ou, se quisermos atribuir aos desenhos feitos com a tinta seu compactuado sentido humano, formaram-se letras para compor palavras com o objetivo de sugerir coisas que não estão presentes ali. O que está na página não são coisas reais, mas seus espectros-palavras. Mesmo que as coisas estivessem ali, é altamente improvável que fossem tão humanas a ponto de "troçarem de seu próprio significado". Estranhamente, o estilo altamente retórico de Robbe-Grillet tem uma tendência a destruir seus argumentos assim que ele os formula; criticamente, essa técnica é o complemento ideal para a historinha da auto-obliteração.

Robbe-Grillet e Miss Sarraute divergem quanto à questão de como estabelecer a separação, a autonomia das coisas. Quando estabelece seu método, Miss Sarraute deixa inteiramente de ser "científica". Em lugar disso, entoa um alarmante hino às palavras — todas as palavras —, que "possuem as qualidades necessárias para capturar, proteger, e trazer para o aberto os movimentos subterrâneos que estão ao mesmo tempo impacientes e amedrontados". (Esses movimentos subterrâneos estão realmente "impacientes e amedrontados"?) Para ela as palavras têm elasticidade, liberdade, variedade iridescente de tonalidades, e por sua natureza estão protegidas "da suspeita e do escrutínio minucioso". (Numa época de suspeita, deixar que as palavras se safem ilesas é um ato de confiança muito especial.) Conseqüentemente, um vez que as palavras entram na outra pessoa, elas incham, explodem e, "devido a esse jogo de ações e reações... constituem um instrumento de enorme valor para o romancista". O que, como dizem os franceses, nem é preciso dizer.

Mas, naturalmente, as palavras não são tudo o que ela acredita que são. Todas as palavras mentem. Ou, como diz o professor Frank Kermode em *Literary Fiction and Reality* (Ficção Literária e Realidade): "Palavras, pensamentos, conjuntos de palavras e pensamento, são inimigos da verdade se identificados com o que pode ser obtido através de reduções fenomenológicas". Mesmo assim, Miss Sarraute gosta de pensar que é possível capturar movimentos subterrâneos (tropismos) com palavras, o que pode explicar por que ela assume uma atitude tão mais convencional em relação às coisas do que Robbe-Grillet, que escreve:

> Talvez as escadarias de Kafka conduzam a *algum outro lugar*, mas estão *ali*, e olhamos para elas passo a passo, seguindo os detalhes dos corrimões e dos degraus.

Isso não é verdade. Em primeiro lugar, não olhamos para as escadas; olhamos para um grupo de palavras dispostas numa página por uma inteligência humana consciente que pretende chamar a nossa atenção, entre mil outras coisas, para a presença daquelas escadas. Como uma das preocupações básicas da mente humana é a questão da causa e do efeito, o leitor irá especular por que aquelas escadas foram postas diante dele; além disso, como normalmente as escadas são construídas para ligar um piso — construído pelo homem — a outro, a mente com certeza tentará imaginar como são esses dois pisos. Só um esquizofrênico muito isolado em seu mundo (ou alguém que esteja numa viagem de LSD) seria capaz de achar a descrição de um corrimão uma coisa absolutamente absorvente.

Talvez a parte mais ingênua da teoria de Robbe-Grillet sobre ficção seja sua convicção de que as palavras sempre são capazes de descrever com absoluta precisão seja lá o que for. Ele jamais admite que as palavras não passam de bônus de coisas concretas; por sua própria natureza, as palavras são imprecisas e recheadas de significados — são os signos das coisas, não as coisas mesmas. Por isso, ainda que o objetivo de Robbe-Grillet (de obter uma realidade total para o mundo das coisas) fosse desejável, seria impossível realizá-lo através da linguagem, já que o autor (esse homem cheio de tormentos e de paixões) está destinado a contaminar com sua atitude a seqüência de signos que nos oferece; é pessoa "interessada" na questão, senão não escreveria. É óbvio que se quiser reinventar o homem, ele deverá encontrar um jeito de definir o homem através de relações humanas (isso mesmo: relações psicológicas) e de uma série de coisas observadas e de gestos objetivamente registrados. Se quiser brincar de Deus, pode saber desde já que a ambição irá ditar a ordem das palavras e que o subjetivo predominará, exatamente como ocorre no romance tradicional. Para adotar a teoria de Robbe-Grillet até seu final lógico, o único tipo de livro que *não* seria uma coleção de signos de coisas ausentes, mas as próprias coisas reais, seria uma coleção de tinta, papel, papelão, cola e tipos, a ser ou não reunida por um leitor-espectador. Se essa for uma brincadeira muito trabalhosa, então o escritor ambicioso deverá inventar uma linguagem nova capaz de transmitir a ilusão de que a autonomia das coisas está sendo mantida, já que as palavras recém-cunhadas possuirão um mínimo de associações de tipo subjetivo ou antropomórfico. Nenhuma linguagem conhecida terá qualquer utilidade para ele, a não ser a dos ilhéus de Trobriand: aquela gente feliz não tem palavras para "porque"; para eles, as coisas simplesmente acontecem. É desnecessário dizer que eles não escrevem romances nem especulam sobre a natureza das coisas.

As origens filosóficas do Novo Romance podem ser encontradas em Descartes (como quase tudo o que é francês), cujo dualismo era um reflexo entre o subjetivo e o objetivo, entre o irracional e o racional, entre o físico e o metafísico. No século passado, ao aceitar esse dualismo, Auguste Comte concebeu um empirismo lógico que iria enfatizar o "puramente" objetivo, às expensas do subjetivo ou do metafísico. Comte era um otimista que acreditava no progresso humano, e a história, para ele, era uma evolução rumo a uma sociedade melhor. Ele achava que a era da religião e da metafísica se encerrava com a Revolução Francesa. Desde aquele momento a espécie humana estava vivendo no que ele denominava "era da ciência"; ele estava seguro de que os métodos das ciências positivas iriam enriquecer e transformar a vida humana. Finalmente, as coisas estavam entrando nos eixos. Mas os métodos da ciência só no século XX foram sobrepujar inteiramente as artes dos humanistas tradicionais. Para o homem com mentalidade científica, todas as coisas, inclusive a personalidade humana, num ou noutro momento, têm de desvendar seus segredos para a experiência sistemática. Enquanto isso não ocorre, só se pode levar a sério aquilo que pode ser verificado; os significados emotivos abrem lugar, necessariamente, para os significados cognitivos. Como até hoje a opacidade do caráter humano está vencendo todas as tentativas objetivas de chegar à iluminação, os novo-romancistas preferem, na medida do possível, substituir o humano por objetos observados em detalhe e por simples gestos, registrados mas não explicados.

Em muitos aspectos, o Novo Romance parece estar se aproximando do estado "puro" da música. Na realidade, há muita gente — como Miss Sontag — ansiosa pelo advento de "um tipo de estruturação total", análogo à música, para o romance. Trata-se de um velho sonho do romancista. Há mais ou menos meio século Joyce escreveu (numa carta ao irmão): "Por que uma literatura moderna não seria tão inexorável e tão direta quanto uma melodia?". É mesmo, por que não? E, mais uma vez, por quê? A resposta para o segundo "por que" é muito fácil. Na era da ciência, o objetivo tem a primazia sobre o subjetivo. Como o comportamento humano é notoriamente irracional e misterioso, só é possível demonstrá-lo da maneira mais impressionista e não-científica; são poucos os segredos que ele revela à análise objetiva. A matemática, por outro lado, é racional e verificável, e a música é uma forma de matemática. Portanto, caso se quisesse eliminar tanto quanto possível o humano do romance, talvez se chegasse perto da matemática ou da música através de "um tipo de estruturação total": em suma, chegar ao artefato perfeito e irredutível com que sonha Robbe-Grillet.

Os ensaios de Miss Sarraute datam do período entre 1947 e 1956; os de Robbe-Grillet foram escritos entre 1955 e 1963. Caso se queira categorizar à maneira francesa, pode-se afirmar que ambos têm uma visão particularmente representativa da década de 50, um período em que as pessoas com um ponto de vista tradicional (entre as quais eles devem ser classificados) ainda acreditavam ser possível resgatar o romance — ou qualquer outra coisa — através de técnicas novas. Imbuídos de certa severidade, fizeram experiências. Mas embora alguns de seus livros sejam bons (alguns até muito bons) e outros sejam ruins, eles não criaram um "novo" romance, quando mais não seja porque as formas de arte não se desenvolvem de cima para baixo, pelo menos em literatura. Malgrado a tendência de Robbe-Grillet para se autofelicitar ("Embora essas descrições — argumentos imóveis ou fragmentos de cenas — tenham agido nos leitores de modo satisfatório, muitos especialistas continuam fazendo um juízo negativo em relação a eles"), em tudo o que ele escreveu até hoje não há muito que possa interessar a ninguém além dos especialistas. A vanguarda convencionou, porém, que para estar à frente da maioria é preciso estar "certo". Mas os novo-romancistas não estão à frente de ninguém. Suas obras são o resultado daquilo que eles acreditam ser uma necessidade de realizar experiências e da utilização de determinados métodos da ciência na confecção de romances. Muito justo. Só que nesse ponto eles são parecidos com todo mundo, já que ter uma queda pelo novo é estar em companhia da obscura maioria. No campo das artes, aquilo que é obviamente experimental quase nunca é atacado *porque* é novo: não há como negar que aqueles que determinam os gostos têm uma tendência a ser extremamente permissivos diante de tudo o que pareça ser uma experiência, como sabe muito bem qualquer pessoa que leia as colunas de crítica de arte em Nova York. Não há grande probabilidade de que Robbe-Grillet consiga reinventar o homem através de seus exercícios de prosa. O mais provável é que ele próprio esteja no processo de ser reinventado (juntamente com o resto de nós) pelo novo mundo em que estamos vivendo.

No momento, os sentinelas avançados da cultura têm informado com certo pasmo que os homens e mulheres que cresceram na frente do aparelho de televisão, como era de se prever, reagem a imagens que se movem e falam, mas não apresentam qualquer reação a ficções em prosa; e mesmo que a moda possa determinar a presença de algum ocasional artefato irredutível dentro de uma sala, não há uma única pessoa sendo reinventada por ele. Não interessa: a velha vanguarda continua, nervosamente, às voltas com a forma.

Ao analisar a produção literária de 1965, Miss Sontag achou "difícil pensar em algum livro (em inglês) que exemplificasse de modo *central* as possibilidades de ampliação e complicação das formas da literatura em prosa". Esse desejo de "ampliar" e "complicar" o romance tem um certo quê de loucura. Por que não minimizar e simplificar? A impressão que se tem é que por puro desespero ela escolhe qualquer verbo que lhe ocorra. É que, como tantas pessoas hoje em dia, ela tem um fraco pelo acaso. Referindo-se à obra decididamente casual de William Burroughs, *The Soft Machine* (A Máquina Suave), ela escreve: "No fim, as vozes se reúnem e produzem o que me dá a impressão de ser a voz mais séria, urgente e original que se há de ouvir, vinda das letras americanas, durante muitos anos". A questão, porém, tratando-se do método de Mr. Burroughs, é que as vozes *não* se reúnem: ele é basicamente um sujeito que, graças aos céus, não é sério nem urgente, e que só é original no sentido em que nenhum outro escritor americano mostrou-se tão inexoravelmente mal-humorado em sua gozação do sério. Ele é o Super-Cara-Super das letras americanas. Agora, independentemente de Miss Sontag estar certa ou deixar de estar certa em suas análises de obras específicas e de tendências gerais, há algo de antiquado e de comovente em sua convicção (partilhada pelos novo-romancistas) de que se nos esforçarmos bastante, de maneira "realmente séria", poderemos conseguir produzir um romance melhor. Essa atitude não é tanto o resultado do espírito da arte: é mais o espírito de Detroit.

Hoje em dia ninguém é capaz de prever quais serão os jogos pós-Gutenberg que o homem vai achar de jogar. De certo, apenas, há a sua mente, que irá funcionar diferentemente da nossa; da mesma maneira como nossa mente funciona diferentemente da do homem pré-Gutenberg, como Miss Frances Yates demonstrou tão categoricamente em *The Art of Memory* (A Arte da Memória). Talvez o futuro nos reserve outros Acontecimentos. Talvez o acaso tome o lugar do calculado. Talvez se prefira o efêmero ao permanente: se não somos eternos, por que as obras de arte deveriam ser? Além disso, já que a sombra do desastre atômico continua a obscurecer nossas alegres brincadeiras, o efêmero será necessariamente valorizado, uma vez que dá prazer no presente sem fazer de conta que tem vida futura. Como nada sobreviverá à ventania do incêndio, as cinzas de uma coisa serão praticamente iguais às cinzas de outra coisa; e aí, para que serve a excelência?

Um resultado interessante da paixão que hoje se observa pelo imediato e pelo casual foi o declínio, em todas as artes, da idéia de que a virtuosidade técnica é algo desejável. A cultura (tanto a *kitsch* quanto a *camp**) admite prazerosamente cantores que não cantam melhor do que o ouvinte médio, atores que não representam e que mesmo assim são — na expressão feliz de Andy Warhol — *superstars*, pintores cujos efeitos são obtidos com facilidade excessiva, escritores cuja rápida seqüência de palavras ao longo da página não é submetida aos rigores da gramática nem modelada pelo pensamento consciente. Observa-se um sentimento Zen-ístico generalizado de "pra que esquentar?". Se um monte de pedras reunidas naturalmente pode "dizer" tanto quanto qualquer forma produzida por tinta sobre uma tela ou pela escultura de pedras, para que se dar ao trabalho de registrar o que ali está para todo mundo ver? Seja como for, se o mundo, como está previsto, se transformar numa aldeia unida por um zumbido eletrônico, nossas idéias sobre o que seja a arte parecerão tão curiosas para esses aldeãos gregá-

(*) Gíria homossexual, indicando um refinamento exagerado, afetado e artificial. (N. C.)

rios quanto são, para nós, as obras do que costumávamos chamar de Era do Obscurantismo.

Independentemente do tipo de jogos que os homens terão vontade de jogar no futuro, a questão da ficção parece ser um caso encerrado. A capacitação para a leitura — como dizem os pedagogos — continua diminuindo a cada geração. Ler romances já não é um passatempo para os jovens que estão sendo educados agora, como, aliás, tampouco é preocupação de ninguém, a não ser de muito poucos dentre os que atingiram a maioridade nos últimos cálidos anos da hegemonia de tipo linear. É possível que de vez em quando a moda traga de volta ou produza algum livro capaz de despertar algo semelhante a interesse geral (Miss Sontag tem a sinistra suspeita de que "o romance do século XIX tem muito mais possibilidades de renascer do que o drama em versos, o soneto, ou a pintura de paisagens"). Só que é a literatura propriamente dita que parece estar à beira da obsolescência, e isso não tanto porque as novas pessoas preferirão olhar a ler, mas sim porque a linguagem com a qual se escrevem livros corrompeu-se devido ao abuso.

Na realidade, George Steiner acredita que existe uma possibilidade de que "A desumanidade política do século XX e determinados elementos da sociedade tecnológica de massa que se seguiu à erosão dos valores burgueses europeus tenham danificado a linguagem...". Chega ao ponto de sugerir que, ao menos por enquanto, o silêncio pode ser uma virtude para o escritor — quando

> a linguagem simplesmente cessa, e o movimento do espírito não produz nenhuma manifestação externa de sua existência. O poeta cai em silêncio. Aqui a palavra não faz fronteira com o fulgor nem com a música, mas com a noite.

Embora o próprio Mr. Steiner não chegue a assumir essa posição romântica ("Não estou afirmando que os escritores devam parar de escrever. Isso seria uma pretensão"), ele sugere o silêncio como uma alternativa orgulhosa para aqueles que viveram na época de Belsen e do Vietnã, e que testemunharam a perversão de tantas palavras por publicitários e por palhaços políticos. A fenda da credibilidade virou abismo, separando até as palavras mais nobres de seus antigos significados. Afortunadamente, hoje em dia, os meios de comunicação estão se transformando, e mesmo que nenhum de nós seja capaz de entender exatamente o que se está passando, não há dúvida de que a palavra será afetada.

Independentemente do que aconteça com a linguagem, porém, é improvável que o romance seja revivido pela eletrônica. As portentosas teorizações dos novo-romancistas são tão inúteis para nós quanto o vanguardismo pomposo dos que ficam perpetuamente tentando imaginar qual será a próxima coisa "realmente séria", quando é óbvio que não haverá uma próxima coisa séria no romance. Nossa adorável arte trivial e tão humana está num fim, se não estiver no fim. Só que isso não é razão para deixar de querer praticá-la, ou mesmo de lê-la. De qualquer maneira, um pouco como padres que já esqueceram o significado das orações que recitam, iremos continuar falando de livros e escrevendo livros durante muito tempo, fingindo que não estamos notando que a igreja está vazia e que os paroquianos foram para algum outro lugar, servir outros deuses, talvez em silêncio, talvez com palavras novas.

Encounter, dezembro de 1967

TARZÃ REVISITADO

Há tantas coisas que as pessoas que fazem enquetes nunca se lembram de perguntar. Nós todos loucos para saber o que nossos conterrâneos pensam de grandes questões (contra, a favor, não sabe, com aquela perspicácia que fez brotar um matagal primevo com o logotipo do McDonald's), e os entrevistadores nunca se decidem a fazer o tipo de pergunta pessoal interessante que nossos novos romanos talvez fossem capazes de responder com sagacidade. Por exemplo, quantos adultos estão desenvolvendo mentalmente um seriado de aventuras? Quantos devaneiam conscientemente, vivendo na imaginação uma história em que a pessoa que devaneia deixa de ser empregado da IBM para se transformar num belo semideus movendo-se através de palácios esplêndidos, salvando donzelas de monstros (ou monstros de donzelas: vivemos uma época muito desgastada). Quase todas as crianças contam-se histórias em que aparecem como personagens poderosos, gozando os prazeres não só do mundo adulto tal como o imaginam, mas de um mundo de maravilhas, diverso da insípida realidade. Embora esse tipo de devaneio *mittyesque** seja suposto acabar na idade adulta, em

(*) Refere-se a Walter Mitty, personagem de J. Thurber, que faz exatamente isso. (N. C.)

minha opinião há mais adultos do que imaginamos andando por aí às tontas com uma fantasia fantástica em technicolor girando na cabeça. Vestindo malha, espada na mão, os sonhadores dirigem seus jaguares a velocidades fantásticas num mundo cintilante de objetos amorosos prostrados a seus pés em adoração, misturando mundos históricos anacrônicos com ficção científica.

— Capitão, a trama do tempo se fechou! Estamos presos num mundo paralelo, inteiramente habitado por mulheres com três seios!

Entretanto, a julgar pelo que conseguimos apurar acerca desses mundos imaginários, eles tendem a ser mais adlerianos que freudianos: o impulso motor é o desejo não de sexo (outras fantasias mais sucintas se ocupam dessa parte), mas de poder, de capacidade para dominar o mundo circundante da pessoa através da força física, o que é mais bem demonstrado através das obras de Edgar Rice Burroughs, cujos livros estão sendo objeto de amplo renascimento.

Quando eu era criança, li todos os 23 livros de Tarzã, assim como os dez livros sobre Marte. Meu próprio mecanismo interno de criar histórias era intenso. A qualquer momento eu tinha pelo menos três seriados em andamento, além de diversas reprises de enredos testados e aprovados. Burroughs era uma grande fonte de matéria-prima. Quando fomos ao centro da Terra ao estilo de Júlio Verne (autor fantasioso demais para o gosto da gente), imediatamente imaginei uma seqüência de treze partes comigo no papel principal e diversos amigos como atores convidados. Às vezes eu utilizava o material do mestre, mas em geral fazia uma adaptação livre que se adequasse a mim. Esses devaneios tinham tendência a ser tarzanescos na pré-puberdade (força física e liberdade) e marcianos na pós-puberdade (mundos exóticos e *combinazione* sutis a serem elaborados). Passada a adolescência, se a vida da pessoa for suficientemente interessante, o desejo de contar histórias para si mesmo diminui. Meu último seriado teve dificuldades para encontrar patrocinador quando eu estava na Segunda Guerra Mundial, e o contrato nunca foi renovado.

Até há pouco tempo eu achava que a maioria das pessoas era como eu: o devaneio se interrompe quando o mundo real se torna interessante e razoavelmente controlável. Agora já não estou tão seguro disso. Se refletimos sobre a vida e o sucesso de Burroughs, somos levados a acreditar que um bom número de pessoas consideram suas vidas tão insatisfatórias que continuam contando histórias para si mesmas, ano após ano, nas quais são capazes de dominar o mundo que as circunda de uma maneira inviável na sociedade superorganizada.

Segundo Edgar Rice Burroughs, "A maioria das histórias que escrevi eram as histórias que eu contava para mim mesmo logo antes de dormir". Ele é um personagem fascinante de se contemplar, o protótipo do americano sonhador. Nascido em 1875 em Chicago, vagou sem destino até os 36 anos de idade. Durante um curto período serviu na cavalaria americana; depois foi minerador de ouro no Oregon, *cowboy* em Idaho, policial ferroviário em Salt Lake City; tentou diversos negócios que não deram certo. Correspondia plenamente à antiga cepa americana: um homem capaz de se dedicar a praticamente qualquer trabalho, que não gostava de parar no mesmo lugar, que tentava enriquecer depressa mas que nunca conseguia dar certo. E enquanto vagava pelo mundo real insatisfatório, consolava-se com um mundo interno onde era forte e bonito, adorado por belas mulheres e venerado por raças exóticas. Sua principal fonte de fantasia era Rider Haggard. Só que até mesmo esse rico filão era limitado, e assim, em busca de novos veios para explorar, passou a ler revistas de aventuras, com o único resultado de descobrir que nenhuma daquelas histórias comparava-se às que ele próprio imaginava, em matéria de emoção. Como os autores das revistas não podiam satisfazê-lo, sua única saída era satisfazer-se a si mesmo, e ao público. Escreveu um seriado sobre Marte e vendeu-o a *Munsey's*. O resto foi fácil, pois seus companheiros sonhadores reconheceram imediatamente o sonhador de primeira linha que ele era.

Em 1914, Burroughs publicou *Tarzan of the Apes* (Tarzã dos Macacos) (o nobre selvagem de Rousseau redivivo na África), e fez-se a história. Até hoje já se venderam mais de 25 milhões de exemplares dos livros de Tarzã, em 56 idiomas. É difícil encontrar um americano do sexo masculino de minha geração que nunca tenha tentado aprender, em algum momento de sua vida, o grito de vitória do grande macaco, tal como brotava do peito andrógino de Johnny Weissmuller, acompanhado por milhares de braços e pernas fraturando em tentativas de pular de árvore em árvore nos quintais da Nação. Entre 1914 e sua morte em 1950, o cavalheiro de Tarzana, Califórnia (um profeta mais do que honrado em sua própria terra), produziu mais de 60 livros, ao mesmo tempo em que desfrutava do *status* singular de ser o primeiro escritor americano a ser uma empresa. Diz-se que Burroughs era um homem agradável, despretensioso, que gostava de montar e de jogar golfe. Não era pessoa de comprometer um inconsciente intenso com a realidade tacanha: nunca pôs os pés na África.

Com a idéia de apreender novamente a infância, acabei de reler vários livros de Tarzã. É fascinante observar quanta coisa a gente lembra, passado um quarto de século. Às vezes a sensação de *déjà vu* é avassaladora. Também é interessante descobrir que as lembranças que temos de Tarzã dos Macacos em geral correspondem a cenas de ação. O enredo desapareceu de nossa memória... e enredo é o que não falta. O começo é digno de Conrad: "Ouvi esta história de uma pessoa que não tinha direito de contá-la para mim, ou para quem quer que fosse. Posso atribuir seu início à influência tentadora de alguma velha safra sobre o narrador, e o resto dessa estranha história à minha própria incredulidade cética durante os dias que se seguiram." É 1888. Os jovens Lord e Lady Greystoke vêem-se envolvidos num motim de bordo ("toda a atmosfera da embarcação estava impregnada daquela coisa indefinida que anuncia a tragédia"). O nobre e sua mulher são depositados na praia, na costa ocidental da África, onde imediatamente constroem uma casa no alto de uma árvore. Aqui temos o melhor de Burroughs. Ele conta para a gente de que tamanho eram os toros, como se engata uma porta na falta de dobradiças, as dificuldades da construção do telhado. Uma das melhores coisas de seus livros são as descrições de como fazer coisas. Os Greystoke têm um filho e, muito oportunamente, morrem. O "homem-menino" é encontrado por Kala, uma Grande Macaca, que o cria como se fosse um membro de sua tribo. Enquanto antropólogo, Burroughs é agradavelmente indefinido. Seus macacos são carnívoros e capazes — suspeita ele, sombriamente — de se acasalar com seres humanos.

Tarzã cresce como macaco, mata seu primeiro leão (com uma chave de pescoço), aprende sozinho a ler e a escrever em inglês, estudando alguns livros que encontrou na cabana. Utilizou o método — triste admiti-lo — atualmente na moda do "olha-vê". Mesmo sabendo ler e escrever, é incapaz de falar qualquer idioma, exceto o dos macacos. Também se dá bem com outros membros do reino animal: com Tantor o elefante, com Ska o abutre e com Numa o leão (Kipling também foi grão para a moenda onírica de Burroughs). Aí chega a turma dos brancos: o professor Arquimedes Q. Porter e sua filha Jane. Também um francês chamado D'Arnot, que ensina Tarzã a falar francês, o que embrulha as coisas. Por uma extraordinária coincidência, o pretendente de Jane é o atual Lord Greystoke, que pensa que o bebê dos Greystoke morreu. Tarzã salva Jane de um macaco. Depois se veste e vai para Paris, onde bebe absinto. Próxima parada, Estados Unidos. Em Wisconsin, ele salva Jane Porter de um incêndio na floresta: apenas para cedê-la magnanimamente a Lord Greystoke, sem revelar o fato de que o verdadeiro Lord Greystoke é *ele*. Por sorte, no volume seguinte, *The Return of Tarzan* (A Volta de Tarzã), ele se casa com Jane e os dois vivem felizes para sempre na África, criando o filho John, que por sua vez cresce e tem um filho. Mas mesmo na qualidade de avô Tarzã continua vivendo aventuras com gente de trinta centímetros de altura, com descendentes de Atlantis, com os herdeiros de uma legião romana que pensam que Roma continua por cima. Ao longo de todas essas histórias, tem-se a sensação de também estar sonhando. Episódios sucedem episódios sem nenhuma pressa especial. Tarzã é sempre golpeado na cabeça e feito prisioneiro; sempre foge; sempre há uma bela princesa ou uma alta sacerdotisa que o ama e o ajuda; sempre há um amigo leal que luta a seu lado, correspondendo em boa medida à tradição Queequeg, que, conforme nos assegura o professor Leslie Fiedler, é a base sodômica da psiquê americana.* Mas sejam quais forem as dificuldades da aventura, Tarzã, sempre vestindo uma sumária tanga, com uma faca por única arma (um estilo reconfortante de imitar), vence contra todas as expectativas e volta à sua esposa apagada.

Estilisticamente, Burroughs — como dizê-lo — é desigual. Tem momentos de pompa cheia de adornos, quando a escuridão é "ciméria"; de redundância, "ela era horrível e feia"; de diálogo extraordinário: "Por todos os demônios", guinchou Rokoff. "Porco, mas você morrerá por isso!" Ou quando Lady Greystoke diz a Lord G.: "Dever é dever, meu marido, e nenhum sofisma vai mudar isso. Eu seria uma pobre esposa de um senhor inglês se devesse ser responsável por deixar de cumprir um dever evidente". Ou o neto: "Vô", gritou ele, "*Dackie doe? Dackie doe?*".** "Deixe que ele venha", pediu Tarzã. "Dare!", exclamou o menino, olhando triunfante para a governanta, "*Dackie do doe yalk!*". Burroughs utiliza a coincidência sem qualquer pudor, mesmo em se tratando de um escritor de aventuras. Num dos livros ele faz três conjuntos de personagens naufragarem exatamente no mesmo ponto do litoral africano.

(*) No original: "*the urning in the fuel supply of the American psyche*". (N. C.)

(**) Neste diálogo, a linguagem cacofônica da criança foi mantida sem tentativa de "tradução". (N. T.)

Até Burroughs acha que é um pouco demais. "Seria possível (reflete Tarzã) que o destino o tivesse despejado exatamente às portas de sua amada selva?" Era possível, já que num sonho tudo pode acontecer.

Embora Burroughs seja inocente em literatura e incapaz de reproduzir o discurso humano, tem um dom que raros escritores de qualquer tipo possuem: sabe descrever a ação com vividez. Não estou revelando nenhum segredo quando digo que isso é tão difícil para um Tolstoi quanto para um Burroughs (mesmo para William). Sendo uma coisa tão difícil, os mais espertos dentre os escritores contemporâneos em geral preferem contar suas histórias na primeira pessoa, o que significa, simplesmente, escrever diálogos. A rigor, o escritor dedica-se a transmitir uma impressão do que aconteceu, em vez de criar a sensação da coisa acontecendo. Em ação, Tarzã é excelente.

Há algo de fundamental no apelo do Tarzã de 1914 que me leva a pensar que ele ainda é capaz de se manter como uma figura de sonho, apesar do desafio sofisticado de seus dois concorrentes mais jovens, James Bond e Mike Hammer. Para a maioria dos adultos, Tarzã (e John Carter, de Marte) dificilmente poderá competir com o consumo manifesto de James Bond pelo público, ou com a violência doentia de Mike Hammer, mas para as crianças e os adolescentes, o velho apelo se mantém. Todos nós temos necessidade da idéia de um mundo alternativo ao mundo em que vivemos. Desde a República de Platão, passando por Opar e pela Bondlândia, em todos os níveis, a imaginação humana tentou pensar algo melhor para si própria do que a sociedade vigente. O homem saiu do Paraíso quando se equilibrou sobre as duas pernas, legando a seus descendentes a nostalgia e a dor crônica nas costas. À sua maneira singela, a lenda de Tarzã nos devolve ao Paraíso, onde, liberado das roupas e das inibições de uma sociedade opressiva, um homem é capaz — como diz William Faulkner, em seu elevado estilo Confederado — de prevalecer e de resistir. O atual fascínio com LSD e com drogas que não criam dependência — para não mencionar o álcool — não passa do resultado de uma sensação generalizada de tédio. Como o desejo do indivíduo de dominar seu meio ambiente não é uma característica desejável numa sociedade que se vai tornando mais e mais restritiva a cada dia que passa, o homem médio é levado a recorrer ao devaneio. James Bond, Mike Hammer e Tarzã são todos seres de sonho, e o objetivo de cada um deles é estabelecer a primazia pessoal num mundo que, cada vez mais, diminui o indivíduo. Entre adultos, a atual popularidade dessas movimentadas ficções me surpreende como um fenômeno extremamente significativo e insuportavelmente triste.

Esquire, dezembro de 1963

SEGUNDA PARTE

THEODORE ROOSEVELT: UM DELICADO AMERICANO*

Em Washington, D. C., existe — ou existia — um lugar onde o riacho Rock atravessa a rodovia, dando vau para a travessia a cavalo e, mais tarde, de carro, quando não havia enchente. Há meia centena de anos, eu vivia com meus avós numa colina arborizada não longe dali. Nos dias de verão, eu e minha avó íamos passear até o riacho, tomando cuidado para não nos arranharmos nas trepadeiras venenosas que cresciam em profusão entre os loureiros. Gostávamos de andar ao longo da enseada, procurando lagostins e salamandras. Chegando ao vau, eu sempre lhe pedia que contasse de novo o que acontecera quando o velho presidente Roosevelt — não o atual presidente Roosevelt — saíra dos bosques montando um enorme cavalo, exatamente no momento em que duas senhoras tinham dado início a uma lenta travessia montando vagarosos pôneis.

"Aí, de repente Mr. Roosevelt gritou para elas 'Saiam da minha frente!' " Minha avó imitava o falsete irritado do presidente. "Cheguem para o lado, mulheres. *Eu sou o presidente*." O que aconteceu depois?, perguntava eu, deliciado. "Ora, as duas ficaram completamente ensopadas com a água que o cava-

(*) *Sissy*, no original. A palavra também tem a conotação de "afeminado", "afetado", "maricas", descrevendo um menino tímido, com comportamento próprio de menina. (N. C.)

lo dele jogou em cima delas. Mas então no ano seguinte", dizia ela com uma ponta de satisfação, "o presidente era o *bondoso* Mr. Taft." Era evidente que ela estabelecia uma associação entre o Acontecimento no Vau e a mudança de presidente. Talvez fosse verdade. Naqueles tempos de pompa e cerimônia, senhoras não eram chamadas de mulheres.

O sótão da casa no riacho Rock estava cheio de milhares de livros em prateleiras empoeiradas, e o chão vivia forrado de jornais, recortes e números das Atas do Congresso. Minha avó não era uma dona de casa muito zelosa. Lembro-me dos tapetes persas enrolados junto à parede da sala-de-visitas, como crocodilos cochilando. Em 1907, penúltimo ano da administração Roosevelt, meu avô foi para o Senado. Acho que o presidente e meu avô não tinham muito contato. Só encontrei uma referência a TR — como o presidente sempre foi chamado — no assoalho do sótão. Em 1908, quando o senador Gore lançou William Jennings Bryan para a presidência, fez um aparte aliterativo: "Prefiro de longe a estrenuosidade de Roosevelt à sinuosidade de Taft".

Anos depois perguntei a meu avô por que apoiara Bryan, um homem que nunca "se desenvolvera", de acordo com suas próprias palavras. "Muito famoso muito jovem. Parou depois dos trinta." Então, por que nomeara Bryan presidente? Bem, na época havia razões para isso: meu avô não foi muito claro. Depois, subitamente, o rosto pálido cobriu-se de malícia e a boca fina, reta, romana, retorceu-se num sorriso. "Depois que eu o lancei, em Denver, voltamos para o hotel na mesma carruagem; durante o trajeto, virou-se para mim e disse, 'Você sabe, meu sucesso político se baseia em três coisas apenas' ". O velho fez uma pausa para aumentar o efeito dramático. Quais eram? perguntei. "Esqueci completamente", disse ele. "Mas lembro que fiquei cismando por que seria que ele se achava um sucesso."

Em 1936, o primo sinuoso de Theodore Roosevelt, Franklin, acabou com a carreira de meu avô no Senado. Mas o velho não saiu de Rock Creek Park, vivendo até uma idade nestoriana, convencido de que FDR (como todo mundo sabia) era o César de nossa república, enquanto sua mulher, Eleanor, sobrinha de Theodore, era uma revolucionária. O velho desprezava a família inteira, exceto Alice Longworth, filha de Theodore.

Alice proporcionou prazer a três gerações de nossa família. Era tão espirituosa — e tão reacionária — quanto o senador Gore; além disso, sentia-se profundamente ressentida com o sucesso do primo distante Franklin, e horrorizada com a canonização da prima-irmã Eleanor. "Eleanor é tão no-bre", dizia ela, escandindo a palavra em duas sílabas murmuradas em separado, reverentemente. "Tão, *tão* boa!" Em seguida, imitava a boca dentuça de Eleanor, que não era assim tão diferente de seus próprios incisivos protuberantes. Ocasionalmente, porém, Alice tinha acessos de imparcialidade. Reconhecia que seus sentimentos pelos primos eram "simplesmente inveja. *Nós* éramos a família do presidente Roosevelt. Mas depois chegou o Espanador", como ela costumava chamar Franklin, "e fomos todos esquecidos". Exagerava, como atestam diversos livros recentes, sem falar na outrora bela montanha de Dakota, desfigurada pelo sinistro Gutzon Borglum, onde se vêem os rostos de políticos falecidos.

Hoje em dia é difícil para os americanos perceber a extensão do poder que os Roosevelt detinham, não apenas em nossa política, mas na imaginação pública. Jamais houvera nada como eles desde a época dos Adams, que eram inteiramente diferentes, e jamais houve nada como eles depois... a triste história dos Kennedy se assemelha tanto à dos Roosevelt quanto a reconhecidamente divertida e admonitória série *Dallas* se assemelha às peças históricas de Shakespeare.

Desde aquele momento, em 1898, em que TR subiu correndo as encostas de Kettle Hill (erroneamente conhecida como San Juan), até o dia 12 de abril de 1945, quando Franklin Roosevelt morreu, os Roosevelt ocuparam o centro do palco nacional. Além disso, durante praticamente metade desse período de cinqüenta anos, havia um Roosevelt ocupando a presidência. Depois, numa espécie de ponto final comovente, Eleanor Roosevelt, que ficara inteiramente sozinha, funcionou por dezessete anos como consciência de um mundo inteiramente diferente daquele de seu tio TR ou do de seu marido-primo, FDR.

Na era do condomínio e da *fast-food*, houve um declínio da família não apenas enquanto fato, mas também enquanto conceito. Embora supostamente continuem havendo tantos Roosevelt vivos hoje quantos havia há um século, agora eles são como todo mundo, vivem esparsos por aí, já não são tribais e sequer pertencem todos à mesma classe social. Atualmente os americanos podem mudar de classe (pelo menos descer na escala social) tão depressa quanto se mudam de cidade em cidade, ou de emprego em emprego. Um século atrás, um membro do patriciado simplesmente não podia deixar de pertencer a sua classe, por mais pobre que estivesse. Às vezes tinha permissão para se afastar da sociedade, como o irmão alcoólatra de TR, Elliott, para poder cultivar seus vícios, mas até Elliott continuou participando intensamente da família, enquanto a morte — e não os seus — não o retirou da classe a que pertencia.

Como disse um descendente de Theodore Roosevelt a David McCullough, autor de *Mornings on Horseback* (Cavalgadas Matinais), "Aparentemente, nenhum escritor parece ter entendido até que grau (TR) fazia parte de um clã". Um clã que estava percorrendo um caminho ascendente — social e financeiramente — na cidade de Nova York do século XIX. Em três gerações, os Roosevelt haviam passado do ramo das ferragens para vidro laminado à exploração da terra e negócios bancários (Chemical Bank). De modo geral, os Roosevelt daquela época eram um grupo solene, trabalhador, pouco inspirado, que, de acordo com o *New York World*, tinham uma tendência "a aferrar-se ao que é fixo e ao que é venerável". E aí, subitamente, surgiu desse clã de burgueses sólidos o irrequieto

Theodore e seus interessantes irmãos. Como se explica isso? *Cherchez la mère*, é a solução costumeira para o inesperado — para o bem e para o mal — na história de uma família.

Durante o último governo de Winston Churchill, um ministro foi encontrá-lo na sala do Gabinete, os olhos fixos numa manchete de jornal: uma de suas filhas fora presa, uma vez mais, por embriaguez. O ministro disse algumas palavras à guisa de consolo. Churchill grunhiu. O ministro teve a inspiração de perguntar: "Como é possível que uma Churchill possa acabar assim?". Ao que o velho respondeu: "Você se dá conta, pelo menos, do *que* ocorreu no período que vai do primeiro duque de Marlborough até *mim*?". No caso de Winston, era evidente que uma área de desastre genético fora alterada por uma mãe americana, Jennie Jerome, e no caso de Theodore Roosevelt por uma mãe sulista chamada Mittie Bulloch, uma mulher muito bonita, um tanto excêntrica, de quem todo mundo gostava, embora ela não fosse, para dizer pouco, uma representante da velha Nova York. Que nada: tinha orgulho de ser sulista e contava aos filhos histórias excitantes sobre os feitos da fanfarrona família, tanto na terra como no mar. Anos depois, todos concordariam que Theodore era mais Bulloch do que Roosevelt, exatamente como seu primo Franklin era mais Delano — pelo menos mais *Sara* Delano — do que Roosevelt.

O livro de Mr. McCullough pertence a um gênero novo e muito bem-vindo: o esboço biográfico. Edmund Wilson, em *Patriotic Gore* (Patriotismo Sangrento), e Richard Hofstadter, em *The American Political Tradition* (A Tradição Política Americana), eram praticantes bastante especializados dessa arte, mas, afinal de contas, de Plutarco a Strachey, trata-se de um estilo mais europeu do que americano. Ultimamente, o gênero da biografia, nos Estados Unidos, foi-se concentrando cada vez mais nas mãos dos acadêmicos: deixou de ser obra de escritores. O fato de que alguns acadêmicos escrevam de fato muito bem é perfeitamente verdadeiro, claro, e perfeitamente raro. A regra, agora, em se tratando de qualquer dos gloriosos fundadores de nossa república imperial, são as hagiografias de dez volumes. Hordas de estudantes de pós-graduação, sob a direção de um Capo investido de poder, passam anos colhendo todos os fatos conhecidos, mitos, estatísticas... Em seguida o Capo processa tudo no texto, como areia numa betoneira. O resultado é, literalmente, monumental — e ilegível. Até figuras menores como Ernest Hemingway e Sinclair Lewis foram aquinhoados com enormes volumes, nos quais todas as cartas, telegramas, discussões de bêbado, são transformados, a esmo, em memórias. "*Você* leria esse tipo de livro?", perguntei a Mark Schorer, levantando o alentado volume que ele escrevera sobre Sinclair Lewis. Ele piscou, levemente sobressaltado com minha falta de modos. "Bom", disse, suave, educado, "devo confessar que na verdade nunca *gostei* tanto assim do que Lewis escreveu".

Agora, somos brindados com livros como *Clover* (Trevo), de Otto Friedrich, e *Alice James*, de Jean Strouse: são uma espécie de nota-de-rodapé inteligente aos textos acadêmicos. Tenho a impressão de que esses esboços são da área da literatura, de um modo que *Sinclair Lewis*, de Schorer, e *Jefferson and His Time* (Jefferson e sua Época), de Dumas Malone, não são. O primeiro não passa de uma compilação competente, o segundo é uma hagiografia banal (reconheço que com notas-de-rodapé extremamente valiosas). Num certo sentido, o leitor de Malone *et al.* é obrigado a construir seu próprio texto a partir de matéria-prima disforme, enquanto o leitor de Strouse ou Friedrich recebe um trabalho acabado de literatura, que o abastece com uma visão idiossincrásica da questão de que trata o livro. *Mornings on Horseback* pertence a esse gênero: é um esboço dos pais, irmãos e irmãs de Theodore Roosevelt, e de sua mulher e dele próprio, até a idade de 28 anos. Mr. McCullough fez um trabalho excelente, rápido, ao retratar esse grupo familiar.

Infelizmente, ele segue a esteira do primeiro volume de Edmund Morris, *The Rise of Theodore Roosevelt* (A Ascensão de Theodore Roosevelt), deixando de lado a tradicional biografia acadêmica em dez volumes, chata, do 26º presidente dos Estados Unidos. Azar de Mr. McCullough. A obra de Morris, além de ser esplêndida, cobre o mesmo período de que trata Mr. McCullough, terminando alguns anos mais tarde, com a morte de McKinley. McCullough só é superior no retrato que faz da família, especialmente durante a mocidade de Theodore. Felizmente, o que é bom nunca é demais. Como a obra de Morris tem um ritmo diferente, mais longo, ele não chega a examinar de perto essas vidas menores, que moldaram — e de certa forma explicam — o personagem principal.

Theodore Roosevelt, pai, era um homem de boas obras, coisa que não interessava a sua mulher Mittie. "Ela não participava de suas obras, e as especulações sobre a vida futura, sobre a situação em que se encontra a alma da pessoa, especulações essas que aparecem na correspondência de Theodore... não estão presentes no que ela escreveu. Mittie não era exatamente uma agnóstica", escreve McCullough, mas numa época em que a sociedade organizada girava em torno da igreja, dá a impressão de ser mais do que levemente indiferente, ou, como escreveu sua própria mãe, "Se pelo menos ela fosse cristã, acho que eu poderia me sentir mais tranqüila".

A ausência de religião em Mittie teria um efeito duradouro em sua neta Eleanor, a futura Mrs. Franklin Delano Roosevelt. Em 1870, Mittie pôs a filha mais velha, Anna — conhecida como Bamie — numa escola para meninas em Fontainebleau, Les Ruches. A criadora da escola era Mlle. Marie Souvestre, "mulher de grande equilíbrio, extremamente culta, mas também uma agnóstica declarada... embora Bamie tenha ficado muito pouco tempo na escola, a influência de Mlle. Souvestre seria duradoura". É verdade. Na geração seguinte, a sobrinha de Bamie, Eleanor, também seria mandada para a escola de Mlle. Souvestre, que fora transferida para Allenwood, na Inglaterra. Uma das professoras da escola era Dorothy Bussy, irmã de Lytton Strachey, e autora pseudônima e epônima de

Olivia, por Olivia — uma história de *amitiés particulières* numa escola de meninas.

Bamie só se casaria aos 40 anos, enquanto a aversão de Eleanor pelo heterossexualismo durou a vida inteira (*"Eles* só pensam nisso", me disse ela uma vez, severa — e com certa imprecisão, pois nunca chegou a me dizer quem eram "eles" exatamente). Tudo indica que Mlle. Souvestre e sua escola merecem um estudo decente, antes que Roger Peyrefitte resolva se dedicar a essa tarefa. Não há dúvida de que Eleanor aprendeu bem a lição de Mlle. Souvestre: é *este* o mundo a que devemos nos dedicar e, se possível, melhorar. Eleanor não tinha paciência com transcendências. Seu tio TR também não. O futuro presidente escreveu a Bamie certa vez que ia se casar pela segunda vez (a primeira esposa morrera). Como é um homem extremamente moralista, está desgostoso consigo mesmo. Tanto que "se tivesse certeza de que há um paraíso, minha única prece seria para nunca ir para lá, para não encontrar as pessoas que amei na terra e que já morreram".

Um tema recorrente na crônica dessa família é a má saúde. Bamie tinha uma curvatura deformante da espinha. Elliott sofria, aparentemente, de ataques epiléticos. Depois morreu de alcoolismo aos 34 anos na rua 102 Oeste, assistido por uma amante. A fragilidade física geral de Theodore Jr. tornava-se intolerável devido à asma. McCullough fez um bom trabalho de pesquisa em asma, essa afecção nervosa tão debilitante e assustadora. "Freqüentemente se descreve a asma como um 'grito contido pela mãe' — um grito de raiva e ao mesmo tempo um grito de socorro". Os asmáticos vivem no constante terror do próximo ataque, que sempre dará a impressão de ser — e às vezes é — terminal.

Entre parênteses, não faz muito tempo encontrei o Sábio Picareta — no vestíbulo do Hotel Beverly Hills. Onde mais poderia ser? Ele já está muito velho, muito rico: é dono de metade de Encino. Embora já não assista a nenhum filme feito depois de 1945, continua controlando "o produto" de longe. Está por dentro de todas as transações. "Tem uma coisa engraçada", disse ele, assobiando devido ao enfisema, não asma. "Você sabe, todos esses jovens diretores quentes que eles arranjaram? Olha, não tem um que não seja uma bicha gorda louca por revólveres. E não tem um que não use óculos grossos assim, e não tenha asma." Mas antes que eu conseguisse que ele me passasse as informações essenciais, como costumava dizer Mrs. Wharton, o ex-editor-chefe de *Liberty* já o arrastara para outra sala.

Devo dizer que pensei nas palavras aforísticas do Sábio Picareta enquanto lia o relatório de Mr. McCullough sobre as crises de asma de TR, que em geral ocorriam num domingo "que na época vitoriana ainda era o dia do Senhor... único dia da semana em que o chefe da família estava em casa, pois não trabalhava...". O domingo também significava vestir-se para ir à igreja, coisa de que TR não gostava. Por outro lado, ele gostava de receber a atenção de todos, quando as crises cediam. Pai e filho acabaram se encantando com um tal Dr. Salter, que escrevera que "os órgãos são feitos para a ação, não para a existência; são feitos para *funcionar*, não para ser; e quando os órgãos *funcionam* bem, então também podem *ser* bem". Você precisa mudar de vida, disse o Apolo de Rilke. E foi isso o que o jovem TR fez: entrou numa academia, transformou-se num entusiasta da vida ao ar livre, tratou de reforçar seu corpo frágil. Em Harvard ele tinha 1,70 m de altura e pesava 57 kg. Mais alto ele não ficou, mas chegou a pesar cerca de 90 kg. Decididamente um tipo rechonchudo, mas vigoroso. Também usava óculos de lentes grossas; e gostava de revólveres.

À diferença desses delicados que atualmente fazem filmes violentos para homenagear aqueles que matam outras pessoas, Theodore era um delicado que não sabia que o era até o dia em que teve condições de fazer alguma coisa em relação a isso. Um dos detalhes é que nenhum dos irmãos Roosevelt freqüentou escola. Recebiam aulas em casa. Os meninos, aparentemente, não tiveram muito contato com outros garotos afora os que faziam parte da tribo. Quando Theodore foi para Harvard, pela primeira vez na vida via-se responsável por si mesmo. Só que nem em Harvard Mittie teria permitido que ele dividisse um quarto com outros rapazes. Ele tinha um apartamento numa casa particular; e um criado. No início, provavelmente, ficou surpreendido quando descobriu que os outros estudantes não gostavam dele; mas é preciso considerar o fato de que não estava acostumado a lidar com pessoas que não conhecia. Era muito pedante. Com 11 anos, escreve em seu diário: "Fiquei com dor de cabeça, aí Conie e Ellie fizeram a maior barulhada para fazer troça de mim, e riram quando reclamei".

Em Harvard, ele estava muito atento a quem era e quem deixava de ser um cavalheiro. "Sou o 19º da classe... Só há um cavalheiro à minha frente." Não fumava; só se embriagou numa ocasião: quando entrou no clube Porcellian (de estudantes grã-finos); manteve-se "puro" sexualmente. Era um jovem vivaz, enérgico, que falava depressa, engolindo as palavras, como se tivesse medo de não ter suficiente fôlego para dizer o que queria dizer. Adequadamente munido de óculos e revólver desde os 13 anos, gostava de atirar, e matava tantos animais quantos conseguia; também era um taxidermista de razoável habilidade. Lá pelo fim de sua carreira em Harvard, era aceito pelo que era: um nobre de Nova York não inteiramente destituído de encanto, que além disso era muito rico; tinha uma renda de 8.000 dólares anuais, cerca de 80.000 em dinheiro de hoje. Em seus últimos dois anos de Harvard, "as dívidas com roupas e o clube... somavam 2.400 dólares, quantia suficiente para uma família média americana viver durante seis anos".

Mais tarde, Theodore seria lembrado por um colega de turma como "uma piada... ativo, entusiástico, nada mais"; uma garota de sua geração afirmou: "ele não era um tipo atraente no começo". Eliot, presidente de Harvard, que se gabava de não conhecer ninguém, relembrava Theodore como um "fraco", um tanto superficial. Segundo Mr. McCullough, ele não fez "amizades masculinas duradouras" em Harvard, mas é preciso lembrar que, como tantos outros homens poderosos, tinha poucas ligações fora de sua família. No começo de sua vida, tinha um único amigo — Henry Cabot (conhecido como La-de-dah) Lodge, um delicado aristocrata de Boston muito parecido com ele.

A morte de seu pai o abalou muito; e a família se aproximou ainda mais. Depois Theodore se apaixonou e acrescentou um novo membro ao clã. Quando TR conheceu Alice Lee ela tinha 17 anos e ele, 19. "Está vendo aquela garota?", perguntou a Mrs. Robert Bacon numa festa. "Vou me casar com ela. Ela não vai querer saber de mim, mas *ela* vai ser minha". E foi. Anos depois, Mrs. Bacon diria: "Alice não queria se casar com ele, mas se casou". Casaram-se no dia 27 de outubro de 1880, no 22º aniversário de Theodore. Viveram felizes para sempre — durante quatro anos. Alice morreu do mal de Bright, pouco depois de dar à luz a filha; poucas horas antes, na mesma casa, Mittie morrera de febre tifóide. O duplo golpe transformou inteiramente a vida de Theodore. Foi para o Oeste ser fazendeiro, deixando a pequenina Alice com a irmã Bamie. Naquele mesmo ano, Elliott também foi pai, quando sua mulher, Anna Hall, deu à luz Eleanor.

Em 1876, quando a segunda administração do general Grant se desmanchou numa tempestade de escândalo e os ventos da reforma se fortaleceram, o grande senhor da corrupção no estado de Nova York, o senador Roscoe Conkling, observou com sua amargura característica: "Quando o Dr. Johnson definiu patriotismo como o último refúgio de um patife, deixou de considerar as imensas possibilidades da palavra reforma". Como os bons republicanos como Theodore Roosevelt, pai, não podiam suportar o que estava acontecendo com seu partido e com seu país, uniram suas forças para fazer uma limpeza no partido — e no país.

Na qualidade de membro da delegação de Nova York para a convenção do Partido Republicano em Cincinnati, Theodore, pai, contribuiu para impedir que Conkling e James G. Blaine, outro senhor da corrupção, fossem indicados para a presidência. Depois de muita confusão, o apagado mas impoluto Rutherford B. Hayes foi indicado. Embora Hayes não tenha sido exatamente *eleito* presidente, tornou-se presidente devido ao controle que o Partido Republicano exercia há muito tempo sobre todos os níveis de corrupção no país.

Aí o novo presidente ofereceu a Theodore, pai, a coletoria do porto de Nova York, um antro de proteções e roubalheira que durante alguns anos fizera parte dos domínios de Conkling. E continuou sendo: graças aos esforços de Conkling no Senado, Theodore, pai, foi recusado como responsável pela coletoria. Uma semana depois dessa rejeição, ele escreveu ao filho, em Harvard, para dizer-lhe que, afinal de contas, estava aliviado por não se ver na obrigação de "purificar nossa Alfândega". Estava feliz, entretanto, por ter lutado a boa luta contra os "políticos carreiristas", que "não têm nada de mais elevado para pensar senão seus próprios interesses. Temo por seu futuro. Não podemos suportar um governo tão corrupto por muito tempo mais". Essa foi a última carta que o filho receberia do pai. Dois meses depois, Theodore, pai, morreu de câncer, com a idade de 46 anos.

Embora TR adorasse o pai, não deu mostras de ter-se interessado muito pela política de reformas. Durante a batalha da coletoria, seu desejo era ser naturalista; depois pensou em escrever, e começou a dar forma ao que viria a ser, pelo menos é o que se diz, um estudo magistral sobre os primeiros anos da Marinha americana: *The Naval War of 1812* (A Guerra Naval de 1812). Também freqüentou a Faculdade de Direito de Columbia até 1881, quando foi eleito para a Assembléia estadual de Nova York. Tinha 23 anos; ativo e presunçoso como sempre.

Muito se dissera sobre como era surpreendente, original e nobre que um jovem e rico aristocrata entrasse na política sórdida do estado de Nova York. Na realidade, uma boa quantidade de jovens pertencentes à classe dirigente estava entrando na política, freqüentemente inspirados por pais que achavam, como Theodore, pai, que a nação não sobreviveria a tanta corrupção. De fato: ninguém menos que o jovem William Waldorf Astor fora eleito para a Assembléia (1877), enquanto, na família Roosevelt, o tio de TR, Rob, fizera parte do Congresso como representante do Partido Democrata. Nada indica que Theodore tenha entrado na política com algum outro desejo que não o de ter uma experiência excitante e subir até o topo. Não tinha nenhuma teoria de governo. Era, simplesmente, leal a sua classe, ou ao que chamava "os do nosso tipo", endossando a expressão. Achava os políticos da Tammany* repelentes, por razões físicas e sociais, assim como políticas.

Diga-se em favor de TR que ele não fez nenhum esforço para ser figura central no partido; ao contrário. Fazia o papel de elegante da cidade, com toda a convicção. Chegou à sua primeira reunião de líderes políticos, em Albany, segundo uma testemunha ocular, "como se tivesse sido ejetado por uma catapulta. Estava vestindo um casacão enorme... e tirou o casaco; estava usando traje de rigor; fora jantar em algum lugar...". Mesmo naquela época, sua voz de timbre agudo e seu sotaque de grã-fino eram a alegria dos imitadores, exatamente como a voz de sua sobrinha Eleanor — tão parecida com a dele —, que seria imitada durante cinqüenta anos. Nos meios de imprensa era conhecido por diversos nomes: "Jane-Dandy", "Vossa Alteza", "Oscar Wilde", "o requintado Mr. Roosevelt". Mas ele estava muito acima de todos esses epítetos. Estava com pressa de... fazer o quê?

McCullough cita a descrição que faz Henry James de um personagem semelhante em *The Bostonians* (publicado cinco anos depois que Theodore entrou na política): "Ele estava cheio de intenção de viver... e com alta dose de sucesso; de tornar-se

(*) Tammany Hall: a máquina eleitoral do Partido Democrata, existente do século XIX até a década de 1960. (N. C.)

grande, para não ser obscuro, e poderoso, para não ser inútil". Em matéria de política é a personalidade, mais do que as idéias, que define o sucesso; e o tipo certo de personalidade, somado a uma alta dose de energia, pode tornar-se uma coisa irresistível. Embora TR fosse o mais literário de nossos presidentes pós-Guerra Civil, sua mentalidade era mais sensível ao fato do que à teoria. Tal como o pai, era contra a corrupção e os políticos carreiristas, e a coisa ficava praticamente por aí — até que conheceu Samuel Gompers, um jovem sindicalista em ascensão. Gompers mostrou ao elegante os cortiços de Nova York; fez com que ele visse como os imigrantes eram obrigados a viver, fazendo trabalhos esgotantes, como confeccionar charutos para firmas ricas. TR planejara opor-se a um projeto de lei que a Federação dos Fabricantes de Charutos apoiara, proibindo a manufatura de cigarros "em casa". Afinal de contas, TR era um homem do *laissez-faire*; já se opusera à proposta de um salário mínimo de 2 dólares por dia para os empregados municipais. Mas o passeio pelos cortiços chocou o elegante a tal ponto que ele acabou apoiando o projeto de lei do charuto.

TR também começou a entender como, exatamente, os Estados Unidos eram governados. Como era de se prever, descobriu que o repugnante Jay Gould era o centro de uma teia que envolvia não só financistas, mas também juízes e proprietários de jornais, além de, para seu horror, pessoas que conhecia socialmente. Ele conta como um amável amigo da família, alguém a quem ele se referia como "membro de uma destacada firma de advocacia", explicou a ele os fatos da vida. Já que *todos*, mais ou menos abertamente, tinham negócios com tipos da laia de Jay Gould, TR foi aconselhado a desistir "de brincar de reforma" e a se acomodar na posição de membro representativo da classe dominante (enquanto opositora da classe governante) da cidade. Esse era o tipo de conselho que sem a menor sombra de dúvida resultaria em uma furiosa movimentação por parte de TR. Finalmente ele encontrara o papel de Horácio-na-ponte que andava procurando. Enfureceu-se contra os poderes vigentes e cunhou uma famosa expressão: "a classe criminosa abastada". Nem é preciso dizer que ele não chegou a lugar nenhum nessa batalha específica, mas com 26 anos já construíra fama nacional — o que era, na realidade, o objetivo do exercício. Também provara, mais uma vez, que não se deixava dobrar, *que não era sissy*, e que tinha o que Mark Sullivan denominaria de "um toque de impiedosa honradez".

Em 1884, TR compareceu como delegado à convenção republicana, onde, mais uma vez, James G. Blaine era candidato à indicação. Tal como seu pai antes dele, TR uniu-se aos que eram favoráveis a reformas; e juntos fizeram o possível para eliminar Blaine; mas dessa vez o magnífico velho trapaceiro acabou conseguindo a indicação, para depois perder a eleição para Grover Cleveland. Mas à época em que Cleveland foi eleito, o jovem viúvo e ex-membro da Assembléia já estava brincando de *cowboy* em Dakota. Imediatamente antes de desaparecer nos ermos, TR tomara a decisão que se verificaria ser a mais importante de sua carreira. Em 1884, os republicanos favoráveis a reformas haviam recusado seu apoio a Blaine, assim como em 1968 os democratas contrários à guerra deixariam de apoiar Hubert Humphrey. Mas TR já se decidira por ter uma carreira política grandiosa, e assim, friamente, endossou a indicação Blaine: "Chamaram-me de reformista, mas sou um republicano". Devido a essa exibição de solidariedade com o partido, ele deixou de lado a opinião decente dos reformistas e ganhou a presidência. Poderia ter obtido as duas coisas, mas isso teria exigido coragem moral, coisa que ninguém tinha lhe explicado.

Dê um revólver a um delicado e ele vai matar tudo o que estiver à sua frente. O massacre de animais realizado por TR em Dakota deixa muito para trás as matanças do delicado de uma época posterior, Ernest Hemingway. Alces, ursos-pardos, veados de cauda negra, todos são mortos alegremente, enquanto um filhote de urso é alvejado, como relata TR, orgulhoso, "atravessado por um tiro... de ponta a ponta" (ninguém tinha inventado, ainda, o ursinho de pelúcia*). "Meu Deus, como isso é divertido!" TR continuava sendo o esnobe de sempre, pelo menos em sua linguagem: "Ele se imortalizou ao longo do Little Missouri porque gritava para um de seus vaqueiros: 'Avance rapidamente até aqui!' ". Anos mais tarde, ele escreveu: "No início eu ficava com medo de diversos tipos de coisas, desde ursos-pardos até cavalos 'bravos' e pistoleiros; mas, agindo como se não tivesse medo, gradualmente parei de sentir medo".

Há alguma coisa de estranhamente infantil nessa obsessão pela falsa coragem física, quando a única coragem que importa em política, ou mesmo na vida "real", é a moral. Embora TR fosse muitas vezes arrojado e invariavelmente dominador em política, nunca mostrou muita coragem real; a despeito de ter dobrado alguns trustes, nunca atacou o grande círculo de corrupção que mandava e ainda manda no país. Ora, ele já nascera fazendo parte disso tudo. No máximo, não foi mais do que um elegante nessa questão de reformas. Por sorte, a área das relações exteriores iria trazer-lhe glória. Tal como Lincoln foi o Bismarck dos estados americanos, Theodore Roosevelt foi o kaiser Guilherme II, um personagem mais afortunado e inteligente do que o kaiser, mas tão belicoso e convencido quanto ele. Edith Wharton descreveu o orgulho de TR ao mostrar-lhe uma fotografia dele próprio com o kaiser, com a seguinte dedicatória do kaiser: "O presidente Roosevelt mostra ao imperador da Alemanha como comandar um ataque".

Uma vez perguntei a Alice Longworth por que, exatamente, o pai dela gostava tanto de guerras. Ela disse que ele não

(*) No original *Teddy bear*, ursinho de pelúcia, embora no início um desenho popularizado mostrando Theodore Roosevelt (Teddy) salvando um filhote de urso. (N. C.)

gostava. Citei para ela a máxima do pai: "Nenhum triunfo da paz é tão grande quanto o supremo triunfo da guerra". Sentimento que seria partilhado por outro delicado da geração seguinte: "*Meglio un giorno da leone che cento anni da pecora*".* "Ora", disse ela, "era assim que todos eles falavam naquele tempo". Mas nem todos falavam assim. Certamente Theodore, pai, ficaria desolado, e duvido que Eleanor aprovasse realmente as provocações de guerra de tio Teddy.

Como presidente, TR falava alto e andava com um porrete de bom tamanho. Quando a Colômbia resistiu a entregar-lhe a terra de que necessitava para construir um canal, ele ajudou a inventar o Panamá num pedaço da Colômbia; e conseguiu seu canal. Também deu aos Estados Unidos a função de ser o policial do Hemisfério Ocidental. Para conseguir estabelecer a hegemonia americana no Pacífico, TR presidiu a última fase da matança de mais de meio milhão de filipinos que alimentavam a ilusão de que depois da guerra hispano-americana teriam liberdade para instaurar uma república independente, sob a liderança de Emilio Arguinaldo. Mas TR tinha outros planos para os filipinos. O bondoso Mr. Taft foi nomeado governador-geral, e mil professores de inglês, americanos, foram enviados para as ilhas com a missão de ensinar aos nativos a língua dos dominadores.

Enquanto isso, na trilha da rebelião boxer, a "política de abertura" de TR para a China tinha seus altos e baixos. Em 1905, os chineses boicotaram as mercadorias americanas devido à política americana de imigração, mas os Estados Unidos ainda tinham condições de estabelecer o tipo de cabeça de ponte em algum litoral do continente asiático que teria provocado o que TR consideraria uma bela e divertida guerra com o Japão. Aqueles, dentre nós, que se viram envolvidos naquela guerra não estavam achando tanta graça.

(*) "Melhor um dia de leão que cem dias de ovelha". (N. R.)

Em 1905, o mundialmente famoso Henry James chegou em triunfo em Washington. Era amigo do secretário de estado John Hay e de Henry Adams. "Theodore Rex", como James chamava o presidente, sentiu-se obrigado a convidar o Mestre para ir à Casa Branca, mesmo depois de tê-lo denunciado como "exaurido" e "esnobezinho miserável" (é preciso ser um, para poder reconhecer), enquanto James achava que TR era "um chauvinista perigoso e sinistro". Mas o jantar foi um sucesso. James descreveu o presidente como uma "maravilhosa maquinazinha... muito emocionante de se ver. Mas que na realidade é como alguma coisa que está por trás de uma grande vitrina da Broadway". TR continuou odiando "o tom de cinismo sarcástico" de Henry James e de Henry Adams, enquanto o Mestre por fim deixou de lado o presidente, "mera personificação monstruosa de um ruído sem precedente e retumbante".

Alice Longworth costumava vangloriar-se dizendo que ela e o vice-rei de seu pai, Taft, haviam sido os últimos ocidentais a serem recebidos pela imperatriz da China. "Fomos a Pequim. À Cidade Proibida. E lá fomos levados à presença daquela estranha senhora, idosa e pequenina, em pé no fundo de um salão. Não houve inclinações nem rapapés especiais para nós. Fomos andando ao longo do salão logo atrás do camarista, um eunuco, como aqueles que aparecem em seu livro, *Justinian*, que ia escorregando atrás da barriga em direção a ela. Depois de nos anunciar, ela lhe aplicou um pontapé e ele rolou sobre o corpo como um cachorro e resvalou para fora". Sobre o que tinham conversado? Ela não se lembrava. Tenho a impressão de que ela até que gostava da maneira como a imperatriz tratava seus oficiais.

Nos anos anteriores à Segunda Guerra, Alice faria parte de um retângulo matrimonial. Como o coração tem suas razões, Alice achou conveniente manter um longo caso com o corrupto senador William Borah, o assim chamado Leão de Idaho, que certa vez rugira: "Prefiro estar certo a ser presidente", diante do que meu avô murmurara: "Claro, ele não foi nenhum dos dois". Em 1940, quando o pobre e supostamente virtuoso Borah morreu, várias centenas de milhares de dólares foram encontradas em seu cofre. De onde saiu o dinheiro?, perguntava a imprensa. "Ele era meu amigo", dizia o senador Gore para efeito de consumo público. "Não faço especulações." Mas quando lhe perguntei quem comprara Borah, a resposta foi direta. "Os nazistas. Para que ficássemos fora da guerra." Enquanto isso, o marido de Alice, o presidente da Câmara, Nicholas Longworth, mantinha um feliz envolvimento com Mrs. Tracy (outra Alice) Dows.

Um tanto tardiamente na vida, Alice Longworth deu à luz sua única filha. Em *The Making of Nicholas Longworth* (A Formação de Nicholas Longworth), escrito pela irmã de Longworth, Clara de Chambrun, existe uma fotografia comovente de Longworth, tendo nos braços uma criança cujas feições, sem sombra de dúvida, eram as de um filhote de leão. "Eu deveria ter sido avó, não mãe", costumava dizer Alice em relação à filha. Ela tinha tão pouco instinto maternal em relação a sua única filha quanto TR tivera instinto paternal em relação a ela. Quando Nicholas Longworth morreu, em 1931, Alice Dows contou-me como Alice Longworth se comportara. "Ela me pediu que fosse com ela no trem particular que levou Nick de volta para Ohio. Ah, foi muito comovente. Especialmente a maneira como Alice me tratava, como se *eu* fosse a viúva, coisa que eu suponho que era". Ela fez um intervalo. Em seguida o belo rosto, de queixo quadrado, abriu-se num sorriso, e ela usou a frase eduardiana: "De matar*".

Quando Alice Dows morreu, deixou-me vários de seus livros. Entre eles estava *The Making of Nicholas Longworth*, que recém-acabei de ler. É um relato afetuoso, sem muito interesse, sobre alguém que deve ter sido um homem simpático, não muito interessante. Na página onde Alice Dows faz sua aparição,

(*) *Too Killing*, no original. (N. T.)

"certa noite em casa de Mrs. Tracy Dows...", ela havia colocado um trevo de quatro folhas, agora muito esmaecido: belo símbolo para um grupo de sorte.

Na era eletrônica, o hábito de escrever cartas declinou, e só quem tem diário são os assassinos solitários toscos, doidos, que se sentem obrigados a relatar, em todos os detalhes clínicos, como são loucos e solitários enquanto se preparam para assassinar líderes políticos. Com exceção de Christopher Isherwood, não consigo lembrar de nenhuma personalidade literária contemporânea que tenha mantido um diário durante quase toda a vida. *Os Diários de Anaïs Nin*, naturalmente, eram a ficção de Anaïs. Por sorte, os Roosevelt da era pré-eletrônica e seus amigos escreviam incontáveis cartas, diários e livros, e Mr. McCullough realizou um belo trabalho de seleção. Sentimo-nos especialmente gratos por trechos dos escritos de Elliott Roosevelt, um escritor mais natural e cativante do que seu industrioso, mas nem sempre feliz, irmão mais velho. O estilo do próprio Mr. McCullough é fácil a ponto de chegar à incoerência. *"The horse he rode so hard day after day that he all but ruined it"**, parece mais um ditado aleatório do que inglês escrito. Mas, no final das contas, ele conseguiu mostrar-nos como um determinado mundo, agora perdido, moldou o jovem Theodore Roosevelt. Acho que vale a pena chamar a atenção para o fato de a Simon and Schuster ter conseguido produzir o pior conjunto de provas que jamais li. São tantos os erros de ortografia que é impossível fazer uma idéia das tentativas de TR de escrever corretamente; além disso, há duas páginas inteiramente em branco.

Agora que a guerra é uma coisa em que os que nada pensam podem voltar a pensar, Theodore Roosevelt deveria ter um renascimento. Não há dúvida de que a nova direita achará seu nacionalismo atraente, embora seu ataque aos trustes esteja fa-

(*) O cavalo que ele montou tanto dia após dia que quase acabou com ele.

dado a provocar uma dose menor de prazer na Honorável Sociedade da Mão Invisível. O personagem que emerge dos textos tanto de Mr. McCullough quanto de Mr. Morris é ao mesmo tempo fascinante e repelente. Theodore Roosevelt era um delicado americano clássico, que compensou — ou pareceu compensar — sua fragilidade física através de atividades "másculas", dentre as quais a mais excitante e enobrecedora era a guerra.

Enquanto político-escritor, Theodore Roosevelt se parece muito com Winston Churchill e com Benito Mussolini. Os três tinham tanto de jornalistas quanto de políticos. Os três eram delicados transformados em exibicionistas. O nada tolo Churchill, o mais simpático dos três, certa vez confessou que, se ninguém estivesse olhando, bem que ele teria gostado de sair correndo e ir embora durante uma escaramuça da guerra Boer. Os três eram românticos, apaixonados pela noção de glória terrena, em voga no século XIX, maravilhosamente personificada por Napoleão Bonaparte, cujo desejo de acabar com *seus* superiores biológicos foi causa de uma tal carnificina de homens-alfa que o soldado médio francês de 1914 era notoriamente mais baixo do que o soldado de 1800 — belo feito para um carinha gorducho de 1,60 metros de altura — e que, para sermos justos, não sofria de asma.

Agora que nosso melancólico século está chegando ao fim, podemos afirmar com relativa segurança que, independentemente dos engodos e tormentos que estão à nossa espera, nunca mais veremos ninguém como *eles*. Analistas de computador sem rosto e leitores de *teleprompter* sem mente presidirão nosso ruidoso e brilhante encerramento.

The New York Review of Books, 13 de agosto de 1981

UMA NOTA SOBRE ABRAHAM LINCOLN

Em *Patriotic Gore* (Patriotismo Sangrento), Edmund Wilson escreveu: "Há momentos em que nos sentimos tentados a achar que a coisa mais cruel que aconteceu com Lincoln desde que foi alvejado por Booth foi cair nas mãos de Carl Sandburg". O falecido Mr. Sandburg era um animador público de primeira ("Que-ru-sei-ni!", entoou, num dos primeiros anúncios de jatos na televisão — banjo nos joelhos, cabelos brancos desgrenhados), um poeta de segunda (quem é que poderia esquecer daqueles nevoeiro de pés felino?) e um biógrafo de péssima qualidade. Infelizmente, o sucesso de sua obra em quatro volumes, *Abraham Lincoln: the War Yars* (Abraham Lincoln: os Anos de Guerra), foi total. No decurso de vários milhões de palavras desajeitadamente reunidas, Sandburg conseguiu reduzir um dos homens mais interessantes e sutis da história mundial a um chatíssimo boneco de cera da Disneylândia, bem parecido com... é, com o próprio Carl Sandburg.

O verdadeiro Lincoln não está ali. Poderá ser encontrado em seus próprios escritos, pelas pessoas capazes de ler prosa antiga. Segundo o sócio em advocacia de Lincoln, William Herndon: "Ele era o pensador mais contínuo e severo da América. Lia pouco, mas com um objetivo. A política era o seu Paraíso e a metafísica, o seu Inferno". Lincoln leu e releu Shakespeare; estudou os comentários legais de Blackstone. E pronto. As biografias o entediavam; não lia romances. Mesmo assim, de alguma maneira (através de um pensamento continuado e severo?), tornou-se um mestre de nossa difícil língua, e a estranha música de suas frases não se parece com a de ninguém mais — com a possível exceção de Walt Whitman num dia bom e não choroso.

A principal fonte sobre a vida pré-presidencial de Lincoln é Herndon. Durante dezoito anos os dois foram amigos íntimos, além de colegas; viajaram juntos por Illinois; dividiram um escritório em Springfield. Depois que Lincoln foi assassinado, Herndon começou a coletar todos os retalhos de informação que conseguia encontrar sobre seu amigo abatido. Diferentemente da maioria dos associados dos grandes, Herndon não estava interessado em diminuir Lincoln; tampouco queria ganhar dinheiro. Na realidade, Herndon cedeu generosamente a todo e qualquer biógrafo não só suas lembranças pessoais de Lincoln como as notas que havia compilado durante a longa pesquisa que desenvolvera sobre os antecedentes um tanto obscuros de Lincoln. Como se dizia que Lincoln era ilegítimo, Herndon falou com as pessoas que haviam conhecido sua mãe, Nancy Hanks, e o marido dela, Thomas Lincoln. Uma testemunha ocular contou a Herndon que Thomas (avistado nadando no velho poço) era privado de algumas das partes indispensáveis para a propagação da espécie. Depois de estudar todas as provas, Herndon concluiu que Thomas devia ter dado a partida inteiramente equipado, e que portanto tinha condições de engendrar Abraham com Nancy Hanks, que, conforme o próprio Lincoln, era ilegítima: "filha de um Grande da Virgínia". Os românticos sugeriram diversas vezes que o pai de Nancy era John C. Calhoun. Mas se Lincoln sabia quem era seu verdadeiro avô, nunca contou a Herndon.

O Lincoln de Sandburg-monte Rushmore é um velho solene e taciturno, que fala apenas em pentâmetros iâmbicos, sempre com uma lágrima no canto do olho — resultado, sem dúvida, de ser seguido por toda parte pelo Coro do Tabernáculo

Mórmon, que cantarola sem cessar às suas costas "O Hino de Guerra da República", enquanto a futura embaixadora Shirley Temple Black se joga em seus braços. O Lincoln oficial é cálido, gentil, tímido, modesto... tudo o que um grande homem deve ser na terra de Sandburg, mas que nunca é na vida real. Como diz o secretário de Lincoln, John Hay: "Nenhum grande homem é modesto. O que homens como Chase e Summer nunca puderam perdoar nele foi sua arrogância intelectual e sua presunção inconsciente de superioridade".

O Lincoln da realidade era frio e ponderado, meditativo e brilhante. Na vida particular não tinha amigos íntimos, com exceção de Herndon — e o relacionalmento dos dois chegou ao fim quando ele subiu à presidência. Em família, Lincoln era extremamente dedicado a Mary Todd — uma mulher de inteligência excepcional, que enlouqueceu; e mimava os filhos. O Lincoln particular se resumia a isso. O resto era público.

O talhador de dormentes Abe, o honesto, foi uma criação do que deve ter sido a primeira campanha completa de relações públicas de um político. Lincoln nasceu pobre, assim como muitos advogados de sucesso do lugar de onde ele veio. Quando foi eleito presidente, já tinha se tornado um advogado bem-sucedido, representante tanto dos interesses da ferrovia como dos do homem comum. Desde o início, Lincoln sabia que de alguma maneira seria um grande homem. "Sua ambição", escreveu Herndon, "era um motorzinho incansável."

Herndon tinha seus preconceitos. Não gostava de Mary Todd; e tende a exagerar o mau humor dela e a aumentar a história do amor de Lincoln por Anne Rutledge, uma questão altamente duvidosa. Geralmente, quando Herndon repete histórias de segunda mão, afirma que eram isso. Quando fala com conhecimento de primeira mão, é confiável.

Para muitas pessoas nascidas e renascidas no espaçoso regaços de Jesus, será um choque terrível saber que Lincoln não só rejeitou o cristianismo como escreveu um opúsculo chamado

"Infidelidade" (com o sentido de falta de fé em Deus). Lincoln "leu seu manuscrito a Samuel Hill, seu patrão, (que) disse a Lincoln: 'Lincoln, deixe-me ver seu manuscrito'. Lincoln entregou o manuscrito a ele. Hill enfiou-o num fogão de estanho e o livro ardeu todo. Naquele produto Lincoln tentava mostrar que a Bíblia era falsa: primeiro sobre a base da razão, e segundo porque era contraditória nela mesma; que Jesus era tão filho de Deus quanto qualquer outro homem". Mais tarde, durante o mandato presidencial, Lincoln foi pressionado para começar a incluir Deus em seus discursos. No começo ele fez isso, no sentido vago de Todo Poderoso ou do Paraíso. Mais tarde há um bocado de Deus nos discursos, mas nenhuma menção a Jesus. No fundo, Lincoln era um fatalista, um materialista da escola de Demócrito e Lucrécio.

Os fiéis da escola de história monte Rushmore gostam de pensar que o homem verdadeiramente grande mantém-se virgem até a noite de núpcias; depois disso, é um monógamo convicto. Aparentemente, Lincoln era mesmo "fiel como aço" a Mary Todd, mesmo que, segundo Herndon, "eu tenha visto mulheres cortejando-o e tenha visto Lincoln rejeitá-las ou repeli-las. Lincoln tinha paixões terrivelmente fortes por mulheres, tinha a maior dificuldade em ficar com as mãos longe delas, mas mesmo assim tinha honra e uma forte determinação, o que lhe deu condições de extinguir os fogos de sua terrível paixão". Mas em sua mocidade queimara-se gravemente nesses fogos. Na era anterior à penicilina, a sífilis era epidêmica — e, em geral, incurável. Segundo Herndon: "Por volta do ano de 1835-36, Mr. Lincoln foi a Beardstown e no curso de uma paixão diabólica teve contato com uma moça e contaminou-se com a doença. Lincoln contou-me isso...". Mais tarde, depois de um cerco prolongado, Lincoln foi curado, se é que se curou, por um certo Dr. Daniel Drake, de Cincinnati.

Herndon suspeitava que Lincoln poderia ter passado sífilis para Mary Todd. Isso poderia explicar as mortes prematuras dos três filhos do casal: "Pobres meninos, agora estão mortos, já não existem! Eu gostaria de *saber* uma coisa, que é a seguinte: Qual foi a causa da morte dessas crianças? Tenho uma opinião que nunca comunicarei a ninguém". É o que Herndon diz para todo mundo. A autópsia de Mary Todd revelou uma deterioração física do cérebro, compatível com paresia. Se Lincoln passara sífilis para a mulher e se, inadvertidamente, causara a morte de seus três filhos, os ataques de melancolia tornam-se compreensíveis — e insuportavelmente trágicos.

O Lincoln público fora tão mitologizado quanto o Lincoln da intimidade. Enquanto membro do Congresso, opusera-se à guerra de 1846 com o México — um negócio sórdido que nós detonamos para apropriar-nos de novos territórios. Num discurso que o atormentaria treze anos mais tarde, ele declarou: "Qualquer povo, em qualquer lugar, que tenha vontade e poder, tem o direito de se sublevar e de derrubar o governo vigente e de formar um novo governo mais conforme a seus desejos... Qualquer porção desse povo que tenha condições, pode revolucionar a porção de território que habita e apropriar-se dela." Quando o Sul resolveu seguir o conselho do congressista Lincoln, o presidente Lincoln disse que eles não podiam. Ao ser confrontado com sua declaração de 1848, observou, um tanto desajeitado: "Seria difícil para vocês terem grande consideção por um homem que não fosse mais sábio hoje do que era ontem".

Embora uma pequena parte do país, em 1860 (e todos da escola monte Rushmore desde então), desse como certo que a questão central da Guerra Civil fosse a abolição da escravatura, a questão de fato era a preservação da União. Lincoln assumiu a posição de que o Sul não podia sair da União. Quando os estados do Sul disseram que tinham todo o direito de fazê-lo, Lincoln deu a seus argumentos um tom positivamente místico: a União era um absoluto que devia ser preservado a qualquer custo. Quanto à escravatura: "Se a escravatura não está errada, então nada mais está errado", disse. Mas: "Se puder salvar a União sem libertar nenhum escravo, farei isso. Se puder salvar a União libertando alguns e não tocando em outros, farei isso".

O que aconteceu é que no terceiro ano de sua administração, ele libertou todos os escravos nos estados que se haviam rebelado, mas manteve a escravatura nos estados fronteiriços que haviam permanecido leais à União. O mundo não engoliu essa muito bem. Mas Lincoln sabia o que estava fazendo: primeiro a União; depois a abolição.

No início de sua administração, Lincoln adquiriu terras na América Central para os negros recém-libertados. "Por que", disse ele a uma delegação negra, "os povos da raça de vocês deveriam ser colonizados, e onde? Por que deveriam sair deste país? Esta é, talvez, a primeira questão a ser adequadamente considerada. Vocês e nós somos de raças diferentes. Separa-nos uma diferença maior do que a existente entre praticamente quaisquer outras duas raças. Se isso está certo ou errado, eu não preciso discutir; mas essa diferença física é uma grande desvantagem para vocês e para nós, em minha opinião. A raça de vocês passa por grandes sofrimentos, muitos dentre vocês sofrem pelo fato de viverem entre nós, enquanto a nossa raça sofre devido à presença de vocês. Numa palavra, sofremos dos dois lados. Se isso for admitido, temos uma razão, pelo menos, para que devamos separar-nos". Embora Lincoln estivesse em sua melhor forma dialética, os negros não queriam sair de um país que, enquanto escravos, tinham ajudado a construir. Lincoln não tinha nenhuma outra solução para o problema.

O verdadeiro Lincoln era um político extraordinário. Sabia quando esperar, sabia quando agir. Tinha o dom de formular, da maneira mais memorável, idéias cuja hora chegara, aparentemente, naquele exato momento. Também era capaz de equilibrar os opostos com a mais apurada justiça. Quando a guerra estava chegando ao fim, ele disse: "Nenhum lado esperava que a guerra tivesse a magnitude e a duração que já atingiu. Nenhum previa que a causa do conflito pudesse cessar ao mesmo tempo, ou até antes que o próprio conflito cessasse.

Ambos queriam um triunfo mais fácil e um resultado menos fundamental e surpreendente. Os dois lêem a mesma Bíblia e oram para o mesmo Deus; e cada um invoca sua ajuda contra o outro. Pode parecer estranho que algum homem ouse pedir o auxílio de um Deus justo para extrair seu pão do suor do rosto de outros homens; mas não julguemos, para não sermos julgados. Era impossível atender às preces dos dois lados — e nenhuma delas foi inteiramente atendida...".

Como que para ele mesmo: "Tenho o pressentimento de que não vou sobreviver à rebelião. Quando ela chegar ao fim, meu trabalho estará concluído." O trabalho estava concluído; e ele também. Mas durante um século a invenção de Lincoln, a nação-estado americana, floresceu. Agora, que as coisas estão começando a se desmantelar, o avatar de Lincoln terá um trabalho difícil, restaurando o monumento que danificamos tão ineficazmente, a União — ou encontrando alguma coisa melhor para pôr em seu lugar.

The Los Angeles Times, 8 de fevereiro de 1981

SEXO É POLÍTICA

"Mas o senhor não pode* ser favorável à publicação de pornografia!" Quando você ouve alguém dizer *do not* em vez de *don't*, sabe que está ou no tribunal ou na televisão. Eu estava na televisão, sendo entrevistado por dois homens — ou pessoas, como se diz hoje em dia. Um deles era um conservador, representando a opinião decente de metade do país. O outro era um reacionário, representando a opinião decente de metade do país.

"Claro, sou a favor de que se publique..."

"O senhor é *a favor* da pornografia?" O reacionário estava aflito, estarrecido, enojado.

"Eu disse que sou a favor da *publicação* de pornografia..."

"Mas qual é a diferença? Quer dizer, entre ser a favor da publicação de pornografia e ser a favor da pornografia?"

O conservador estava confuso. "Se eu, pessoalmente, gosto de pornografia ou deixo de gostar, é uma coisa absolutamente sem importância." A televisão é um grande nivelador. Você sempre acaba falando como as pessoas que fazem as per-

(*) "*You do not mean...*", no original; a forma não abreviada da negação "*do not*", além de ser mais formal, pode dar à frase uma conotação pretensiosa. (N. T.)

guntas. "A liberdade de publicar *qualquer coisa* está garantida pela Primeira Emenda à Constituição. É lei. Se eu, você, ou qualquer outra pessoa, gosta do que é publicado é" — repetição a caminho. Eu estava cansado — "é, ahn... coisa sem importância. A Primeira Emenda garante-nos o direito de dizer, escrever e publicar o que quisermos..."

Antes que eu tivesse tempo de fazer as exceções de praxe em relação à calúnia, à divulgação de movimentos de tropas em tempos de guerra, e ao homem ou pessoa que grita fogo sem ser verdade num teatro apinhado (todos os absolutos são relativos debaixo do sol), o conservador atacou. "Mas", disse ele, de olhos brilhantes devido ao que parecia ser profunda emoção, mas que na realidade era colírio, "os fundadores dos Estados Unidos" — fez uma pausa reverente; olhou para mim com sinceridade; e percebeu, infelizmente, que eu estava de olhos fixos na borda de sua peruca (a metade dos homens que aparecem profissionalmente na televisão são carecas; por que será?). Nervosamente, tocou a testa com os dedos e continuou — "da América queriam liberdade de palavra apenas para... ahn... a política."

"Mas sexo é política", comecei... e terminei.

Fui alvo de dois olhares vazios de expressão. Seria a mesma coisa se eu tivesse dito que a heresia pelagiana nunca criará raízes na parte sul do território Amish. Nem o conservador nem o reacionário jamais tinham ouvido dizer uma coisa daquelas antes, e eu sabia que nunca seria capaz de explicar-me em profundidade nos sete minutos que restavam de tempo no ar. Aquela peruquinha também estava me distraindo. Ajeitei-a mentalmente. Empurrei-a mais para trás na cabeça dele. Não gostei do resultado. Tentei um pouco mais para frente. Enquanto isso, falávamos de Questões Importantes. Eu disse que achava que não era uma boa idéia as pessoas importunarem as crianças. Era só dissimulação: meu herói secreto é o falecido rei Herodes.

Sexo é política.

Um ou dois anos se passaram desde esse encontro na televisão; quase diariamente fui lembrado do fato de que não só sexo é política como — direta e indiretamente — o sexo foi um tema de importância básica nas eleições deste ano. A Emenda dos Direitos Iguais, aborto, homossexualismo, são assuntos candentes que afetam não só o processo político como também a vida privada de milhões de pessoas.

As atitudes sexuais de qualquer sociedade são resultado de decisões políticas. Em certas sociedades militaristas (a Legião Sagrada de Tebas, o sistema espartano, de amiguinhos), as relações homossexuais foram estimuladas porque os pares de amantes dedicados supostamente lutariam com mais vigor do que recrutas relutantes. Nas sociedades onde é preciso obrigar grandes massas de pessoas a fazerem trabalhos que não desejam fazer (construir pirâmides, trabalhar na linha de montagem de Detroit), o casamento precoce é estimulado com base na sensata suposição de que se um homem casado é despedido, sua mulher e seus filhos também vão passar fome. Essa implacável realidade contribui para a docilidade.

Embora as noções que temos sobre o que constitui um comportamento sexual correto apóiem-se geralmente em textos religiosos, esses textos são invariavelmente interpretados pelos governantes com o objetivo de manter os governados sob controle. Qualquer atividade sexual, intelectual, recreativa ou política que possa diminuir a quantidade de carvão extraído de uma mina, o número de pirâmides construídas, a quantidade de comida de má qualidade produzida, será proscrita através de leis que, por sua vez, apóiam-se em revelações divinas passadas aos homens por qualquer deus ou deuses eventualmente em moda no momento. As religiões são manipuladas para servir àqueles que governam a sociedade, e não o oposto. Esse pensamento é absoluta novidade para a maior parte dos americanos, tenham eles sido banhados uma, duas, ou nenhuma vez no Sangue do Cordeiro.

Tradicionalmente, o judaico-cristianismo só sacramentou

o sexo quando praticado entre homens e mulheres unidos através de uma cerimônia religiosa de casamento. Os recém-casados recebiam a instrução de ter filhos, que, por sua vez, cresceriam e teriam mais filhos (o reverendo Malthus preocupava-se com essa pirâmide invertida), que continuariam servindo à sociedade como trabalhadores leais e consumidores conscienciosos.

Para o casal casado, a atividade sexual fora do matrimônio ainda é tabu. Embora a atividade sexual anterior ao casamento também seja tabu, é relativamente aceita se as duas pessoas envolvidas são real e verdadeiramente sérias, sinceras e maduras... em outras palavras, se estão preparadas para cumprir com seu dever de um dia se casarem para poderem apresentar novos trabalhadores-consumidores, em obediência à lei de Deus, que tende a espelhar com suspeita fidelidade o desejo dos donos da sociedade.

Por sorte, nada que é humano é constante. Hoje em dia os casamentos civis são mais numerosos do que os casamentos religiosos; o divórcio é uma coisa corriqueira; a prevenção da gravidez é universalmente praticada, enquanto o aborto é legal para quem tem dinheiro. Mas nossos governantes cederam terreno nessas questões sexual-sociais com grande relutância, e não é nenhum segredo que há uma boa dose de frustração nas salas de reunião do país.

Uma das razões é que os trabalhadores, hoje, são menos obedientes do que costumavam ser. Quando despedidos, podem se apoiar na previdência social — uma invenção do Demônio. Além disso, o fato de a maior parte dos trabalhos que os homens fazem as mulheres também poderem fazer — e fazem — põe em perigo a velha ordem patriarcal. Uma mulher capaz de sustentar-se e de sustentar seu filho é uma ameaça ao casamento, e o casamento é a instituição central através da qual os proprietários do mundo controlam as pessoas que realizam o trabalho. O homossexualismo também representa uma ameaça a seu antigo domínio, porque homens que não têm mulher nem filhos com os quais se preocupar não são facilmente domináveis quanto os que têm.

Em qualquer momento dado na vida de uma sociedade, há determinados botões "quentes" que um político pode apertar para obter uma resposta previsivelmente "quente". Há uma década, se você perguntasse ao presidente Nixon o que ele pretendia fazer com a questão do desemprego, provavelmente ele responderia "A maconha é apenas uma etapa para coisas piores". Falar contra o pecado é uma boa política — e não se preocupem com os *non sequiturs*. Na realidade, é positivamente não-americano — chega a ser comunista — discutir um problema real como o desemprego ou quem está roubando todo o dinheiro do Pentágono.

Para distrair o eleitorado, o político americano inescrupuloso tratará de perseguir os grupos que o Velho ou o Novo Testamento não vêem com bons olhos. Os descendentes de Ham são permanentemente malvistos pelos americanos brancos. Para azar do usuário do botão "quente", é considerado de mau gosto perseguir abertamente os negros. Mas sempre restam as expressões codificadas. Todo mundo sabe que "encostado na previdência social" quer dizer negro, assim como "lei e ordem". A primeira porque a maioria das pessoas sustentadas pela segurança social são negros (na verdade, são brancos); a segunda porque existe a crença generalizada de que a maior parte dos crimes urbanos são cometidos por negros contra brancos (na realidade, são cometidos por negros desempregados contra outros negros). Mas os negros pobres não são as únicas vítimas. Muitos cristãos e alguns judeus não gostam muito de gente branca pobre, partindo do velho princípio puritano de se que você é bom, Deus irá enriquecê-lo. Essa é uma linha evangélico-cristã bem conhecida, recentemente alardeada pelo renascido milionário Walter Hoving. Ao se ver na situação de não ter 2 milhões e 400 mil dólares do total que necessitava para comprar as lojas Bonwit Teller, de Nova York, Mr. Hoving "abriu-se para o Senhor", que imediatamente apareceu com o dinheiro. "Foi totalmente milagre." Agora sabemos por que os ricos estão sempre conosco. Deus gosta deles.

Os judeus são permanentemente malvistos pelos cristãos americanos porque são responsáveis para todo o sempre pelo assassinato de Jesus, não importa o que possam dizer aqueles idólatras católicos romanos, entupidos de vinho, no Segundo Concílio Vaticano. É verdade que agora, com a criação de Israel, os cristãos têm uma admiração relutante pelos judeus como opressores. Mesmo assim, na terra dos nascidos e renascidos, uma das questões de fé é que os meios de comunicação de massa nos Estados Unidos estão nas mãos dos judeus, e que o objetivo destes é liquidar com o povo de Deus. Conseqüentemente, "meios de comunicação de massa" é a expressão codificada deste ano para "abaixo os judeus", enquanto "Salvem as Nossas Crianças" significa "abaixo as bichas".

Mas política, como sexo, freqüentemente aceita estranhas alianças. Este ano os cristãos militantes estão lado a lado com os judeus militantes, apertando o tipo de botões quentes que imaginam que irão fortalecer o domínio do país através da solidificação da família. Aparentemente, a família só pode ser fortalecida se as mulheres não tiverem direitos iguais aos dos homens, nem no mercado de trabalho nem relativamente a seus próprios corpos (Não abortarás). É por isso que a derrota da Emenda dos Direitos Iguais à Constituição tem grande importância simbólica.

Os Salvadores da Família também desejam leis fortes, cujo objetivo ostensivo é restringir a pornografia, mas que na realidade objetivam recusar a liberdade da palavra àqueles de quem não gostam.

Pois bem: é impossível que uma classe governante mantenha seu poder se não dispuser de botões quentes para apertar. Há alguns meses, a questão "Cessão do Canal do Panamá" parecia que ia ser um botão extremamente quente. Pensava-se que se, de alguma maneira, fosse possível fazer parecer que a hombridade americana estava em xeque no Panamá, haveria uma chance de que uma espécie de botão sexual subliminar pudesse ser apertado, detonando por todo o país um rugido de ira masculina, especialmete por parte de senhoras em recepções de igreja: a hombridade americana nunca foi um privilégio exclusivo dos homens. Mas, no fim, a hombridade americana (que foi dobrada há tão pouco tempo pelo Vietcong) não se sentiu ameaçada pela perda parcial de um canal positivamente insípido, e assim o botão falhou.

A questão do imperialismo cubano também parecia apresentar uma temperatura promissora. Aparentemente, as invencíveis tropas de Castro estão em marcha, agora, de uma ponta da África a outra. Se a Somália cair, o Mali cai; se o Mali cair... Ninguém dá a mínima. A África está muito distante, e Cuba é muito pequena e muito próxima para ser perigosa.

Em desespero de causa, os proprietários da nação agora voltaram a apelar para os testados e comprovados botões quentes: salvem do inimigo sem Deus nossas crianças, nossos fetos, nossos banheiros femininos. Como de hábito, os botões do sexo mostraram-se satisfatoriamente quentes.

Mas o que os americanos realmente pensam sobre sexo quando não há ninguém apertando um botão? Recentemente, a revista *Time* fez uma pesquisa com um grupo representativo do populacho. Nada surpreendente no fato de 61% das pessoas acharem que "está ficando cada vez mais difícil saber o que é certo e o que é errado". Os mais confusos eram os de mais de 50 anos e os de menos de 25. Ao mesmo tempo, 76% disseram que era "moralmente errado" que um homem casado traísse a mulher, enquanto 79% achavam errado uma mulher enganar o marido.

Relações sexuais entre adolescentes foram condenadas por 63%, enquanto 34% achavam que o jovem deveria ser virgem na noite, ou tarde, de núpcias. Não obstante, o que as pessoas consideram moralmente condenável não parece ter grande efeito sobre o que realmente fazem: 55% das mulheres solteiras e 85% dos homens solteiros admitiram ter praticado o sexo antes dos 19 anos de idade... sem dúvida enquanto deploravam, juntos, a imoralidade na adolescência. Frívolos 52% acham que *não* é moralmente errado que um casal não-casado viva junto.

As relações homossexuais foram consideradas moralmente erradas por 47% das pessoas; 43% achavam que tudo bem; 10% não sabiam. Mesmo assim, 56% "votariam a favor de uma legislação que garantisse os direitos civis dos homossexuais". Mesmo que uma indiscutível maioria estivesse a favor de que os homossexuais tivessem o direito de servir o Exército, concorrer a postos eletivos, viver onde bem entendessem, Anita Bryant fez suficientemente bem seu serviço para negar-lhes o direito de lecionar em colégios (48% contra, 44% a favor) e de ser ministros (47% contra, 44% a favor).

A pornografia continua sendo o botão mais quente de todos: 74% querem que o governo reprima os pornógrafos. Enquanto isso, 76% acham que o velho demônio da permissividade "provocou muitas coisas que atualmente estão erradas no país".

Finalmente, 70% achavam que "não deveria haver leis, nem federais nem estaduais, regulamentando a prática sexual". Ou bem se interpreta isso como uma notável demonstração de viva e deixe viver (atitude que a atual Suprema Corte sabidamente não compartilha) ou isso possivelmente não passa da sabedoria cínica de nosso povo, que sabe, por experiência, que *qualquer* área em que o governo meta a mão ficará irremediavelmente bagunçada.

Apesar da tolerância dos 70%, cerca de 20 a 40% da população é de absolutistas morais, de acordo com *American Sexual Standards* (Modelos Sexuais Americanos), do Kinsey Institute, a ser publicado brevemente. Esses zelotes condenam ferozmente a promiscuidade, o adultério, o homossexualismo, a masturbação, o cabelo comprido e o fluoreto. No remoto interior do país (e em cidades como St. Paul e Wichita), são eles que reagem mais prontamente ao político que aperta um botão de sexo para... o quê? Criar uma sociedade autoritária? Manter os trabalhadores conformados dentro dos limites do imutável casamento? Punir o pecado? Ganhar dinheiro? Dinheiro! Há muito dinheiro por lá, no circuito cristão evangélico — e boa parte desse dinheiro é isento de impostos.

No outono de 1977, o jornalista Andrew Kopkind visitou Bensenville, Illinois, no âmago do âmago do país, para estudar as raízes de uma planta que, além de já ter chegado à altura do olho do elefante, está indubitavelmente adernando para a direita. *Salvem a Família* é a palavra de ordem deste ano. Como é muito difícil que alguém chegue a questionar abertamente o valor da família nas questões humanas, qualquer grupo que deseje salvar essa instituição supostamente ameaçada recebe apoio entusiástico.

Mas para os zelotes daquilo que Kopkind chama de Nova Direita, salvar a família significa todo tipo de coisas não exatamente relacionadas com a família nuclear. Kopkind descobriu que os Salvadores da Família apóiam "a pena de morte, Letril, a energia nuclear, polícia local, o canal do Panamá, sacarina, o FBI, a CIA, orçamento para a Defesa, orações públicas e crescimento do mercado imobiliário".

Os Salvadores da Família vêem com maus olhos "transportes de alunos por ônibus, assistência social, sindicatos de servidores públicos, ação afirmativa contra a discriminação racial nos empregos, anistia, maconha, comunas, controle de armas, pornografia, limite de velocidade de 88 quilômetros por hora, creches, ecumenismo religioso, educação sexual, *pools* de automóveis e a Secretaria de Proteção ao Meio Ambiente". Kopkind acredita que essas atitudes são razoavelmente espontâneas. É provável que ele tenha razão — até certo ponto. Conseguir que os americanos votem constantemente contra seus próprios interesses, porém, exige manipulação do mais alto nível, uma manipulação que, nestes Estados notavelmente Unidos, começa no berço e nunca mais acaba.

Até há pouco tempo não tinha ocorrido a ninguém que um

movimento a favor da família pudesse ser politicamente atraente. Nossos demagogos em geral concentram-se no comunismo *versus* americanismo. Mas os passeios de Nixon a Pequim e Moscou abalaram o comunismo enquanto assunto. Essas viagens também serviram para lembrar aos americanos que somos uma minoria frágil num mundo onde a maioria é marxista. Embora o comunismo continue sendo um botão que pode ser apertado, é um assunto que apresenta uma tendência à mornidão.

Por outro lado, acusar o adversário de ser a favor de qualquer dessas forças pecaminosas que ameaçam a família é prejudicá-lo efetivamente. Nos últimos dezoito meses, os Salvadores da Família foram fantasticamente eficientes. Derrotaram decretos de direitos iguais para homossexuais em Dade County, St. Paul, Wichita, Eugene; obrigaram a Câmara de Representantes a voltar atrás num projeto de lei antiaborto; bloquearam (durante algum tempo) a Emenda dos Direitos Iguais, e assim por diante. Sexo é o cerne da política, e em breve, de uma maneira ou de outra, cada político irá — por assim dizer — meter as mãos no ato.

Oficialmente, nossas atitudes em relação a sexo têm origem no Antigo e no Novo Testamentos. Mesmo hoje em dia os fundamentalistas cristãos gostam de dizer que como cada uma das palavras do livro bom é absolutamente verdadeira, cada uma das injunções divinas deve ser absolutamente obedecida se não quisermos que as imensas planícies da nação fiquem juncadas de colunas de sal — ou pior. Na realidade, até o fundamentalista mais rigorosamente literal seleciona os textos da Bíblia que lhe convêm. Os autores do Levítico proíbem o homossexualismo — e assim fazem todos os bons cristãos. Mas o Levítico também proíbe carne crua, *bacon*, muluscos e o uso de náilon misturado com lã. Se o Levítico fosse ser obedecido em cada tópico, o comércio do vestuário entraria em colapso.

Os autores do Antigo e do Novo Testamentos criaram não só uma antologia religiosa, como também uma ordem política segundo a qual o homem é o eterno senhor da mulher (os homens judeus costumavam orar: "Te agradeço, Senhor, porque não me criaste mulher"). O ódio e o medo em relação às mulheres que percorrem o Antigo Testamento (para não mencionar as páginas de nossos justamente admirados romancistas judeus) sugerem que o princípio patriarcal tão cuidadosamente incutido na noção de Deus dos judeus deve ter-se oposto em algum momento a um poderoso — e talvez competitivo — sistema matriarcal. Sejam quais forem as razões primitivas para a absoluta subordinação da mulher ao homem, o resultado foi uma religião extraordinariamente feia, que já causou uma boa dose de sofrimento não apenas em sua forma original, mas também através de sua heresia posterior, o cristianismo, que a seu devido — e irônico — tempo haveria de tecer mais uma heresia: o comunismo.

A onda atual de religiosidade cristã que se está espalhando como uma mancha de óleo por todo o país serviu para lembrar às mulheres que elas devem obedecer a seus maridos. Isso não é fácil, como admite a duas vezes nascida Anita Bryant. Ela confessa que tem uma tendência a "despejar seu lixo" por cima do marido, senhor e empregado, Bob Green. Mas ela precisa se controlar: "porque o marido é cabeça da mulher, como Cristo é cabeça da Igreja" (Efésios 5:23). Anita também sabe que devido à desobediência da mulher, os protótipos da raça humana foram excluídos do Jardim do Paraíso.

Ao analisar a aversão do Antigo Testamento pelas mulheres, Freud conjeturou que uma tribo patriarcal original fora durante algum tempo substituída por uma tribo matriarcal, depois derrubada pelos judeus patriarcais: o conseqüente "reestabelecimento do pai primal em seus direitos históricos foi um grande passo para a frente". Esse absurdo especulativo é altamente esclarecedor da maneira como uma inteligência tão arguta e original quanto a de Freud era incapaz de conceber uma sociedade boa (virtuosa?) que não fosse dominada pelo homem, o pai.

"O que as mulheres querem?", perguntou Freud certa vez, em tom queixoso. Bom, Sigmund, querem igualdade com os homens. Mas essa igualdade não era aceitável nem para os autores do Antigo Testamento nem para o próprio Freud. Hoje, quase três mil anos depois que Moisés desceu do Sinai, as mulheres estão chegando perto de terem igualdade com os homens nos Estados Unidos. Mas a guerra contra a igualdade da mulher continua; no momento, está sendo travada em nome da Família.

O Cristo do Novo Testamento é um personagem um pouco mais suave do que o Jeová do Antigo Testamento. Mesmo assim, um é perfeitamente filho do outro, e assim, supostamente, nada de básico deveria mudar nas relações entre os sexos. Na realidade, em certo momento, Jesus demonstra uma irritação positivamente portnoyesca com a tradicional mãe judia. "Mulher", diz ele a Maria, "o que és para mim?" A resposta de Maria, certamente alentada, não foi registrada.

Enquanto judeu, Jesus levava os Dez Mandamentos a sério. Mas embaralhou completamente toda a questão do adultério quando disse que até mesmo sentir um desejo estilo Carter por uma mulher equivale a cometer adultério. Jesus também teria dito, conforme ficou registrado, que as prostitutas tinham tanta chance de entrar no paraíso quanto homens do IR. Talvez ele estivesse querendo fazer uma brincadeira. Se for isso, é a única brincadeira do Novo Testamento.

A uma adúltera, Jesus disse: "Nem eu te condeno", antes de sugerir que ela parasse de ficar fazendo besteira por aí. Jesus não tinha nada a dizer sobre o homossexualismo, a masturbação ou a Emenda dos Direitos Iguais; mas os eunucos ele achava o máximo (Mateus 19:10-12). Finalmente, Jesus achava que o mundo ia acabar logo. "Digo-vos na verdade que estão aqui alguns presentes que não morrerão sem que vejam o reino de Deus" (Lucas 9:27). Até onde é possível saber, o mundo não acabou no século I d.C. e todos os que lá estavam presentes morreram sem ter visto o reino.

Alguns anos mais tarde, São Paulo teve sua visão na estrada para Damasco. "Todos os homens, tanto judeus como gentios, são pecadores" (como é, mesmo, aquele verbo que faz tanto sucesso?), esbravejou ele. Como Paulo também estava convencido de que o mundo ia acabar pouco depois, achava que o homem devia manter-se ritualmente puro para o dia do julgamento, e a pureza ritual exigia total abstinência de sexo. Para os que eram incapazes de permanecer heroicamente castos ("permanecerem assim, como também eu"), Paulo acedeu, um tanto a contragosto, que "é melhor casar-se, do que abrasar-se" — abrasar-se de desejo, diga-se de passagem, e não no fogo do inferno, como alguns cristãos primitivos gostam de interpretar esse trecho.

Paulo também aconselhava aos homens casados que vivessem com suas mulheres "como se não as tivessem... porque a figura deste mundo passa". Embora a figura deste mundo não tenha passado, o horror de Paulo pela sexualidade tampouco se desvaneceu. Como resultado, qualquer pessoa que tenha sido educada em uma sociedade onde predomina o cristianismo aprenderá desde o nascimento a considerar seus desejos sexuais naturais como pecaminosos, ou pior.

Um estado de culpa permanente na cidadania é uma boa coisa para os governantes, que tendem a não ver com muita seriedade as religiões que impõem a seus governados. Como o casamento era a única saída admissível para o impulso sexual, essa instituição foi utilizada como um meio para canalizar o impulso sexual num sentido que tornaria o homem dócil, enquanto a mulher, humanamente falando, existia apenas como o repositório do sagrado esperma (visto como uma manifestação do Espírito Santo).

À mulher ordenou-se que servisse e obedecesse ao marido tão completamente quanto ele, por sua vez, servia e obedecia a seu mestre temporal, citador da Bíblia. Se alguém tivesse se dedicado à missão de inventar uma religião que fosse capaz de dominar eficientemente uma população, teria sido impossível criar algo que fosse muito melhor do que o judaico-cristianismo.

É bastante curioso que Paulo seja o único figurão tanto do Antigo como do Novo Testamento a condenar o lesbianismo, atividade que a rainha Vitória não acreditava que existisse e que Jesus ignorou. Mas Paulo estava mais bem informado. Ora, até mesmo enquanto ele falava, as senhoras romanas abrasavam-se "em seu desejo uma pela outra...!". Toda vez que Paulo entra no assunto do desejo abrasador, apresenta todos os sintomas de enxaqueca aguda.

Agora, qual é, afinal, o objetivo de tanto disparate? Por que condenar os desejos sexuais naturais em nome da religião? Paulo teria respondido que como o dia do julgamento final estava previsto para o início do ano seguinte, era preciso que as pessoas se mantivessem ritualmente limpas, e a limpeza ritual entre os judeus incluía não só a abstinência sexual como a não-ingestão de moluscos. Mas o ódio de Paulo pela carne é uma coisa difícil de entender à luz da atitude positivamente relaxada de Jesus. Por outro lado, a aversão de Paulo pelo homossexualismo é um pouco mais fácil de entender (embora nunca tenha sido convenientemente entendida pelos cristãos americanos). É uma atitude que deriva do livro Levítico, do Antigo Testamento, o assim chamado Código da Santidade.

As relações homossexuais entre heróis eram freqüentemente celebradas na antigüidade. O mais antigo texto religioso fala do amor entre dois homens, Gilgamesh e Enkidu. Quando Enkidu morreu, Gilgamesh desafiou a própria morte para trazer seu amante de volta à vida. Na *Ilíada*, a ira de Gilgamesh é acompanhada pela de Aquiles quando *seu* amante Pátroclo morre diante das muralhas de Tróia. Tão intenso era o amor entre os heróis Davi e Jônatas que Davi anotou em seu obituário de Jônatas: "o mais gentil e mais amável que o amor das mulheres". Em outro ponto do Antigo Testamento, o amor que Rute sentia por Noemi era do tipo que hoje poderia muito bem acabar na propriedade conjunta de um forno de cerâmica em

Laguna Beach. Por que, então todo esse estardalhaço com o homossexualismo no Levítico?

O Levítico foi escrito durante ou pouco depois do exílio dos judeus na Babilônia (586-538 a.C.). O exílio acabou quando o Grande Rei Ciro da Pérsia conquistou a Babilônia. Tolerante com todas as religiões, Ciro permitiu que os judeus voltassem para Jerusalém, onde começaram a reconstruir o templo que fora destruído em 586. Como se acreditava que os desastres de 586 poderiam ter sido evitados se os judeus tivessem sido um pouco mais austeros em seu comportamento, o Levítico foi esboçado. Continha uma lista muito estrita do que se pode e do que não se pode fazer. O adultério, que fora proibido por Moisés, agora não só era proibido, como as adúlteras deveriam ser mortas, enquanto advertia os homens: "Não te aproximarás dum homem como se fosse mulher, porque é uma abominação" punida com a morte.

Por que tudo isso? Em tempos anteriores, Jônatas e Davi foram muito admirados. Seria o celebrado amor que nutriam um pelo outro uma abominação? É óbvio que não. A solução do mistério está na palavra abominação, que deriva da palavra hebréia *to'ebah*, que significa idólatra. Na época do Levítico (e por muito tempo antes), a Grande Deusa era adorada em todo o Oriente Médio. Ela tinha muitos nomes: Cibele, Astarte, Diana, Anahita. Como os judeus achavam que a Grande Deusa competia diretamente com seu Grande Deus, denunciaram seus adoradores como idólatras, ou *to'ebah*, ou abomináveis; e criticavam especialmente o sexo ritual associado à adoração da Grande Deusa. Muitos dos admiradores de Cibele castravam-se para glorificá-la, enquanto prostitutos e prostitutas se acotovelavam no recinto do templo, prontos para agir.

Na Babilônia, toda mulher de respeito era obrigada a ir pelo menos uma vez na vida ao templo e prostituir-se ao primeiro peregrino que quisesse pagar por ela. De acordo com Heródoto, as mulheres pouco favorecidas eram obrigadas a passar um tempo enorme no templo, tentando conquistar aquele freguês relutante que as tornaria abençoadas aos olhos da deusa.

Não há dúvida de que muitos judeus na Babilônia sentiram-se atraídos, se não pela adoração à deusa, pelos jogos sexuais que se realizavam no interior dos seus templos. Por isso, os autores do Levítico deixaram bem claro que todo judeu que fosse com um prostituto ou uma prostituta do templo era culpado de um ato idólatra ou abominável aos olhos do Grande Deus Jeová — um deus reconhecidamente ciumento, como ele próprio admitiu. O resultado foi que as abominações do Levítico *não* se referem tanto aos atos sexuais enquanto tais, mas aos atos sexuais associados ao culto da Grande Deusa.

Em outra parte do Antigo Testamento, Sodoma foi destruída não porque seus habitantes fossem homossexuais, mas porque alguns homens da localidade queriam violentar em grupo uma dupla de anjos do sexo masculino que eram hóspedes da cidade. Essa era uma violação do mais sagrado dos antigos tabus: a lei da hospitalidade. Além disso, violação em grupo, tanto homossexual como heterossexual, é raramente agradável aos olhos de qualquer deidade.

Os seres humanos levam muito tempo para crescer. Esse fato significa que a tribo ou família ou comuna é obrigada a proteger e a treinar os jovens nas atividades que serão necessárias para que ele possa atingir a maturidade física, cujo único propósito parece ser a transmissão para uma nova geração do sagrado código DNA. A natureza da vida é mais vida. Isso não é muito inspirador, mas é tudo o que sabemos com certeza que temos. Conseqüentemente, nossos líderes religioso-políticos sempre glorificaram a tribo ou a família ou o Estado, às expensas do indivíduo. Mas as sociedades mudam, e quando isso acontece, as leis supostamente eternas ficam superadas. A terra plana acaba virando uma esfera. A sabedoria do ano passado é a insensatez deste ano.

Num mundo superpopuloso, a injunção bíblica "crescei e multiplicai-vos" é cada vez menos atendida. Graças ao aumento da automação e à procriação descontrolada, todas as sociedades industriais do mundo, hoje em dia, têm mais trabalhadores do que precisam. Enquanto isso, a moradia tornou-se tão cara que já não é possível que três gerações de uma mesma família vivam numa mesma casa, ideal de quase todos os cristãos e judeus ortodoxos. Hoje a família nuclear consiste em um menino para você e uma menina para mim, vivendo em uma vila de casas populares... dificilmente o quadro ideal para filhos ou para pais.

A esta altura, seria razoável desenvolver um conjunto diferente de medidas para a raça humana. Certamente, menos famílias significaria menos crianças, o que é uma boa coisa. Os que têm dom para a paternidade (uma minoria infinitamente menor do que se apregoa) deveriam ser encorajados a ter filhos. Os que não têm dom deveriam ser desencorajados. As pessoas continuariam a viver aos pares se isso lhes agradasse, mas a pressão social para a produção de bebês deveria ser interrompida.

Infelizmente, o impulso de nossa sociedade ainda é judaico-cristão. Como resultado, o homem americano solteiro e a mulher que trabalha são cidadãos de segunda classe. Os rendimentos médios de um homem solteiro são de 11.069 dólares ao ano, enquanto seu irmão casado ganha 14.268 dólares, e sua irmã que trabalha, 9.231 dólares. Isso é uma discriminação calculada. Claramente, é melhor casar do que ser mal pago.

Depois da reforma dos impostos, a questão política central deste ano é Salvem a Família. Como seria de se esperar, os cristãos andam atrás das feministas e das bichas, duas minorias que aparentemente ameaçam a família. Como não seria tanto de se esperar, um certo número de judeus está se unindo a esses cristãos. É esquisito, para dizer pouco. Tradicionalmente, os judeus têm uma tendência a assumir uma atitude de viva e deixe viver, partindo do princípio sensato de que sempre que as coisas dão errado em qualquer sociedade onde os judeus são minoria, são estes que acabam levando a culpa. Então, para que criar inimizades? Desgraçadamente, a tolerância judia nunca chegou realmente a incluir o homossexualismo, essa abominação permanente. Perseguir as bichas sempre esteve na moda entre os jornalistas americanos judeus: atitude que é ao mesmo tempo uma forma encoberta de oposição aos não-judeus.

Dezoito anos atrás o ocupado jornalista Alfred Kazin apregoou que, para um escritor, o homossexualismo era o fim da linha. Aparentemente, as bichas eram incapazes de produzir boa literatura. Hoje em dia ele já não tem tanta certeza disso. Num artigo recente em *Esquire*, Kazin aceitou o gênio de Gertrude Stein, mas não conseguiu resistir à tentação de fazer troça de seu lesbianismo; também considerou necessário informar-nos que ela era "gorda, esquisita", enquanto sua amante Alice B. Toklas era igualmente feia. Embora Kazin consiga aceitar — com dificuldade — o gênio de um eventual escritor homossexual, detesta o que ele chama de "turma *gay*". Fica desolado porque o "homossexualismo está sendo politizado e está se tornando um fato social e uma forma de pressão social. Será que a crescente impaciência de todos os setores com a família, a mais antiga instituição humana, explica o crescimento disseminado do homossexualismo e seu surgimento, em meio a tanta ansiedade com a superpopulação?" Esta é uma daquelas confusas questões retóricas cuja resposta supostamente está implícita no tom polêmico.

Na realidade, não existe isso que se chamaria uma pessoa homossexual, assim como não existe isso que se chamaria uma pessoa heterossexual. As palavras são adjetivos que descrevem atos sexuais, não pessoas. Esses atos sexuais são perfeitamente naturais; se não fossem, ninguém os executaria. Mas como o judaísmo proíbe o que é abominável, a ira irracional que Kazin e sua turma sentem em relação aos homossexuais detonou uma ira oposta. Hoje em dia os militantes *gay* afirmam que existe algo chamado sensibilidade *gay*, sintoma externo e visível de um novo tipo de ser humano. É assim que a loucura engendra a loucura.

Muitas vezes pensei que a razão pela qual ninguém, até hoje, foi capaz de achar uma boa palavra para descrever os homossexuais (às vezes conhecidos como *gays*, bichas, veados, etc.) é que isso não existe. A raça humana está dividida em machos e fêmeas. Muitos seres humanos gostam de ter relações sexuais com seu próprio sexo; muitos não gostam; muitos gostam dos dois. Essa pluralidade é intrinseca a nossa natureza e não vale a pena se preocupar com ela.

Hoje em dia os americanos estão num estado de histeria terminal com a questão do sexo em geral e do homossexualismo em particular, porque os donos do país (escorados numa religião que astutamente adaptaram a seus próprios fins) vêem a família como o último meio de que dispõem para controlar os que trabalham e consomem. Durante dois milênios, as mulheres foram tratadas como escravas, enquanto o homossexualismo foi transformado num crime, um vício, uma doença.

Em *O Banquete*, Platão definiu o problema: "Na Jônia e em outros lugares, e geralmente em países sujeitos pelos bárbaros (Platão está se referindo aos persas, que eram os senhores dos judeus na época em que o Levítico foi escrito), o hábito (o homossexualismo) é considerado desonroso; os amores dos jovens partilham a má reputação em que são mantidas a filosofia e a ginástica, porque são inimigos da tirania; os interesses dos senhores exigem que seus súditos sejam pobres de espírito e que não haja fortes laços de amizade ou sociedade entre eles, que o amor, acima de todos os outros motivos, tende a inspirar, como nossos tiranos atenienses aprenderam através da experiência; pois o amor de Aristogitão e a constância de Harmódio tinham uma força que desfez seu poder". A última parte refere-se a um par de amantes que ajudaram a derrubar os tiranos de Atenas.

A isso, nossos judeus americanos responderiam: que mais se poderia esperar de um grego não-circuncidado? Enquanto nossos cristãos americanos nos lembrariam das cartas cáusticas que São Paulo escreveu aos residentes de Corinto e Atenas.

Embora a intenção dos fundadores de nossa nação fosse o Estado ser inteiramente secular em suas leis e instituições, na realidade nossas leis são uma miscelânea de superstições judaico-cristãs. Nunca deveríamos nos surpreender com a veemência intolerante de nossos cristãos fundamentalistas. Afinal de contas, foram eles que começaram o país, e o fanático do século XVII Cotton Mather é mais fundamental para suas crenças do que o liberal do século XVIII George Mason, que criou a Carta de Direitos. Mas é estranho ver os judeus fazendo causa comum com os fanáticos cristãos.

Ainda estou para ler algo escrito por um cristão com QI acima de 95 que seja tão virulento quanto a declaração do jornalista Joseph Epstein (na revista *Harper's*): "Se eu tivesse o poder de fazer isso, gostaria que o homossexualismo desaparecesse da face deste mundo. Eu o faria porque acho que causa infinitamente mais sofrimento do que prazer àqueles que são forçados a conviver com ele" etc. Não há dúvida de que Epstein deve se dar conta de que se a palavra judaísmo substituísse a palavra homossexualismo, a maioria dos cristãos americanos estaria de pleno acordo. Nenhum judeu jamais deveria mencionar a extinção de qualquer minoria da "face deste mundo". É uma grosseria. Além disso, é uma imprudência numa sociedade dominada por cristófilos, onde um *pogrom* nunca deixa de ser uma possibilidade.

Num número recente de *Partisan Review*, o que imagino seja um hotel nas montanhas Catskill chamado Hilton Kramer deseja saber por que os intelectuais nova-iorquinos não estão oferecendo à cultura nacional nada "na linha de conhecimento sobre casamento e família, por exemplo? São só críticas, e freqüentemente críticas depravadas, às lealdades mais elementares da vida familiar?".

O cara está preocupado porque para a nação como um todo o mundo intelectual nova-iorquino está representado nas páginas de *The New York Review of Books* "por pessoas como Gore Vidal e Garry Wills". Suponho que o hotel tenha restrições a Wills e a mim porque não somos judeus. Aí o cara se dedica a me caracterizar como "fazendo proselitismo a favor dos prazeres da sodomia". Nem é preciso dizer que nunca fiz uma coisa dessas, mas sou capaz de perceber como, para uma cara supersticioso e mal resolvido, qualquer pessoa que tenha se esforçado para tirar as relações sexuais consentâneas dos livros da lei (e da política) tem que ser, automaticamente, um representante de vendas de vícios abomináveis, assim como um destruidor da família e um comedor de moluscos.

Por fim, temos os profundos pensamentos de Norman Podhoretz — o mais desorientado de todos —, editor de *Commentary,* uma revista subsidiada pelo Congresso Judeu Americano. Nos anos 60, Podhoretz escreveu um celebrado artigo onde confessava não gostar de negros. Agora, na década de 70, descobriu que também não gosta de bichas — por razões geopolíticas, mais do que por razões rabínicas.

No artigo intitulado "The Culture of Appeasement" (A Cultura da Pacificação) (também no *Harper's*), Podhoretz nos conta que a aventura do Vietnã teve mau efeito sobre os americanos porque agora, aparentemente, não gostomos mais de nenhuma guerra. Claro, "A idéia da guerra nunca foi tão natural nem tão atraente para os americanos quanto costumava ser para os ingleses, os alemães ou os franceses". É óbvio que Podhoretz conhece muito mal a história americana. Ainda no tempo de Theodore Roosevelt, a guerra era aclamada como a mais alta de todas as atividades humanas. Tristemente, Podhoretz compara os Estados Unidos deste ano com a Inglaterra dos anos 30, quando, garante-nos ele, um poderoso movimento homossexual transformou a Inglaterra num país pacifista por que as bichas não queriam que rapazes bonitos (será que os feios também?) morressem nas trincheiras.

Além do fato de que entre os que gostam de guerra há um número igual de homossexuais e de heterossexuais (cardeal

Spellman, senador Joe McCarthy, general Walker), o argumento não faz sentido. Quando os ingleses ficaram prontos para enfrentar Hitler, enfrentaram. Quanto ao Vietnã, se alguma coisa aprendemos dessa derrota tão longe de nossa terra, foi que não temos direito de intervir militarmente nos assuntos de outra nação.

Mas Podhoretz não está agindo desinteressadamente. Enquanto propagandista de Israel, teme que uns Estados Unidos acovardados fossem capazes algum dia de se recusar a ir para a guerra para proteger Israel de seus numerosos inimigos. Embora em minha opinião ele não tenha por que se preocupar tanto, não serve em nada a sua causa atribuir o suposto pacifismo de nosso país a uma conspiração homossexual. Afinal de contas, esse é o tipo de raciocínio louco que inspirou Hitler a matar não só 6 milhões de judeus como também 600 mil homossexuais.

No final da década de 60 e no início da de 70, os adversários da Emenda dos Direitos Iguais partiram para acusar o movimento de lésbico. Todos os tipos de grupos militantes de direita entraram em cena desde aquele momento: a Ku Klux Klan, a sociedade John Birch, o Comitê para a Sobrevivência de um Congresso Livre, Eagle Forum de Phyllis Schlafly, The Conservative Caucus, e dúzias de outros grupos com esse tipo de mentalidade. Seu objetivo é negar direitos iguais às mulheres através de uma tática de amedrontamento. Se a emenda for aprovada, eles nos estão advertindo que as lésbicas poderão casar-se umas com as outras, o estupro será coisa corriqueira, os homens vão usar roupa de mulher... Esses absurdos têm sido notavelmente eficientes.

Mas, ao mesmo tempo, como disse com encantadora sinceridade Howard Phillips, do The Conservative Caucus, a *The New Republic*: "Estamos indo atrás das pessoas devido a seus botões quentes". No ano passado, verificou-se que os dois botões quentes eram sexuais: ERA (Emendas dos Direitos Iguais) e a legislação dos direitos *gay*. Ou: "Salvem a Família" e "Salvem as Nossas Crianças".

Em outro ponto das regiões áridas da nação, um certo Richard Viguerie é hoje o primeiro dos levantadores de fundos para os poderes das trevas. Em 1977, Viguerie contou ao *Congressional Quarterly*: "Estou pronto a me comprometer para conseguir o poder. Menos de 50% das pessoas partilham de meu ponto de vista, e estou disposto a fazer concessões para chegar ao poder". Distingue-se nessas palavras uma tonalidade conhecida que lembra Nuremberg.

Afirma-se que Viguerie tem pelo menos 10 milhões de nomes e endereços arquivados. Manda correspondência e levanta grandes somas de todos os tipos de candidatos e organizações de extrema direita. Mas Viguerie não é apenas empenhado. Também é ideólogo. "Consegui milhões de dólares para o movimento conservador ao longo dos anos, e não estou satisfeito com os resultados. Resolvi preocupar-me mais com a maneira como é gasto o dinheiro." Agora ele está começando a discutir a criação de um novo partido político.

Entre os grupos para e com os quais Viguerie trabalha está o dos Proprietários de Armas da América. Também trabalha em estreita associação com Phyllis Schlafly, que é do tempo de Joe McCarthy e Barry Goldwater; atualmente, está liderando a luta contra a ERA. Outro cliente de Viguerie é o senador pelo Utah, Orrin Hatch, um homem orgulhoso e ignorante freqüentemente mencionado como possível candidato caso a extrema direita resolva formar um novo partido político.

Viguerie prometeu que "a comunidade conservadora organizada irá reunir muitas vezes mais do que 3 milhões (*sic*) ... Quero um assalto maciço ao Congresso em 1978. Não quero esforços simbólicos. Já temos o talento e os recursos para encetar um movimento audaz, maciço. Acho que podemos enfrentar o Congresso em 1978 de um modo nunca antes concebido".

"Enfrentar o Congresso." Isso está com jeito de revolução. Seja como for, vai ser interessante observar se o Congresso será ou não esmagado em novembro; observar se essas crianças serão salvas ou não; observar se todas as pessoas que pensam corretamente vão ou não jurar fidelidade à família ameaçada.*

Playboy, janeiro de 1979

(*) Mr. Viguerie esteve fora de cena durante dois anos. Somente em 1980 ele conseguiu o tipo de presidente e de Senado que queria. Enquanto isso, está havendo uma reação em relação a ele. Esperam-no tempos animados.

WEST POINT

Sobre a mesa onde estou escrevendo está uma canequinha de prata com asa quadrada; nela está gravado *Eugene L. Vidal, Jr., 3 de outubro de 1925*: é um presente do time de futebol de West Point* a seu mascote, que naquele ano não era uma mula, mas eu. Durante muitos anos bebi leite nessa caneca, e, a se julgar pelo estado da borda, também dei boas dentadas nela.

Não tenho lembranças muito antigas de West Point. Ao que parece, nasci no hospital dos cadetes numa manhã de sábado, porque minha mãe tinha resolvido ficar lá e ir a uma partida de futebol. O parto foi assistido não por um obstetra, mas pelo oficial do dia no hospital dos cadetes. Mais tarde, na qualidade de médico-chefe do Exército, ele atenderia ao presidente Eisenhower ("É só uma indigestão, Mamie", foi seu comentário, ao que parece, quando ela ligou para ele no meio da noite com notícias do primeiro embate do Grande Golfista com a Ceifadora. "Dê-lhe um pouco de bicarbonato"). Mais de trinta anos depois, visitei o general Snyder em seu gabinete, no porão da Casa Branca. Ele relembrou meu nascimento; continuava zangado com minha mãe porque ela não fora para um

(*) West Point: área à margem direita do rio Hudson, no estado de Nova York, onde se situa a Academia Militar dos Estados Unidos. (N. T.)

hospital civil; era extremamente protetor em relação a seu velho amigo, o Presidente. "É um camponês rijo do sul da Alemanha. Não há nada de errado com ele, sabe, a não ser aquele temperamento realmente tempestuoso, que vai acabar por matá-lo." Depois, a inevitável pergunta: "E por que *você* não entrou no Point?". Um membro de uma família de West Point resolvera *não* entrar na *Long Gray Line*.* Algo estava errado.

Quando nasci, Eugene L. Vidal, *Sr.*, era conhecido como Gene Vidal no mundo dos atletas — aliás, era por esse nome que praticamente todo mundo o conhecia, pois naquele tempo os atletas universitários eram uma espécie de estrelas de rock (a maneira como Scott Fitzgerald fala de Hobe Baker, de Princeton, é obviamente a homenagem que se presta a um deus). G. V., da turma de 1918 de West Point, era um *quarterback* premiado; é até hoje considerado o melhor atleta completo da história da Academia, movendo-se com a mesma facilidade na pista de corrida, no basquete, no futebol e no rugby (que aprendeu em uma tarde); era um mestre em qualquer esporte, exceto no que foi inventado por Abner Doubleday (West Point 1842). "O beisebol é o esporte predileto dos americanos por causa de sua lentidão", costumava dizer G. V. "Qualquer imbecil pode acompanhar. E praticamente qualquer imbecil é capaz de jogar". Depois que se formou, ele voltou a Point como treinador de futebol; também foi o primeiro instrutor de aeronáutica.

Pouco depois de eu nascer, G. V. se aposentou no exército (que ele achava chato) e entrou na aviação civil. Só que, como acontecia com praticamente todos os egressos de West Point da geração dele, os laços que o uniam à Academia mostraram-se indestrutíveis. Embora ele tivesse um temperamento irônico e um estilo deflacionário, além de não ter a menor condescendência com as idiotices dos militares, tinha um certo orgulho de

(*) Long Gray Line: literalmente, Longa Fileira Cinzenta. Referência à cor dos uniformes dos alunos da Academia. (N. T.)

ser não só parte da história de Point, como também uma espécie de ícone dos rapazes que se formaram lá e que depois se destacaram na Segunda Guerra.

O império mundial americano foi criado por nomes como Eisenhower, Groves, Stratemeyer, Ridgway e Taylor; foram eles, também, que nos brindaram com a convocação em tempos de paz, um estado militarizado e o atual colapso militar no sudeste asiático. Com a melhor boa vontade do mundo (e com a bênção de seus patrões civis, para quem a guerra fria significava bons negócios), esses paladinos desperdiçaram vidas e dinheiro no quarto de século que se seguiu a Hiroxima, ao mesmo tempo em que tratavam as instituições do país com desprezo. Agora o jogo está mudando, e o exército também. Atualmente, os representantes de West Point defendem o recrutamento permanente. Se não for assim, dizem eles, nosso efetivo militar será "não-representativo" (ou seja, composto de negros). Mas esses mesmos oficiais jamais se opuseram ao exército do pré-guerra, composto de caipiras sulistas*, e tão burro quanto o vindouro exército negro, porque nenhuma pessoa inteligente (branca ou negra) vai querer ser soldado do exército americano se conseguir evitá-lo.

Eu ainda não tinha completado um ano quando meus pais se mudaram para a casa de meu avô materno, em Washington, o senador T. P. Gore (onde fizeram uma cama para mim na gaveta de uma cômoda). Como tantos outros cadetes cheios de dinamismo, Gene Vidal casara-se com uma mulher de classe mais alta. Quando garoto, porém, crescendo em Madison, Dakota do Sul, ele não era especialmente ambicioso, até onde se possa saber — o que não é muito: ele não tinha memória para o passado, nem o dele nem o de sua família. Na realidade, ele era tão impreciso que nem tinha certeza se a inicial L. de seu nome do meio era de Louis, como colocou em minha certidão de nas-

(*) *Red-neck*, pescoços-vermelhos, no original. (N. T.)

cimento, ou de Luther. Era de Luther. Com 14 anos, solucionei a confusão adotando o nome de meu avô, Gore.

Como se constataria, o congressista de Dakota do Sul tinha ambição bastante para dois. Depois de assistir a G. V. jogando futebol na Universidade de Dakota do Sul, o congressista disse: "O que é que você acha de ir para West Point?". "E onde é West Point? O que é que tem lá?", perguntou meu pai, com o encanto e a incapacidade de fingir que o caracterizavam. Foi imediatamente mandado para West Point, e assim acabou seu sonho de ser barbeiro (porque os barbeiros pareciam ter muito tempo livre). Aparentemente, numa cidade como Madison não havia ninguém muito interessante que pudesse servir de exemplo. O pai de G. V., Felix, certamente não servia. Felix fora engenheiro de seja qual for a ferrovia que atravessa Dakota do Sul, e por razões desconhecidas um belo dia abandonou o emprego em Madison e dedicou-se ao comércio de carvão.

O pai de Felix nascera em Feldkirch, Áustria, e tinha ascendência românica (dos descendentes dos legionários romanos que se estabeleceram na Récia no século I).* Eugen Fidel Vidal, aventureiro em busca de um bom casamento, além de falso médico, casou-se com Emma de Traxler Hartmann, de Lucerna, Suíça, herdeira até que se casou com ele, quando foi deserdada. "Uma condessa *de verdade*", costumava dizer minha tia, maravilhada. Em 1848, o infeliz casal veio para o Wisconsin, onde a condessa foi imediatamente abandonada pelo marido. Ela criou cinco filhos traduzindo episódios do noticiário americano para jornais alemães, franceses e italianos. Tinha todos os motivos para ser amarga, e era amarga. Entrei em toda essa história da família porque ela tem muito a ver com o tipo de homens que iam para West Point naquele tempo.

(*) Um certo vendedor de fofocas sobre livros americanos, muito considerado, achou um absurdo eu dizer que descendo dos romanos. Mas os Vidal românicos chamavam-se originalmente Vitali: há monumentos romanos do norte de Trieste, até Friuli e Vorarlberg, comprovando nossa ubiqüidade.

Atleta. Católico romano degenerado. Um passado que incluía um período curto e não muito excitante solto pelos campos, sobre o qual interferia uma tradição familiar de guerras sensacionais (os Traxler e os Hartmann haviam sido soldados profissionais durante várias centenas de anos). Depois West Point e a sociedade de homens parecidos com ele. Na turma três anos à frente de G. V., estavam Bradley e Eisenhower (Ike era conhecido como "O Judeu Sueco" e meu pai como "Tony o Carcamano"); na turma de 1918 estavam Mark Clark, Leslie Groves e Lucius Clay (que uma vez me convenceu a escrever um discurso para seu amigo, o presidente Eisenhower, sobre as vantagens — se é que as há — da integração racial: o discurso jamais foi pronunciado). Entre os pupilos de meu pai estava o grande arquiteto da aventura siracusana de nosso império no sudeste asiático, o Alcebíades da contra-insurreição, Maxwell Taylor.

Esses homens tinham muitas coisas em comum, mesmo antes de serem postos na panela de pressão das vizinhanças do Hudson. Quase todos tinham origens rurais; vinham de famílias de baixa classe média; certamente não eram representativos da classe dominante do país. No curso deste século, nossos nobres não encorajaram seus filhos a entrar em West Point. Tampouco havia negros na Academia, e muito poucos judeus e católicos romanos — se é que havia. West Point é um lugar muito especial.

Segundo K. Bruce Galloway e Robert Bowie Johnson, Jr. (*West Point: America's Power Fraternity,* W. P.: a Fraternidade do Poder Americano),* "A Academia Militar propõe uma ideologia, não uma educação, e devido a isso e ao uniforme, os que lá se formam vêem-se ungidos com o acesso à elite governante dos Estados Unidos". Os autores vêem a Academia e seus ex-alunos com um olhar sombrio, e têm uma tendência a

(*) *Simon and Schuster, 1973.*

enxergar conspiração onde freqüentemente não há mais do que coincidência. Por exemplo:

> Aí por 1933, o presidente Roosevelt criara o posto de Diretor de Aeronáutica... e designou Eugene L. Vidal (W. P. 1918) primeiro diretor. Logo em seguida, Vidal viu-se obrigado a ocupar-se da controvérsia em torno do lugar da aviação nos assuntos militares — onde mais podia ser? Sobreviveu a esse problema para ver-se às voltas com os escândalos do correio aéreo de 1933 e 1934... Nos anos que se seguiram, o controle de West Point sobre a aeronáutica civil interrompeu-se apenas temporariamente.

Na realidade não foi a aviação militar, mas sim a aviação civil, que pressionou a favor da nomeação de meu pai, e a decisão de que o correio aéreo fosse transportado pelo exército coube a Roosevelt. Depois de uma série de desastres aéreos, certa noite Roosevelt virou-se para meu pai e disse: "Bom, companheiro Vidal, parece que *nós* fizemos um erro". G. V., sempre bom soldado (embora sardônico), assumiu a responsabilidade pelo Presidente. "Gostei daquele 'nós' dele."

Galloway e Johnson estariam mais perto da verdade se dissessem simplesmente que todos aqueles que estudaram em West Point tendem a se protegerem uns aos outros. Em 1943, com a idade de 17 anos, alistei-me como soldado raso no exército; fui mandado para um Programa de Treinamento muito falado, que em seguida foi desativado. Eu sabia que seria transferido para uma divisão da infantaria que em breve forneceria um grupo de rapazes de 18 anos, incompletamente treinados, para serem chacinados no Reno; então mencionei a Associação Protetora de West Point, que embora não exista é extremamente real. Fui imediatamente transferido para a Força Aérea. Não me arrependo nem um pouco de ter-me servido desse privilégio: se fosse preciso, faria de novo. Mas a palavra privilégio vem do latim, de palavras que significam "lei privada"; até numa democracia de faz-de-conta e hipócrita como a nossa, só deveria haver leis públicas.

Dever, Honra, Pátria. Esse é o lema de West Point. É interessante observar que só recentemente alguém deu importância à agourenta precedência que coloca a pátria em terceiro lugar na lealdade de nossa elite militar. Em primeiro lugar vem o Dever. Dever a quê? Galloway e Johnson são claros: à classe dos oficiais. Ou então, nas palavras de um instrutor veterano de West Point: "No meu código de valores, West Point está em primeiro lugar, o Exército em segundo, e a pátria em terceiro".

Honra. Especialmente interessante é o que Galloway e Johnson contam sobre as origens do código de honra de West Point. O verdadeiro fundador da Academia, Sylvanus Thayer, era um admirador apaixonado de Napoleão Bonaparte. Além disso, achava que o sistema prussiano também tinha algumas qualidades. Os Estados Unidos não davam a impressão de ter grande necessidade de uma casta de oficiais quando ele assumiu a Academia em 1817 (claro, os ingleses tinham incendiado Washington alguns anos antes, mas isso é coisa que não acontece todos os dias); Thayer mesmo assim dedicou-se à tarefa de criar um inferno de quatro anos para os rapazes mandados para ele, vindos do país inteiro. Eram mantidos permanentemente ocupados, recebiam tratamento de robôs, e eram enquadrados num código de honra que, em poucas palavras, transformava cada um deles em espião dos outros.

Esse tipo de código é sempre diabólico, e em geral eficiente, quanto mais num meio como o de West Point, onde, segundo o coronel L. C. West, do Judiciário Militar, "o cadete de West Point aprende em tenra idade que as regras militares são sagradas, e com o correr do tempo passa a aceitá-las como substituto para a integridade. À medida que avança na carreira militar, essas regras continuam sendo as mais importantes de seu código de honra. Na realidade, essa 'honra' confunde-se com as regras, e contanto que ele obedeça às regras, independentemente de seu conteúdo, ou de que tipo de homem ou de tolo possa tê-las escrito, sua honra está intacta". Isso explica a facilidade com que esses jovens tão cheios de amor-próprio, cuja honra, oficialmente, consiste em não mentir, não enganar e não roubar (nem freqüentar os bares de Highland Falls), são capazes de abafar tão facilmente um massacre como o de My Lai ou, como o general Lavelle, de falsificar relatórios sobre bombardeios ou inventar vitórias militares para se ajudarem uns aos outros a conseguir condecorações e promoções — sem falar nos subornos que recebem das grandes empresas que produzem armamentos caros, absorvendo boa parte do orçamento militar.

Pátria. Para os que passam por West Point, a lealdade à Academia e a si próprio precedem a lealdade aos Estados Unidos. Essa falta de patriotismo não passou inteiramente despercebida ao longo dos anos. Na realidade, desde que a Academia foi fundada, ouviram-se críticas à elite militar de Thayer e à maneira como essa se isola do resto do país. Segundo o terceiro superintendente Alden Partridge (W. P. 1806), a Academia era "monárquica, corrupta e corruptora... uma violação palpável da constituição e das leis do país, e tinha uma tendência direta a introduzir e estruturar uma ordem privilegiada da pior das classes — uma aristocracia militar — nos Estados Unidos".

Em 1830, o congressista *show-biz* do Tennessee, Davy Crockett, apresentou um projeto de lei para fechar a Academia, e em 1863 surgiu outro projeto de lei no Congresso propondo sua abolição. Em defesa deste último, o senador radical republicano B. F. Wade, de Ohio, declarou: "Não acredito que se possa encontrar, em toda a face da Terra ... outra instituição que tenha produzido tantos homens falsos e ingratos quanto os que emanaram dessa instituição".

Há mais de um século os egressos de West Point vêm devolvendo o cumprimento. Não gostam de civis; seu desprezo pelos políticos é praticamente tão absoluto quanto sua ignorância das instituições do país que supostamente servem — depois do dever, depois da honra. Especificamente, a geração de meu pai — os que construíram impérios — não gostava de judeus, considerava os negros uma espécie de divertimento, de comédia barata, os políticos eram corruptos, os filipinos eram dissimulados... ainda estava bem fresco na memória de todos o massacre de cerca de três milhões de filipinos pelo exército americano no início do século: a maior experiência de genocídio a que o mundo assistiria até o advento de Hitler. Os que passam por West Point só sentem admiração genuína uns pelos outros.

Os autores de *West Point* são particularmente interessantes quando discutem o que se passa atualmente nas salas de aula da Academia. Um dos autores formou-se em 1965: não há dúvida de que escreve a partir de sua experiência pessoal. Como em geral os professores são ex-alunos da própria Academia, muitas vezes não têm nenhum conhecimento específico do assunto que ensinam. Nem precisam, porque já recebem a aula diária preparada, em "blocos". Segundo o general George A. Lincoln, guru acadêmico da Academia (e assessor de Nixon): "West Point é uma escola que fornece bolsas de estudo de nível de graduação, onde não há muitos estudiosos nem grande motivação para o estudo, para uma grande parte de cada turma". Lincoln parece muito satisfeito com isso. Galloway e Johnson não. Eles acham que, lá, os cadetes aprendem "a faculdade de pensar e raciocinar sem, na realidade, serem capazes de fazê-lo".

Os rapazes que vão para West Point hoje em dia fazem-no por diversas razões, nenhuma muito associada a aprendizado. Por exemplo, há o apelo romântico da *Long Gray Line*. Há o apelo confortável de uma vida em que todas as decisões importantes são tomadas por outros. Há o atrativo especial da aposentadoria cedo — sem falar na possibilidade de transferência para os escalões mais altos das empresas que realizam transações com o Pentágono. Basta ingressar na escada volante: quem entra em West Point terá o sentimento do dever cumprido, da honra mantida e da pátria servida. E também do "eu" servido, é claro. É um pacote irresistível. Mesmo assim, há pouco tempo um instrutor da Academia (anônimo) comentou: "Os cadetes de West Point são de quinta categoria". A resposta a essa observação tem de ser: são de quinta categoria porque isso é tudo o que o sistema exige deles. Como não são diferentes de outros rapazes americanos da mesma idade, seu torpor intelectual resulta de um sistema que exige lealdade e obediência acima de tudo — duas qualidades que florescem com grande exuberância entre os ignorantes; e que nos fanáticos adquirem características extremamente perigosas.

Não há nada de surpreendente no fato de a elite militar ter ficado deleitada com a linha anticomunista de seus patrões civis. A guerra contra os comunas desencadeada por Truman-Acheson, Eisenhower-Dulles, Kennedy-Johnson-Rusk e Nixon-Kissinger, tanto dentro dos Estados Unidos como no exterior, foi muito excitante para os militares. Uma das razões disso é que os ideais do socialismo, para eles, são anátema, mesmo que, paradoxalmente, o aluno de West Point seja inteiramente sustentado pelo estado: desde seu nascimento, em um hospital militar qualquer (se for oriundo de uma família militar), até o toque de silêncio às custas do governo em algum cemitério federal. Mesmo assim, o aluno de West Point não vê por que não haveria de merecer todos esses cuidados, ao mesmo tempo que não acredita que o operário de uma siderúrgica, por exemplo, devesse ter qualquer privilégio dos que pertencem, por direito, à elite militar. Os oficiais aposentados são especialmente articulados nesse ponto; suas cartas arrebatadas em apoio à posição da AMA (Associação Médica Americana) contra a socialização da medicina são escritas um sem-número de vezes em quartos particulares pagos pelo governo no hospital militar Walter Reed.

A guerra fria também envolveu um enorme volume de verbas destinadas para o armamento. Uma das poucas tradições americanas (quase tão venerável quanto as demissões de Natal da Warner Brothers) é a previsão anual enviada pela Secretaria da Defesa ao Congresso no momento de se estabelecer o orçamento. Desde sua última solicitação de verbas, os diabólicos Vermelhos estão mais uma vez a ponto de nos ultrapassar — ou já nos ultrapassaram — em matéria de explosivos, cutelaria, mísseis, peças de artilharia, lenços descartáveis. O Congresso, desesperado, imediatamente reage a essa ameaça com tantos bilhões de dólares quanto os militares acharem que precisam para defender a liberdade e a dignidade humana para todos o homens em todos os lugares, independentemente de cor ou credo — com a pequena cláusula de que as instalações e os convênios militares importantes estejam localizados em áreas cujos representantes tenham presidência de comissões no Congresso.

Foi assim que mais de um terço da receita federal deste país foi gasto, ao longo de mais de uma geração, para que os congressistas que dão aos generais o dinheiro que eles solicitam sejam depois reeleitos com o dinheiro que *eles* recebem das companhias que foram contempladas com verbas federais por generais que, quando se aposentam, vão trabalhar para essas mesmas companhias. Elegantemente, satisfazem-se nação e indivíduos, já que os comunas são uma corja, não são? Principalmente os que nasceram nos Estados Unidos mesmo.

Logo antes da Segunda Guerra, muitas vezes fiquei ouvindo as discussões de generais da força aérea, cheias de um humor que em pouco tempo transformava-se em obsessão, sobre como seria fácil tomar a Casa Branca, dissolver o Congresso e manter o país afastado da guerra que aquele judeu do Franklin D. Rosenfeld estava querendo declarar a Hitler. Hitler podia ser um empulhador (provavelmente criptojudeu), mas estava nos fazendo um favor, matando os comunas. Não acredito que esse tipo de raciocínio tenha deixado de existir. Uma vez perguntei a Fletcher Knebel de onde é que ele tinha tirado a idéia de *Seven Days in May* (Sete Dias em Maio), um *thriller* de grande sucesso sobre a possibilidade de um golpe militar em Washington. "Falando com o almirante Radford", disse-me ele. "Ele me deixou apavorado. Cheguei a ver os Chefes da Junta botando o Kennedy pela porta afora."

Há 32 anos os Estados Unidos são um estado militarizado. Os militares gostam de estar participando de alguma guerrinha em algum lugar do mundo para justificar todos o bilhões de dólares gastos. Ou, como disse o general Van Fleet (W. P. 1915) com certa satisfação: "A Coréia foi uma bênção. É preciso que haja Coréias, aqui ou em qualquer outro lugar do mundo". De modo que essas bênçãos continuaram a chover sobre nossas cabeças até o dia 15 de agosto. Será que finalmente vamos ter paz neste nosso agitado império? Bem, há várias semanas o novo secretário da Defesa advertiu o Congresso de que o punho de ferro dos soviéticos continua poderoso por baixo da luva de veludo. Caso essa imagem candente não consiga extrair o dinheiro do Congresso, certamente alguma crise militar no Oriente Médio ou uma guerrinha qualquer no Chile se encarregarão de garantir que o dinheiro continue correndo para onde é justo que corra.

Em minha opinião, Galloway e Johnson são severos demais quando falam das deficiências individuais dos ex-alunos de West Point. Afinal de contas, se não queríamos que eles fossem como são (militantemente anticomunistas, antipolíticos, antinão-conformistas), eles seriam diferentes. Uma categoria desse tipo é feita, não nasce pronta. Conheci muitos ex-West Point da geração imperial, e tive a impressão de que eram pessoas que tinham grandes virtudes, embora nenhum deles tivesse muito do que eu chamaria de sentido do mundo civil. Mas como poderiam ter? Receberam uma educação de quinta categoria; suas vidas desenvolveram-se à parte das preocupações cotidianas; seus sentimentos de dever e de honra estavam dirigidos não para o país, mas para os companheiros.

Há cinqüenta anos, os alunos de West Point vêm aprendendo que o inimigo número um dos Estados Unidos é o comunismo, sem que jamais ninguém lhes dissesse o que vem a ser o comunismo. Paradoxalmente, quando americanos de mentalidade fascista visitam sociedades comunistas, apresentam uma tendência a admirá-las. Os Nixon e os Agnew, especialmente, ficam encantados com o fato de lá não haver oposição; isso para não falar no caráter definitivo de todos os arranjos sociais. O mundo de Mao, como toda a certeza (exceto alguns de seus pensamentos mais sutis), não é nada mais do que o que West Point gostaria que fosse o mundo civil. E se Mao não é um admirador das elites, bom, tampouco o eram (oficialmente) os fundadores da república americana — e vejam só o que fomos inventar! As anomalias são a matéria-prima dos sistemas políticos.

Os ex-West Point certamente aprovariam o puritanismo das sociedades comunistas. Galloway e Johnson pintam um quadro tétrico da privação sexual dos cadetes, que será responsável, segundo eles, por uma vida inteira de relações difíceis com as mulheres — sem falar na "subdivisão que uma vez se masturbou em conjunto no vestuário". No tempo de meu pai, a vida às margens do Hudson era ainda mais austera. Mas havia uma ou outra ovelha tresmalhada. G. V. nunca gostou muito de Eisenhower ("um cara azedo, que só pensava em fazer carreira"); mas prestava-lhe as homenagens devidas porque uma vez ele conseguiu, sob as condições mais arriscadas, comer a mulher do dentista do destacamento. Está na cara que desde cedo se conhecem os comandantes *supremos*.

O complexo militar-industrial-West Point tem mais de um século de idade. Um dos primeiros objetivos da Academia era formar engenheiros para a nação. As primeiras ferrovias, assim como inúmeras estradas de diques, foram construídas por homens de West Point. Ao trabalhar como engenheiros para os primeiros magnatas, esses homens entravam em contato estreito com a elite empresarial do país; o resultado foi um casamento feliz e duradouro.

Os militares também costumavam proteger os interesses dos capitalistas americanos do outro lado do oceano. Houve pelo menos uma ocasião em que esses interesses tentaram fazer com que os militares derrubassem um presidente. Em 1933, a Liga da Liberdade contatou secretamente o general de divisão Smedley Butler para pedir-lhe que ajudasse a tirar Roosevelt da presidência. Butler não quis conversa. Além disso, empreendeu o maior ataque ao capitalismo americano de que já se teve notícia. Ele declarou, sobre os 33 anos que passou no corpo de fuzileiros navais:

> Eu passava a maior parte do tempo sendo um leão-de-chácara de primeira categoria para os Grandes Negócios, Wall Street e os Banqueiros. Em suma, eu era um extorsionário, um gângster do capitalismo... Como todos os membros da carreira militar, nunca tive nenhum pensamento original enquanto não saí da ativa... Ajudei a tornar o México — especialmente Tampico — um lugar seguro para os interesses americanos do petróleo em 1914. Resolvi transformar o Haiti e Cuba em lugares decentes para a coleta de rendas pelos rapazes do National City Bank...

Entre seus campos de operação, ele também cita a Nicarágua, a República Dominicana, a China (onde os fuzileiros protegeram os interesses da Standard Oil em 1927). Butler resumiu: "Quando olho para trás, tenho a sensação de que deveria ter dado algumas dicas para Al Capone. O máximo que ele conseguiu fazer foi operar seu sistema de extorsão em três distritos. Eu operei em três continentes".

Hoje em dia nossos militares operam em todos os cinco continentes, como resultados que não agradam a mais ninguém além dos negociantes que produzem armas e financiam as eleições presidenciais. A ironia final é que a despeito de todo o dinheiro que destinamos a nossa organização militar, provavelmente ela seria incapaz de ganhar uma guerra que fosse — a não ser, talvez, contra o povo americano. O desastre do Vietnã demonstrou que as forças armadas eram incapazes de lutar uma guerra num país primitivo contra um inimigo "altamente motivado". É claro que os homens de West Point atribuem essa derrota aos comunas-pirados-bichas (e/ou políticos), que os obrigaram, como disse o presidente com elegância, "a lutar com um braço amarrado atrás das costas". Seja qual for o sentido dessa afirmação: afinal de contas, os militares receberam tropas de meio milhão de americanos e mais de 100 bilhões de dólares para poderem brincar. Sabe-se que havia um ou outro alvo que eles tinham instruções para não bombardear, como os hospitais de Hanói — ou de Pequim, ou de Moscou —, mas secretamente o presidente e os generais bombardearam praticamente tudo o que tiveram vontade de bombardear. Talvez os generais se sentissem traídos porque não podiam usar bombas de hidrogênio nas florestas e barragens do Vietnã do Norte, nem atacar a China. Mesmo assim, nem a águia mais sanguinária do Pentágono queria enfrentar outra rodada com as tropas de terras chinesas, depois da derrota que sofremos na Coréia.

É preciso reconhecer que o soldado americano sempre foi muito ordinário, desde o começo da república, felizmente. Ele não tem a menor vontade de machucar pessoas que não conhece nem de ficar ferido ele próprio. Não gosta que lhe digam o que deve fazer. Para ele, não há dever nem honra; sua pátria é sua pele. Essas não são exatamente as qualidades de um conquistador do mundo. Na verdade, segundo um estudo realizado em 1968 sobre o desempenho americano na Segunda Guerra Mundial e na Coréia, "o lado americano somente venceu quando contava com uma superioridade de forças sobre o outro lado na proporção de 2 para 1".* Isso lembra George Washington, que não gostava de enfrentar os ingleses quando não tinha certeza de que estava em maioria, preferindo uma proporção de 5 para 1. Mesmo assim, as tropas de Washington em geral eram

(*) De *Ideology and Primary Group* (Ideologia e Grupo Primário), estudo distribuído por John Helmer na reunião anual da Associação Americana de Sociologia em 27 de agosto de 1973. O material contido nesse estudo será incluído em *Deadly Simple Mechanics of Society* (Mecânica Mortalmente Fácil da Sociedade), a ser publicado no início do ano que vem pela Seabury Press.

derrotadas. Tal como os italianos, nós, americanos, somos assassinos para benefício pessoal ou por vingança: não nos ligamos em lances de larga escala.

Defeated: Inside America's Military Machine (Derrotados: a Máquina Militar Americana por Dentro), de Stuart H. Loory, é uma análise do estado em que se encontram as forças armadas hoje em dia. Se o relatório for verdadeiro, esperemos que a máquina militar soviética seja uma confusão equivalente à nossa. Loory começa com as costumeiras — mas sempre desconcertantes — estatísticas. Entre 1946 e 1972, cinco milhões de cidadãos de um país livre foram convocados para servir nas forças armadas "de tempos de paz" (*sic*). A cada ano que passa, 37% do orçamento nacional vai para a área militar. Os Estados Unidos são responsáveis por 27,6% de todos os gastos militares de todos os países do mundo. O sistema PX* do exército é o terceiro maior varejista dos Estados Unidos. O Departamento de Defesa possui terras equivalentes à área do estado de Ohio. E assim por diante.

Mas o que estamos ganhando com todo esse dinheiro gasto? Um corpo de oficiais "perfurador de bilhetes" de quinta categoria, segundo Loory. Ao que tudo indica, nenhum oficial tem permissão para permanecer tempo suficiente num trabalho qualquer para chegar a aprender a fazer bem alguma coisa. Para ser promovido, tem de conseguir que seu bilhete seja perfurado: primeiro algum tempo em campanha, depois a escola de comando, depois o Pentágono, etc. Toda essa movimentação ("turbulência de pessoal", é a simpática expressão adotada pelo exército) teve como resultado o que parece ser uma desmoralização quase absoluta das unidades básicas do exército. Nem bem acabam de aprender os nomes dos soldados de seus regimentos, os oficiais são despachados; o tempo dos comandantes é praticamente todo ele dedicado a problemas de drogas e de

(*) *Post Exchange*: sistema de lojas nas bases militares. (N. C.)

raça, especialmente na Europa. Até mesmo as forças nucleares da SAC (Comando Aéreo Estratégico), eternamente a postos na defesa do mundo livre, são a maior confusão. Não há a menor dúvida de que a segunda lei da termodinâmica está em ação, e que o processo é irreversível.

Mr. Loory compara desfavoravelmente as tropas americanas estacionadas na Alemanha com os soldados do Bundwehr. Ao que parece, as tropas americanas são alojadas em quartéis decrépitos e passam o tempo oprimidas pelo bestialógico que a "mentalidade West Point" acha tão interessante: quando não tiver nada para fazer, policie a área. Os alemães, por sua vez, têm quartéis modernos, treinamento interessante, uma boa dose de liberdade e, naturalmente, uma moeda mais forte. É uma bela desforra da história: agora os americanos são os prussianos — um tanto desleixados — e os prussianos se comportam como se o soldado raso fosse na realidade um membro inteligente da mesma raça de seus oficiais.

Na esteira da derrota da máquina militar americana na Ásia e dos conseqüentes abalos a nossas instituições nos Estados Unidos, há muitas questões a serem respondidas sobre que tipo de país afinal desejamos. A exaustão e a falta de recursos interromperam a longa marcha, do Atlântico às fronteiras da China. A elite de West Point não nos prestou bons serviços, embora jamais tenha disfarçado o fato de que somos o número três em sua lista de prioridades. Só que até mesmo quando tenta trabalhar pacificamente em prol do país, muitas vezes é uma ameaça. O Corpo de Engenheiros do Exército fez uma tal confusão ecológica com nossos rios e lagos que acabou sendo declarado "inimigo público número um" pelo juiz Douglas da Suprema Corte.

Não é de se espantar que o pessoal de West Point tenha mais sucesso quando se dedica a criar West Points em miniatura, especialmente na América Latina (embora a Etiópia e diversos outros países exóticos tenham sido semeados com academias tipo Dever, Honra, Pátria). Pelo mundo todo, os egressos de West Point estão fabricando elites militares treinadas não para lutar na guerra, mas para lutar contra aqueles que gostariam de aumentar a democracia em seus próprios países. Há um capítulo particularmente interessante no livro de Galloway e Johnson sobre os laços existentes entre o pessoal de West Point e seus pares na América Latina, em especial com o ditador da Nicarágua, Tachito Somoza (W. P. 1946).

Galloway e Johnson são favoráveis ao estacionamento dos quatro regimentos da Academia em quatro cidades diferentes, deixando-os mais próximos das raízes de, por exemplo, Harlem ou São Francisco. Eles acham que isso de algum modo familiarizaria o corpo de cadetes com sua terceira lealdade. Duvido muito. Estou de acordo com Davy Crockett e com o senador Wade: uma elite militar aristocrática é profundamente avessa à idéia desta república e de sua constituição. Como a próxima grande guerra será lutada através de computadores e por técnicos altamente treinados, não temos necessidade de um exército de 2 milhões de homens em tempos de paz, aliás nem de 200 mil. Não há dúvida de que um grande exército controlado pela elite de West Point continuará sendo um desperdício de dinheiro e uma fonte de guerras, exatamente como vem ocorrendo há quase um quarto de século.

Deixando de lado a moralidade de uma república que se dedica a tentar ser um império, atualmente carecemos dos recursos materiais necessários para continuar agindo como antigamente (as bombas de LBJ* acabaram, certa tarde, quando ele se encontrava no porão, em seu salão de guerras; mais tarde, Nixon ficou sem querosene para seus bombardeios). As verbas disponíveis seriam muito mais bem utilizadas se aplicadas à promoção de melhorias internas, como disse Henry Clay. Afinal de contas, as duas nações mais bem-sucedidas do mundo hoje em dia são o Japão e a Alemanha, e nenhuma das duas

(*) Lyndon B. Johnson. (N. T.)

conta com um efetivo militar muito grande. Essa lição simples deveria ser óbvia para os capitalistas americanos, não obstante muitos de nossos magnatas ficarem tão embasbacados diante da grandeza militar quanto qualquer plebeu: seus olhos se umedecem com a idéia da *Long Gray Line* e com o besteirol retumbante e auto-enaltecedor que o falecido Douglas MacArthur espalhava com tanto sucesso.

A atitude de enganar-se a si próprio é uma constante nas questões humanas. Não há dúvida de que sem uma grande dose de auto-ilusão nunca teríamos chegado à situação em que estamos, e a contribuição de West Point é indiscutível. Mas a realidade nunca foi o forte de West Point. Segundo George A. Custer (W. P. 1861), "O exército é o melhor amigo do índio". Já segundo a atual versão de West Point do que aconteceu no Vietnã, "A Guerra... acabou em agosto de 1968, quando tropas comunistas duramente atingidas foram incapazes de enfrentar a máquina de guerra dos aliados". Com historiadores como esses, quem é que precisa de generais?

Há indícios cada vez mais fortes, além disso, de que o soldado de hoje não continuará a suportar por muito mais tempo a opressão tradicional de West Point. A tese de John Helmer, em *Ideology and Primary Group* (Ideologia e Grupo Primário), deixa essa questão bastante clara. Segundo Helmer, a distância que separa a classe de oficiais de West Point e o soldado da classe trabalhadora é, hoje, quase intransponível. Como os homens da classe média tiveram condições de ficar de fora da pior parte da guerra do Vietnã, as tropas de combate foram fornecidas pela classe trabalhadora. Em pouco tempo eles se deram conta de que "na tática de localizar para destruir, que era a mais utilizada, o soldado da infantaria era, estritamente falando, a isca para agarrar o inimigo. De acordo com o plano, era-lhe atribuída a função de ser um alvo, um alvo fácil, para ser atacado pelo adversário, às custas de sua vida".

A mesma utilização cínica de homens é adotada na Europa, onde as tropas americanas, constituídas de soldados oriundos da classe trabalhadora, são, se não exatamente uma isca, reféns políticos para garantir uma reação americana "adequada" caso os soviéticos ataquem. Esses homens não precisam ser bons soldados; não têm de ser nada, só tem de estar lá. Só que não é preciso ser vidente para saber que se algum dia o exército soviético ocupasse Paris, os Estados Unidos abandonariam suas próprias tropas tão rapidamente quanto abandonariam seus aliados. O império americano não perderia uma única que fosse de suas cidades para salvar a Europa inteira — quanto mais 300 mil problemas (aos olhos da elite de West Point), com suas drogas, sua desordem, seu *fragging** de oficiais, que consideram uma classe estranha e hostil.

A primeira providência nos Estados Unidos de hoje é o desmantelamento da máquina militar. É óbvio que devemos continuar tornando desagradável a vida de qualquer pessoa que resolva nos atacar (naturalmente, isso poderia ser feito se parássemos de provocar as outras nações, mas isso seria pedir demais). O orçamento militar, porém, deve ser reduzido a um terço do que é hoje, e as academias militares devem ser fechadas.

O que fazer do corpo de oficiais? Essa é uma questão delicada. Os ex-alunos de West Point, hoje em dia, estão cada vez mais atuantes em política e, como sempre, estão do lado da reação. A teia de conexões que eles criaram com as academias militares da América Latina, da Ásia e da África faz com que eles sejam genuinamente internacionais. E suas criações podem inspirar-lhes idéias perigosas. Não seria inconcebível que um golpe do tipo que o general Butler recusou-se a liderar pudesse algum dia parecer atraente para um grupo de rapazes Honra, Dever, Pátria. Esperemos que Richard Nixon nunca peça ao general Haig (W. P. 1947) que feche o Congresso e a Suprema

(*) Termo surgido na guerra do Vietnã, designando o jogar granada nos oficiais. (N. C.)

Corte, para que o soberano possa dar andamento ao verdadeiro negócio do país, que é a construção de armas e a promoção de guerrinhas. Vai ser um desafio, como eles dizem, achar algum emprego adequado para nossa casta de oficiais.

Olho para a caneca de prata sentindo-me culpado, e penso nos generais que me presentearam com ela. Num belo dia de maio, há quatro anos, eu estava parado perto de meu tio, o general F. L. Vidal (W. P. 1933), na cabeceira de uma pista da Força Aérea perto de Washington, D.C. Meu tio, desajeitadamente, estava segurando o que parecia ser uma caixa de sapatos. "Está *pesado*", murmurou ele ao meu ouvido. Estremeci. Tal como o conteúdo da caixa (as cinzas de meu pai), sou um tanatófobo de toda a vida. Atrás de nós estava uma dúzia de colegas de turma de G. V. Entre eles, o solene, pomposo, macilento Leslie Groves — ele próprio morreria alguns meses mais tarde; e a figura simpática da direita, o general Wedemeyer.

Depois que o helicóptero partiu para sua missão, os velhos generais do império deram as condolências uns aos outros. O ícone de sua geração, o elegante atleta de meio século antes, acabara de partir para sempre: suas cinzas espalhavam-se pela zona rural da Virgínia. Os generais pareciam aturdidos; não tanto de tristeza como de um sentimento de mágoa diante do que o tempo faz aos homens e à sua inocência pessoal. Embora eu sempre tenha achado a lealdade recíproca dos ex-West Point uma coisa pungente (é; chega a ser honroso), não pude deixar de pensar, enquanto me afastava deles pela última vez, que o mal que eles haviam feito a este país e ao mundo ultrapassa de longe sua excelência pessoal, seu dever e sua honra. Mas também, esse país que eles nunca entenderam sempre ocupou o último lugar em suas afeições, sendo, portanto, a primeira, entre as suas lealdades, a ser traída.

The New York Review of Books, 18 de outubro de 1973

ELEANOR ROOSEVELT

Nicholas and Alexandra. Agora, *Eleanor and Franklin*. Quem é o próximo a receber o tratamento tandem? *Dick and Pat*? *J. Edgar and Clyde*? É óbvio que existe um enorme público curioso para saber o que se passa nos quartos do Palácio de Inverno e da Casa Branca, sem falar em quem cruzava com quem pelos corredores do poder. No fundo, esse tipo de voyeurismo não é mau num país onde as pessoas, como cobras, largam o passado todos os anos ("Hoje ninguém mais se lembra de que *houve* uma Depressão!" Foi o que Eleanor Roosevelt me disse em 1960, balançando a cabeça diante da passividade de um público que, conjuntamente, tínhamos tentado animar). Mas embora os americanos não gostem de história, gostam de novelas sobre má conduta sexual e doenças — especialmente doenças — de pessoas reais que ocupam altas posições: "Será que o Franklin, tão bonito e tão ambicioso, algum dia vai conseguir andar de novo? Não perca o próximo capítulo, amanhã".

O responsável pela mais recente espiadela em nossos senhores, em horário de serviço e fora dele, é Joseph Lash. Jornalista por ofício, ativista político por inclinação, velho amigo de Eleanor Roosevelt por obra do destino (dela e dele), Mr. Lash escreveu um livro muito comprido. Se fosse mais curto, venderia menos mas teria mais leitores. Infelizmente, Mr. Lash não conseguiu resistir à moda atual da biografia de sucesso: inclui tudo. A Escola da Lixeira deixa ao leitor a tarefa de organizar a confusão coletada pelo autor. Extratos bancários, convites para festas, enterros, libações na Galerie d'Apollon — tudo é apresentado de maneira sobriamente democrática. Nada é mais importante do que qualquer outra coisa. No mínimo, o resultado é "eruditamento" narrativo; no máximo, animada novela. Os louros do profeta já não florescem na Delfos abandonada de Plutarco, Johnson, Carlyle ou Strachey: os moinhos do doutorado poluíram as águas sagradas.

Devidamente consignadas as objeções, confesso que achei *Eleanor and Franklin* absolutamente fascinante. Embora Mr. Lash escreva basicamente sobre Eleanor Roosevelt, pessoa que conheci e a quem admirava, continuo achando impossível que alguém leia seu relato sem ficar comovido como eu fiquei. Afinal de contas, Eleanor Roosevelt era uma derradeira (*a* derradeira? a *única*?) flor daquela espinhosa consciência puritana americana que era, quando boa, muito, muito boa, e agora que quase desapareceu, as coisas estão pavorosas.

Há uma dúzia de anos, Mrs. Roosevelt pediu-me que fosse vê-la no Hyde Park. Fui de carro do lugar onde eu vivia, perto do rio Hudson, até o chalé de Val-Kill. Com alguma dificuldade, achei a casa. A porta da frente estava aberta. Entrei. "Alguém em casa?" Nenhuma resposta. Abri a primeira porta. Um banheiro. Para meu horror, ali, na frente da privada, estava Eleanor Roosevelt. Ela deu um gritinho assustado. "Ah, *nossa*!" Depois, resignada: "Bom, agora você sabe *tudo*". E deu um passo para o lado, permitindo que eu visse uma dúzia de gladíolos que estava ajeitando dentro do vaso sanitário. "Assim eles não murcham." Foi assim que começou nosso conhecimento político e pessoal.

Achei-a notavelmente sincera em relação a si própria e aos outros. A tal ponto que de vez em quando eu anotava alguma coisa, orgulhoso de ser o único a saber a verdade sobre isso ou aquilo. É desnecessário dizer que praticamente todas as "confidências" que ela me outorgou aparecem no livro de Mr. Lash, e estou em condições de atestar que ele registra com admirável exatidão tanto sua essência como seu estilo. De fato, lê-lo é como tê-la viva de novo, ouvir aquela voz estranha, aflautada e ao mesmo tempo precisa, com suas ênfases cuidadosas, sua nervosa escala de riso, o sorriso amplo que era calculado não só para prevenir a irritação, como para avisar aos inimigos potenciais que ali estava uma leoa bem capaz de transformar qualquer pessoa em refeição.

Depois, aqueles olhos azul-cinzentos, espertos, que olhavam e olhavam para você quando você não estava olhando para ela. Quando você a flagrava fazendo isso, ela corava — até com mais de 60 anos sua pele cinzenta, delicada, continuava se cobrindo de rubor —, ria, e olhava para outro lado. Quando não estava interessada em alguém, fazia uma pergunta educada; depois tirava os óculos, que estavam equipados com um aparelho de surdez, e ficava concordando com a cabeça afavelmente — isso quando não caía num de seus cochilos de trinta segundos.

O desenvolvimento de Eleanor Roosevelt é tão interessante de se ler quanto, sem dúvida, foi difícil de viver. Nasceu feinha. Filha de um pai alcoólatra a quem adorava. Criada por uma avó materna rigidamente religiosa em uma casa em Tivoli, Nova York, cerca de cinqüenta quilômetros ao norte de Hyde Park, onde seu primo Franklin também estava crescendo, um garotinho sem pai mimado pela mãe, a temível Sara Delano, que durante quarenta anos foi o constante dragão nunca abatido da vida de Eleanor.

Muito tempo depois da morte de Mrs. James (como Sara Delano Roosevelt era conhecida no Valley*), Eleanor continuava se referindo a ela com uma espécie de pasmo e uma leve distensão das veias nodosas em suas têmporas. "Só discuti *abertamente* com Mrs. James uma vez. Quando cheguei em

(*) Vale do rio Hudson. (N. C.)

Hyde Park descobri que ela tinha deixado as crianças inteiramente fora de controle. Nada do que eu queria que fosse feito em relação a eles fora feito. 'Mama', eu disse" (sílaba tônica na segunda sílaba, incidentalmente, à maneira francesa), " 'a senhora está *impossível*!" "E o que ela respondeu?", perguntei "Ora, nada." Mrs. Roosevelt me olhou levemente surpreendida. "Você vê, ela era uma *grande dame*. Nunca percebia *nada* de desagradável. No dia seguinte ela já tinha praticamente esquecido a coisa. Mas é claro que eu não tinha. Eu perdôo..." Um de seus ditos prediletos, que freqüentemente surgia em sua conversa, assim como — agora — nas páginas do livro de Mr. Lash, "mas eu *nunca* esqueço".

Se Mrs. James, porém, seria uma antagonista de toda a vida para Eleanor, seu pai seria o anjo bom — embora improvável —, um estímulo constante para a grandeza, tanto mais amado depois que morreu. Elliott Roosevelt era encantador e talentoso (muitas de suas cartas são notavelmente brilhantes e bem escritas), todos o adoravam, inclusive seu irmão mais velho, Theodore, o futuro Presidente. Elliott tinha tudo, como se costuma dizer; infelizmente, era alcoólatra. Quando por fim ele perdeu o controle sobre seu problema de bebida, a família o mandou para o sul; manteve-o longe de Eleanor e de seu irmão mais moço, Hall (que também seria alcoólatra). Durante essas longas ausências, pai e filha trocavam o que na realidade eram cartas de amor, em geral cheias de projetos de encontros. Mas quando esses raros encontros ocorriam, ele tinha tendência a desaparecer, deixando-a sentada sozinha em seu clube, até que, horas mais tarde, alguém se lembrava de que ela estava lá e a levava para casa.

Em suas cartas, porém, se não em sua vida, Elliott era um puritano moralista — com graça. Queria, simplesmente, que sua filha fosse boa. Hoje em dia é difícil fazer uma idéia do que significa ser bom, mas para aquela geração a palavra não era muito ambígua. Como Eleanor escreveu em 1927, em linhas claramente autobiográficas:

> Ela era uma coisinha feia, agudamente consciente de suas deficiências, e seu pai, a única pessoa que gostava dela de verdade, estava longe grande parte do tempo; mas ele nunca a criticava ou culpava, ao contrário, escrevia-lhe cartas e histórias contando-lhe seus sonhos para quando ela crescesse e o que os dois fariam juntos no futuro, mas ela tinha que ser sincera, leal, corajosa, bem-educada, senão a mulher com quem ele sonhava não estaria ali quando chegasse o dia esplêndido em que os dois passariam a avançar juntos. A criança estava cheia de medos, e por causa deles era fácil mentir; naquela época ela não tinha nenhum estímulo intelectual; *mesmo assim, à medida que os anos foram passando, ela se transformou numa cópia bastante boa do quadro que ele pintara.*

Como depois se verificou, Eleanor não passou a avançar junto com seu pai Elliott, mas com o primo dele, Franklin, e na realidade ela era todas as coisas que o pai quisera que ela fosse, o que fez com que seu casamento fosse difícil e a obra de sua vida, grandiosa.

Elliott morreu em 1894, assistido por uma amante. Eleanor, então com 10 anos, continuou a viver na casa sombria de Tivoli, e seu caráter foi-se formando de uma maneira que indicava que algo de pouco comum estava se passando. O tipo de mundo em que ela estava vivendo dificilmente poderia tê-la inspirado a escrever, como fez aos 14 anos:

> Aqueles que são ambiciosos & conquistam um lugar & um nome no grande mundo para si próprios são quase sempre desprezados & ridicularizados por almas menores que não foram capazes de se realizar da mesma maneira & tudo o que eles fazem para o bem dos homens é visto como errado & mesmo assim eles fazem o bem e deixam sua marca ao longo das idades & se eles não tivessem sido ambiciosos será que algum dia teriam deixado uma marca?

Isto foi escrito na era de Ward McAllister, quando os melhores círculos ainda estavam ocupados em dourar a idade com excessos brilhantes. Eleanor já era diferente dos outros de sua classe e de seu tempo.

A virada — a ligada — de sua vida foi em Allenswood, uma escola inglesa dirigida pela formidável Mlle. Souvestre, uma livre-pensadora (sem dúvida chocante aos olhos de Eleanor, que permaneceu uma cristã fiel até o fim de seus dias), politicamente liberal. Os leitores de *Olivia* conhecem a escola através dos olhos de sua autora, Dorothy Bussy — uma irmã de Lytton Strachey. Allenswood era uma atmosfera perfeita para a formação de um caráter e para "povoar uma mente". A desajeitada e tolhida menina americana floresceu, chegou a ficar popular. Alguns dos ensaios de Eleanor escritos nesse período são muito bons. Sobre literatura:

"Os maiores homens muitas vezes escrevem muito mal e tanto melhor para eles. Não é neles que vamos buscar um estilo perfeito, mas nos escritores secundários (Horácio, La Bruyère) — deve-se conhecer os mestres de cor, adorá-los, tentar pensar como eles, depois abandoná-los para sempre. Do ponto de vista da instrução técnica, há pouco proveito a tirar dos homens de gênio eruditos e acabados".

Flaubert falou de Balzac com a mesma exatidão (mas é improvável que Eleanor tivesse podido ler aquele relato de jantar Chez Magny). Ela aperfeiçoou seu francês, aprendeu italiano e alemão e ficou civilizada, de acordo com os melhores padrões da época.

Com quase 18 anos, Eleanor voltou para os Estados Unidos. Isso em 1902: tempo de grandes esperanças para a República. Tio Theodore era o Presidente mais moço da história. Reformador (até certo ponto), ele era um belo exemplo do tipo "certo" de ambição. Mas Tivoli não estava mais animado do que no passado. Na realidade, a vida lá era positivamente perigosa, por causa do tio Vallie, um fantástico caçador alcoólatra que gostava de se postar numa janela do andar de cima para, quando a família se agrupava no gramado, abrir fogo com uma espingarda de caça, forçando-os a se protegerem atrás das árvores (nos anos 40, um jovem crítico afirmou-nos solenemente que os Estados Unidos jamais teriam uma literatura decente porque não havia um sistema de classes rico e complexo!). Não é de se estranhar que Eleanor achasse o Volstead Act* uma coisa fantástica e se recusasse a servir bebida em sua casa durante muitos anos.

Eleanor foi apresentada à sociedade, como seria de se esperar: sofria pelo que considerava uma aparência pouco graciosa. Todos gostavam muito dela, porém, especialmente seu primo Franklin (conhecido pela prima *deles*, Alice, como "O Espanador de Penas": "Você sabe, o tipo de pessoa que você nunca convidaria para o jantar, só para depois"). Durante esse período, a consciência social de Eleanor estava começando a se mover. Ela trabalhou em um abrigo para necessitados onde, além de ver como os pobres viviam, encontrou uma geração de mulheres favoráveis a reformas, muitas delas ativas também no movimento das sufragistas. Eleanor demorou para aderir aos direitos da mulher. Mas aderiu. Tal como foi capaz de modificar seus preconceitos contra judeus e negros (uma vez foi criticada pelo NAACP** por se referir aos negros como "escurinhos", como eram chamados naquela época).

Franklin começou a cortejá-la. As cartas que lhe escreveu, ela as destruiu — sem dúvida um gesto simbólico — quando descobriu que ele vivia em adultério. Mas as cartas dela ainda existem. São sérias (ela fora apelidada de "Granny"***); também são ambiciosas. Era o par perfeito para um rapaz que resolvera escalar o ápice do mundo. Esse é um sinal do gênio — se é que a palavra é essa — de Franklin: mesmo em sua moci-

(*) Lei de 1919 proibindo a venda de bebidas alcoólicas. (N. C.)

(**) NAACP: National Association for the Advancement of Colored People. Uma das primeiras organizações (fundada em 1909) a lutar contra a segregação racial e, mais tarde, pelos direitos civis dos negros. (N. C.)

(***) Vovó. (N. T.)

dade mimada e inexperiente, ele teve suficiente bom senso para perceber do que Eleanor era feita.

A cerimônia de casamento foi uma bela comédia. A noiva e o noivo apagaram-se completamente com a presença do tio Ted. Eleanor achou graça, Franklin não. Mr. Lash não percebe — ou omite — um fator importante do casamento. Apesar de todas as virtudes de Eleanor (que não eram imediatamente evidentes para o mundo elegante, que Franklin bem que apreciava), ela era um bom partido graças a uma excelente razão: era sobrinha do presidente, e não simplesmente de um presidente qualquer, mas de um fenômeno político ímpar, que levantara o país como nenhum outro presidente desde Jackson. Suspeito que isso pesou muito para Franklin. Claro que quando chegou a hora de ele se candidatar pelo Partido Democrata, muitos republicanos votaram nele simplesmente porque seu nome era Roosevelt e porque era casado com a sobrinha do paladino.

Como todo mundo sabe, Franklin e Eleanor eram uma poderosa dupla política. Mas a nível pessoal, o casamento provavelmente nunca foi feliz. Uma das razões é que Eleanor nunca gostou de sexo, como confidenciou muitos anos depois à filha. Franklin obviamente gostava. Além disso, havia a mãe dele. As vidas do jovem casal eram manipuladas em grande medida por Mrs. James, que continuou sendo dona da casa em Hyde Park até morrer. Dá pena ler um bilhete de Eleanor a Franklin depois da morte da velha senhora, em 1941, pedindo licença para mudar móveis de lugar — licença que não recebeu, pois o lugar foi mantido, enquanto Franklin viveu (e como é até hoje), do jeito que a mãe dele queria — e que gosto mais horrivelmente vitoriano! Mas o ambiente nunca teve grande importância para ninguém na família, embora Mrs. Roosevelt tenha-me dito uma vez como "Mr. Truman me levou para dar uma olhada na Casa Branca, que ele tinha acabado de reformar, e estava tão orgulhoso do andar superior, que para mim parecia *exatamente* igual a um hotel Sheraton!".

Franklin entrou no Senado do Estado. Eleanor aprendeu a fazer discursos — o que não era coisa fácil porque tinha uma voz aguda, com uma tendência a fugir ao controle. Ela acabou procurando um especialista de voz. "Você precisa contar ao Presidente Kennedy. Os exercícios fizeram milagres com minha voz." Uma risadinha. "É, eu sei, minha voz não parece lá *tão* boa, mas não há dúvida de que antes era muito pior, e Mr. Kennedy tem necessidade de auxílio, porque fala muito depressa e muito fino para que a pessoa comum possa entendê-lo."

Observei que, na era da televisão, bastava olhar para o locutor. Ela não se convenceu. A gente fala com as pessoas para *educá-las*. Era para isso que servia a política, como ela foi uma das últimas pessoas a acreditar.

É impressionante a quantidade de coisas que se sabia, na época, sobre a vida particular das personalidades. A vida política de meu avô, o senador Gore, chegou ao fim em 1936, depois de um conflito com o presidente Roosevelt ("Este cheque de desemprego é o último que você irá receber se Gore for reeleito" era a bela tática em Oklahoma), mas em épocas anteriores os dois faziam parte da ala liberal do Partido Democrata, e quando Franklin veio para Washington como Secretário-Adjunto da Marinha, com Wilson presidente, havia uma relação amistosa com o senador. Naquela época, Washington era uma cidade pequena, e todo mundo sabia tudo sobre a vida particular de todo mundo. Não faz tanto tempo que Alice Longworth conseguiu dar um susto até em mim: "Daisy Harriman me disse que sempre que ficava sozinha com o senador Gore ele pulava em cima dela. Nunca consegui entender por que ele gostava dela. Afinal, ele era *cego*. É que a Daisy sempre teve cheiro bom".*

Enquanto isso, os Gore não perdiam os Roosevelt de vis-

(*) Minha irmã reagiu a essa história relembrando a Mrs. Longworth determinado incidente bizarro ocorrido no escritório do governador, em Albany, entre T. R. e uma senhora. Mrs. Longworth não achou graça.

ta. Franklin se apaixonou pela jovem secretária de Eleanor, Lucy Mercer, e os dois mantiveram um caso tórrido (todo mundo sabia em Washington, fora Eleanor, que descobriu a verdade, como nas novelas, de modo provado e comprovado: examinando inocentemente a correspondência do marido uma vez em que ele estava doente). O senador Gore costumava dizer: "Que castigo deve ser para Eleanor! Ela passa a noite inteira acordada no alpendre, até ele chegar em casa". Eu nunca soube exatamente o que isso queria dizer. Agora Mr. Lash nos conta "a história do alpendre". Irritada com as atenções do marido para com Lucy em uma festa, Eleanor voltou para casa sozinha, mas como Franklin estava com as chaves, passou boa parte da noite sentada no alpendre.

Mais tarde, ao defrontar-se com a prova da infidelidade de Franklin, Eleanor agiu com decisão. Ela lhe concederia o divórcio, mas, sublinhou, ela tinha cinco filhos e Lucy teria de criá-los. Lucy, que era católica, e Franklin, que estava construindo uma carreira política, resolveram esfriar o caso. Mas no final da vida dele os dois começaram a se encontrar novamente. Ele morreu junto de Lucy, no quarto, em Warm Springs, com Eleanor longe dali. Eleanor não estava sabendo de nada até o dia da morte do marido. A julgar-se pelo que ela escreveu mais adiante sobre aquele dia, uma certa dose costumeira de sofrimento aparentemente não chegou a se manifestar.

Quando Franklin ficou com poliomielite, em 1921, Eleanor se desdobrou. Por ele participou de comissões, manteve-se informada sobre a situação política, prosseguiu suas próprias obras assistenciais. Quando o decidido casal finalmente chegou à Casa Branca, Eleanor tornou-se por ela própria, figura de destaque nacional. Tinha seu próprio programa de rádio. Escrevia uma coluna para uma cadeia de jornais. Dava conferências de imprensa regularmente. Finalmente, era amada, e em escala monumental. Também era odiada. Mas com 14 anos ela previra tudo ("É melhor ser ambicioso & fazer alguma coisa do que não ter ambição & não fazer nada").

Boa parte do que Mr. Lash escreve é novidade para mim (ou sabido e esquecido), especialmente o apoio de Eleanor a Arthurdale, uma tentativa de criar uma comunidade em West Virginia onde os mineiros desempregados pudessem possuir uma casa, um pedaço de terra para cultivar alguma coisa, e trabalho em troca de salários decentes em uma fábrica perto dali. Foi um belo sonho e uma catástrofe burocrática. As casas foram distribuídas ao acaso e não havia sinal de instalação da fábrica (durante anos e anos qualquer empresário que quisesse ser convidado à Casa Branca só tinha que dar a entender a Eleanor que havia a possibilidade de que ele levasse a indústria para Arthurdale). É óbvio que a direita começou a rosnar, falando em socialismo.

Nos Estados Unidos a direita sempre acreditou que os que têm dinheiro são boas pessoas e os que não têm são más pessoas. Num nível mais profundo, nossos conservadores são darwinistas autênticos e acham que os fracos e pobres deveriam desaparecer do planeta, deixando os despojos para os habilitados. Não há dúvida de que a pior coisa que uma pessoa pode ser é um filantropo ingênuo: um pervertido social que, com subsídios governamentais, alterasse a maneira áspera mas necessária como a natureza trata os fracos. Eleanor sempre entendeu a natureza do inimigo: ela também era uma puritana. Mas como era cristã e não maniqueísta, sentia-se obrigada a trabalhar a favor dos que haviam recebido um mau quinhão ao nascerem. Nem é preciso dizer que Franklin achava ótimo deixá-la cuidar de seus negócios, aumentando o número dos que o apoiavam.

"Eleanor tem esse policial, com quem vive num chalé perto de Hyde Park." Essa eu nunca acreditei, mas juro que aqui o policial está nas páginas de Mr. Lash. O sargento Earl R. Miller foi designado pela primeira vez para servir junto ao casal Roosevelt ainda no tempo de Albany. Depois ficou amigo de Eleanor. Durante muitos anos ela serviu de mãe para ele, era simpática com suas namoradas e mulheres, tudo perfeitamente inocente — para qualquer pessoa, menos para um republicano. Um aspecto curioso da vida política americana é que a direita tem um fraco pela difamação sexual. Eleanor me disse: "Há pessoas em Hyde Park que conheceram Franklin a vida inteira e que disseram que ele não teve poliomielite, mas o tipo de doença que se tem quando não se tem uma vida *direita*".

A esquerda também joga sujo, mas não me recordo de tê-los visto organizar campanhas de falatórios de caráter sexual contra Nixon, digamos, assim como a direita tantas vezes faz contra personalidades liberais. Sabendo da aversão ativa de Eleanor pelo sexo enquanto assunto e, segundo as afirmações de sua filha, enquanto fato, acho altamente improvável que algum dia ela tenha tido um caso com alguém. Mas ela tinha necessidade de afeto, e ciumentamente agarrava-se aos amigos, ajudava-os, protegia-os — muitas vezes imprudentemente. Mr. Lash faz uma descrição pungente da dor de Eleanor quando percebeu que *seu* amigo Harry Hopkins tinha transferido sua devoção para Franklin — a sangue frio.

Eleanor também se defrontou com a secretária — e mulher *de facto* — do presidente, Missy Le Hand ("Todos sabem que o velho vive com ela há anos", disse um dos filhos Roosevelt a meu pai, que tinha acabado de entrar no subgabinete. Meu pai, um ingênuo de West Point; a partir daquele momento passou a considerar os arranjos da família Roosevelt como não de todo diferentes dos de Ibn Saud). Mesmo assim, quando Missy estava morrendo, quem ligava para ela era Eleanor. Franklin simplesmente deixou-a cair. Só que provavelmente isso não foi nenhuma surpresa para Missy. Uma vez ela disse a Fulton Oursler que o presidente "era realmente incapaz de manter uma amizade pessoal com alguém".

Mr. Lash escreve um bocado sobre a longa amizade de Eleanor com duas senhoras muito bem calçadas, Marion Dickerman e Nancy Cook. Durante anos, Eleanor dividiu o chalé Val-Kill com as duas; juntas, dirigiam uma fábrica de móveis e a escola de Todhunter, onde Eleanor lecionou até ir para a Casa

Branca. A relação das três mulheres parece ser especialmente complicada, e Mr. Lash não consegue extrair grande coisa dela. As coisas terminaram mal, com uma troca de cartas, repletas de uma amargura pouco característica do lado de Eleanor. Ah, se a autora de *Olivia* tivesse tentado alguma coisa com esse material!

Em certo sentido, Eleanor não teve nenhuma vida pessoal depois que começaram os anos de Casa Branca. Estava sempre envolvida em atividades (e não parou de se mexer durante sua longa viuvez). Sofreu muitas desilusões, de parte de amigos e da família. Lembro de sua descrição divertida de Caroline Kennedy, e de como era bom que os dois filhos dos Kennedy saíssem da Casa Branca ainda pequenos porque — franziu a testa e balançou a cabeça — "É um lugar horrível para jovens crescerem, continuamente adulados e — *usados*".

Eu estava com ela no dia em que chegou a notícia de que um de seus filhos tinha se casado de novo. Estávamos conversando quando ele telefonou para ela; ela sorriu e murmurou, diversas vezes: "É, querido... é, estou muito feliz". Quando desligou, seu rosto estava severo, como se fosse de pedra. "Você ia achar que ele devia contar para a mãe *primeiro*, antes de informar à imprensa." Mas aquela era uma fraqueza incomum. Sua afirmação mais comum era: "as pessoas são como são, não dá para mudá-las". Como era óbvio que ela começara a vida como o tipo de puritana que acha que as pessoas não só podiam, como deviam, ser mudadas, não há dúvida de que essa tolerância posterior foi conquistada com algum esforço.

Quando fui escolhido candidato democrata-liberal para o Congresso, Eleanor (a quem eu chamava de Mrs. R), no início, acolheu a idéia com frieza — eu a conhecera de longe a vida inteira (ela havia gostado de meu pai e detestado meu avô). Mas à medida que a campanha foi-se desenvolvendo e que comecei a subir nas pesquisas e que de repente se teve a impressão, milagre dos milagres, de que pela primeira vez em 50 anos o Partido Democrata podia ganhar uma eleição para o Congresso em Dutchess County (desde a eleição de Franklin para o Senado, na realidade), ela foi ficando cada vez mais entusiástica. Esteve a meu lado em diversas reuniões. Ofereceu um chá em Val-Kill para as militantes engajadas na campanha. Quando as mulheres iam saindo, o telefone tocou. Ela falou alguns minutos em voz baixa, desligou, despediu-se da última das senhoras, teve uma conversa reservada comigo para me dar algum conselho político, estava exatamente como sempre, só que as lágrimas corriam por seu rosto. Enquanto ia dirigindo para casa, ouvi no rádio do carro que sua neta preferida acabara de morrer.

Em anos posteriores, embora Eleanor, se perguntada, falasse sobre o passado, ela não era dada a perambular pela trilha da memória adentro. Na realidade, ela desprezava os velhos que viviam no passado, especialmente os políticos dados ao vício ciceroniano de exagerar a contribuição que haviam dado à história, categoria em que classificava sem vacilar aquele exótico Dom Quixote da guerra fria, Dean Acheson. Ela também era indiferente à própria morte. "Lembro da rainha Guilhermina, quando veio fazer uma visita durante a guerra" (como boa democrata que era, nada que fosse real era estranho para Eleanor) "e de como ela se sentava debaixo de uma árvore no gramado para comungar com os mortos. Ela chegava a tentar *me* interessar pelo espiritismo, mas eu sempre dizia: Já que de todo jeito vamos ficar mortas durante tanto tempo, acho uma perda de tempo ficar conversando com todos eles *antes* de chegarmos lá".

Embora fosse uma amiga maravilhosa e uma consciência para o mundo, tenho a impressão de que ela era um tanto insatisfatória como parente. Muitas vezes os descendentes e as pessoas de suas relações mostram-se duros e ressentidos quando ela é mencionada. Não tinha paciência com os que, ocupando de nascença uma boa posição para desenvolver uma obra humanitária, eram — pecado dos pecados — infelizes. Uma mulher que conheço foi discutir com ela um casamento desastroso;

foi embora gelada até os ossos. Essas coisas eram para ser suportadas.

O que Eleanor sentia em relação a Franklin? Isso é um enigma; é possível que nem ela tenha classificado seu sentimento. Ele era complexo, frio e cruel (tantas das histórias que ela contava sobre a vida com ele terminavam: "Aí saí *correndo* da mesa, chorando!"). Ele gostava de contar a ela a última "piada de Eleanor"; seu senso de humor era grosseiro. Mr. Lash, um romântico, acha que ela continuou a amá-lo até o fim (um dos poemas favoritos dos dois, de E. B. Browning, dizia: "*Unless you can swear, 'For life, for death,'/ Oh, fear to call it loving!*"*). Mas fico pensando. Não há dúvida de que ele a feriu mortalmente em sua relação particular; pior, freqüentemente deixou de emprestar-lhe apoio em sua vida pública conjunta. Mas ela respeitava sua habilidade, mesmo quando deplorava sua tática.

Também tenho minhas dúvidas sobre se ela o entendia. Uma vez Eleanor me contou que havia ficado surpreendida com uma coisa no testamento dele. Queria que um dos lados de seu caixão ficasse aberto. "Bom, quando ele morreu não havíamos lido o testamento, e claro que quando lemos já era tarde demais. Mas *que será* que ele queria dizer com isso?" Eu sabia, e disse a ela: "Ele queria, fisicamente, voltar a entrar em circulação, tão depressa quanto possível, no roseiral". Ela olhou para mim como se aquele fosse a coisa mais louca que já tinha ouvido.

Tenho a impressão de que os melhores anos da vida de Eleanor foram os de sua viuvez. Era independente, tinha deixado de ser acessória à carreira dele. A esse respeito, ofereço uma historiazinha de Mr. Lash. Éramos quatro à mesa: Mrs. Tracy Dows, Mrs. Roosevelt, o tio dela, David Gray (nosso em-

(*) A não ser que você possa jurar, "Para a vida e para a morte",/ Ah, não chame isso de amor!

baixador na Irlanda durante a guerra), e eu. Eleanor começou: "Quando Mr. Joe Kennedy voltou de Londres, durante a guerra...". David Gray interrompeu-a. "Desgraçado dum covarde, aquele Joe Kennedy! Morto de medo de que jogassem uma bomba nele." Eleanor limitou-se a sorrir e continuou. "Seja como for, ele voltou para Boston e deu aquela *infeliz* entrevista colocando-se... bom, um tanto *criticamente* em relação a nós."

Dirigiu-me seu sorriso de professora e uma observação à parte: "Você vê, é muito engraçado, mas seja o que for que as pessoas dizem a nosso respeito, quase sempre ficamos sabendo. Não sei *como* isso acontece, mas acontece". David Gray reclamou. "Sujeito desagradável, aquele Joe. Achava que sabia tudo. Desgraçado dum covarde." Eu não disse nada, pois estava tentando convencer Eleanor a apoiar o filho do maldito Joe na convenção do Partido Democrata, coisa que ela acabou não conseguindo se decidir a fazer.

"Bom, *meu* Franklin dizia, 'Melhor que ele venha até aqui' — estávamos em Hyde Park —, 'aí vamos ficar sabendo o que ele tem a nos dizer'. Mr. Kennedy, portanto, chegou a Rhinecliff de trem; fui a seu encontro e levei-o direto a Franklin. Bem, dez minutos mais tarde um dos assessores veio e disse: 'O presidente quer vê-la imediatamente'. Aquilo era inaudito. Por isso *precipitei-me* para o escritório e lá estava Franklin, branco como um lençol. Pediu a Mr. Kennedy que saísse por um momento e me disse com voz *trêmula*: 'Nunca mais quero ver esse homem enquanto eu viver'." David Gray concordou com a cabeça: "Queria que fizéssemos um acordo com Hitler". Mas Eleanor não quis entrar na questão. "Fosse o que fosse, era *muito* ruim. Depois Franklin disse: 'Tire ele daqui', e eu disse, 'Mas, querido, você o convidou para passar o fim de semana, temos convidados para o almoço e o trem só sai às duas', e Franklin disse, 'Então dê uma volta de carro com ele para mostrar Hyde Park, depois ponha-o no trem' e fiz isso; foram as quatro horas mais horríveis da minha vida!" Riu. Depois acrescentou, séria: "Fico pensando se algum dia se saberá a *verdadeira* história de Joe Kennedy".

Ler o livro de Mr. Lash é voltar a viver não só o período esperançoso da vida americana (1933-40), mas o curto período de triunfo mundial (1941-45). O livro se interrompe, misericordiosamente, com a morte do presidente e o fim de Eleanor e Franklin (Mr. Lash tem razão ao colocar o nome dela primeiro; dos dois, ela era a maior). Também com o fim de... quê? Da inocência americana? Do otimismo americano? A partir de 1950, nossa história foi-se tornando cada vez mais sórdida. Tampouco se pode dizer que seja pela falta de gente boa e brilhante nos altos postos: sempre que necessárias, essas pessoas estão disponíveis. O que acontece é que a corrupção do império desgastou as próprias palavras. Vivemos agora numa sociedade da qual nenhum de nós gosta muito, que todos gostaríamos de mudar, mas ninguém sabe como. O mais pavoroso de tudo é que agora existe uma sensação de que o que deu errado para nós talvez seja irreversível. O império não irá liquidar-se a si mesmo. Os lagos, rios e mares nunca mais serão límpidos. A corrida armamentista não se interromperá. A terra arruinada com inseticidas e fertilizantes não se recuperará. A falência total chegará.

Ler sobre Eleanor e Franklin é chorar sobre o que perdemos. Foi-se o antigo sentimento americano de que tudo o que houver de errado na sociedade humana pode ser endireitado através da ação humana. Eleanor nunca deixou de acreditar nisso. Uma fé singela, simplista, sem dúvida — mas que lhe deu uma estóica serenidade. No trem fúnebre, indo da Georgia para Washington: "Passei a noite deitada em meu beliche com a cortina da janela levantada, olhando para esses campos que ele amou e observando os rostos das pessoas nas estações, até nas encruzilhadas, que tinham vindo prestar seu último tributo durante a noite inteira. A única coisa de que me lembro claramente é de ter pensando no 'The Lonesome Train', o poema musical sobre a morte de Lincoln. ('*A lonesome train on a lone-*

some track/ Seven coaches painted black/ A slow train, a quiet train/ Carrying Lincoln home again...')*. Eu sempre gostara desse poema — e agora tudo era tão parecido com ele".

Meus pensamentos eram diferentes em 1962, em Hyde Park, de pé ao lado do 33º, do 34º, do 35º e do 36º presidentes dos Estados Unidos, para não falar em todos os demais personagens do período Roosevelt reunidos no enterro dela (diferentemente das personagens douradas do último capítulo de Proust, todos eles davam a impressão de ser, senão menores do que a vida, menores do que a lenda — apenas bonecos enrugados pela Marcha do Tempo que em breve seriam descartados). Veja-se ou não Eleanor Roosevelt como um *ombudsman* mundial, ou como alguém que explica ininterruptamente, ou como o flagelo dos egoístas, ela era única em sua utilidade. Quando a urna que a continha passou por mim, pensei: bom, é isso. Agora temos que tratar da vida sozinhos.

The New York Review of Books, 18 de novembro de 1971

(*) Um trem solitário por trilhos solitários/Sete vagões pintados de preto/Um trem lento, um trem silencioso/Levando Lincoln de volta pra casa.

O MOVIMENTO DE LIBERTAÇÃO DAS MULHERES ENCONTRA O HOMEM MILLER-MAILER-MANSON

Qualquer menino de escola faz uma idéia muito clara de qual era a situação em Sodoma, mas o que estava acontecendo em Gomorra é tão misterioso para nós quanto o nome que Aquiles adotou quando ia para o meio das mulheres. Pelo menos era. Graças a Eva Figes, autora de *Patriarchal Attitudes* (Atitudes Patriarcais), atualmente sabemos o que os gomorreanos andavam aprontando. Miss Figes cita um *midrash* palestino do século VIII que tenta explicar a verdadeira razão do Dilúvio (uma das melhores piadas do Antigo Testamento). Aparentemente, o acesso à Arca era extremamente restrito. "Algumas autoridades dizem que, conforme as instruções de Deus, se o macho dominava a fêmea de sua própria espécie, ambos eram admitidos, do contrário não."

O Pai Criador tinha uma opinião muito definida sobre qual deveria ser a posição da mulher (debaixo do homem); um dos raros erros que ele admitiu ter cometido foi a criação de Lilith como companheira de Adão. E usando o mesmo pó... mas ouçamos a história contada com suas próprias palavras, rabinicamente adivinhadas no século V.

> Adão e Lilith nunca tinham paz juntos; pois quando ele desejava deitar-se com ela, ela ficava ofendida com a posição pas-

siva que ele lhe determinava. "Por que devo deitar-me por baixo de você?", ela perguntava. "Também fui feita do pó, e portanto sou sua igual." Porque Adão tentava obter sua obediência através da força, Lilith, furiosa, pronunciou o nome mágico de Deus, subiu pelos ares e o abandonou.

Diz-se que a exilada Lilith continua até hoje nas redondezas do *Zeitgeist*, provocando a morte de bebês no sono por sufocamento, polução noturna nos homens, e fazendo Kate Millett, Betty Friedan, Germaine Greer e Eva Figes escreverem livros.

A reação provocada por *Sexual Politics*, *Feminine Mystique* (Política Sexual, Mística Feminina) e todos os outros livros do mesmo tipo foi tão interessante quanto tudo o que aconteceu em nossa era, com excessão, talvez, da carreira política de Richard Nixon. O ódio que essas moças despertaram, a meu ver, é prova definitiva de que o argumento central delas é válido. Os homens odeiam as mulheres (ou, como diz Germaine Greer: "As mulheres têm apenas uma pálida idéia de quanto os homens as odeiam") e sonham com torturas, assassinatos, abandonos.

Não é por acaso que nos Estados Unidos a expressão "sexo e violência" seja usada como uma só palavra, para descrever atos de idêntica maldade, idêntico prazer e idêntico perigo diante da lei e da ordem que nossos senhores querem nos obrigar a aceitar. Equiparar sexo a violência, porém, muda a natureza de ambos (as palavras nos governam mais do que a anatomia), e é mais do que óbvio que aqueles que temem aquilo que chamam de permissividade fazem-no porque sabem que, se o sexo for realmente liberado do tabu, acabará provocando tortura e assassinato, porque é com isso que *eles* sonham, ou, como diz Norman Mailer, "O assassinato nos oferece a promessa de um enorme alívio. Nunca é uma coisa não-sexual".

Entre Henry Miller, Norman Mailer e Charles Manson houve uma progressão lógica. O homem Miller-Mailer-Manson (ou M3, para simplificar) foi condicionado a pensar nas mulheres, na melhor das hipóteses, como produtoras de filhos; na pior, como objetos a serem espicaçados, humilhados e mortos. Nem precisa dizer que a reação de M3 ao Movimento de Libertação das Mulheres foi de absoluto pânico. Ele está convencido de que se permite que as mulheres assumam uma posição de igualdade com os homens, elas irão tratar os homens da maneira como os homens as trataram, maneira que, até M3 há de concordar, não foi lá muito boa, ou, como observou Catão, o Censor, se a mulher for transformada em igual do homem, em pouco tempo se transformará em seu amo.

M3 sabe que as mulheres são perigosamente diferentes dos homens, e menos inteligentes (mesmo tendo um ou outro dote: costura, cuidado das crianças, histórias de detetives). Quando uma mulher demonstra ser superior em, digamos, engenharia, Freud deu um jeito nessa anomalia lembrando-nos que como ela é um ser bissexual, como todos nós, seu pendor para a engenharia simplesmente significa que ela tem uma dose um pouquinho mais elevada do rapazinho que existe nela, como uma vez observou W. C. Fields a Grady Sutton, numa ocasião semelhante.

As mulheres não vão conseguir vencer enquanto o M3 não se transformar, o que ainda vai levar muito tempo. Enquanto isso, a fase atual da batalha é intensa e esclarecedora. M3 está na defensiva, gritando palavrões; ele acha que berrar "lésbica" basta para fazer as meninas caírem no choro, mas até o momento elas não aceitaram a provocação. Algumas delas chegaram a admitir um leve lesbianismo de vez em quando, juntamente com relações heterossexuais cálidas e maduras, do tipo profundamente significativo e frutífero que traz ao mundo crianças muito necessárias ("Boas trepadas dão bons bebês" — Norman Mailer). Te amo, Marion, também te amo, Marvin. As mulheres estão reagindo com uma série de livros e de declarações que vão do guincho à literatura. É nessa última categoria que devemos incluir Eva Figes, que, de todas, é a única cuja obra pode ser posta ao lado do famoso artigo de John Stuart

Mill sobre a questão, sem parecer pretensiosa nem dar a impressão de estar se autopromovendo.

Na realidade, todas as moças estão escrevendo o mesmo livro. Sempre começam fazendo uma rápida descrição biológica do corpo humano, depois denunciam Moisés e São Paulo, felicitam Mill, espezinham Freud (aquele erro sobre o orgasmo vaginal custou-lhe a glória), suspiram por Marx, atacam M3 e encerram pedindo mais creches, liberdade para o aborto, salários iguais e, na maioria dos casos, fim do casamento. São coisas que parece valerem a pena fazer. E até M3 anda dizendo que é claro que as mulheres deveriam receber um salário igual ao do homem pelo mesmo trabalho. Somente nesse ponto, o Movimento de Libertação das Mulheres já ganhou uma batalha importante, porque até recentemente M3 ficava louco com a idéia de que uma mulher pudesse ganhar tanto quanto ele para fazer o mesmo trabalho.

Figes começa sua obra curta e elegante com uma tentativa de definir masculino e feminino. Será que existe alguma diferença real entre homem e mulher além das observadas no aparelho genital? Figes reconhece que existe uma flutuação sistemática dos níveis de progesterona durante o ciclo menstrual e a gravidez da mulher; essas flutuações provocam os "humores", que se interrompem com a menopausa. Mas Figes marca um ponto extremamente revelador quando observa que embora exista pouca ou nenhuma diferença hormonal entre meninas e meninos antes da puberdade, com cerca de quatro ou cinco anos de idade os meninos já se comportam de modo muito diferente do das meninas. Como não existe nenhuma explicação hormonal para esse fato, a resposta é, sem sombra de dúvida, uma questão de doutrinação.

O que Figes está dizendo e o que qualquer pessoa que tiver pensado alguma vez com um mínimo de seriedade sobre a condição humana sabe, é que somos, ou tentamos ser, o que nossa sociedade quer que sejamos. Não há nada de inato em nós que possa ser chamado masculino ou feminino. Temos alguns impulsos em comum, em relação à sobrevivência. Mas nosso impulso para procriar, por mais estranho que pareça, não é tão poderoso quanto poderíamos ser levados a acreditar com a atual obsessão pelo sexo.

Dentre todos os mamíferos, o homem é o único que tem de aprender a se acasalar. Nas sociedades abertas, isso é realizado através da observação, mas numa sociedade puritana encoberta, ameaçadora, sexo é um segredo sujo, o corpo é indecente e fazer amor é um negócio cheio de culpa, que às vezes se transforma numa coisa horrível por pura ignorância do que fazer. Isso não impede que os papéis periféricos de macho e fêmea nos sejam cuidadosamente transmitidos. A meninazinha ganha uma boneca, não um jogo de química. Se ela não gostar de bonecas e preferir um jogo de química, isso será o início de uma bela neurose para ela, de um sentimento de culpa por não estar desempenhando o papel que a sociedade quer que ela desempenhe. Essa moldagem arbitrária e brutal de homens e mulheres lotou os hospícios do Ocidente, especialmente hoje em dia, quando o tipo de sociedade para a qual continuamos a preparar nossos filhos (homem na rua para trabalhar, mulher em casa com as crianças) já não é a única alternativa possível para uma geração inquieta.

Figes cita Lévi-Strauss: "Os homens não agem como membros de um grupo, de acordo com o que cada um sente enquanto indivíduo; cada homem sente em função da maneira como tem permissão ou é obrigado a agir. Os costumes são dados como normas externas, antes de serem a expressão de sentimentos internos, e essas normas de não-sentimento determinam os sentimentos dos indivíduos, assim como as circunstâncias em que estes podem, ou devem, ser exibidos". Pode-se observar isso na ênfase atribuída por nossa sociedade àquilo que Hemingway chamava de "graça sob pressão", ou aquele puro patriotismo fora de moda que tantas vezes não quer dizer nada mais do que convencer um homem a matar outro homem que ele nem conhece. Para conseguir que ele faça isso, a sociedade é obrigada a perverter o instinto humano normal de não matar um estranho contra o qual não temos nenhuma queixa, e consegue isso exercendo toda a pressão de que é capaz.

Esse tipo de condicionamento é necessário para a manutenção da sociedade aquisitiva, belicosa, de que fazemos parte, uma sociedade que aparentemente agora está se desmantelando nos Estados Unidos (será que a temível Consciência Três está emergindo?), para desespero de M3, sem falar nos interesses financeiros cujos lucros dependem da exploração e da conquista de países e mercados distantes. Concentrando-se nas pressões sociais, Figes escreveu um livro que trata dessas normas externas "que provocam o surgimento de sentimentos internos, com a organização das emoções em sentimentos".

Para aqueles que gostam de lembrar às meninas que nenhuma mulher jamais escreveu nada da categoria de *Paraíso Perdido* nem pintou nada como a Capela Sistina, nem compôs *Don Carlos* (em matéria de romance, as meninas seguram), Figes observa que as mulheres não eram supostas a fazer esse tipo de coisa, por isso não o fizeram. É fácil, para um rapaz de talento, ser um escultor, pois há outros homens com quem ele pode se identificar e aprender. Mas a sociedade faz de tudo para desestimular uma menina que deseja tentar a mesma coisa; o resultado é que ela faz o que pode para sufocar qualquer desejo secreto que possa ter de moldar a pedra, e volta para os pratos.

Ultimamente, porém, as mulheres começaram a invadir (verbo M3) campos tradicionalmente reservados aos homens. Vai chegar o dia em que M3 será obrigado a encarar o fato de que as artes e as ciências não são atividades masculinas ou femininas, mas são simplesmente humanas. Diga-se de passagem que todas as garotas têm um fraco por um tal de Otto Weininger, um *philosophe* do século XIX que com 23 anos escreveu um livro para provar que as mulheres eram incapazes de possuir gênio, em seguida se suicidou. As garotas têm uma tendência pouco gentil de ficar rindo disso.

Figes dedica os capítulos de praxe a Moisés e São Paulo, aqueles misóginos cheios de orgulho que, com suas palavras, provocaram tanta infelicidade ao longo dos séculos. O ódio às mulheres que perpassa o Antigo e o Novo Testamentos só pode ser demência ou disfarce para alguma outra coisa. De que será que os Patriarcas tinham tanto medo? Será que no fim das contas Robert Graves tem razão? Haveria de fato um culto à Grande Mãe, que os Patriarcas destruíram? O ataque às mulheres teria uma origem política, para enfraquecer a Grande Mãe e suas sacerdotisas? É coisa que nunca saberemos.

Talvez seja simplesmente culpa. As pessoas não gostam muito de seus escravos. As mulheres eram — e em alguns casos ainda são — escravas dos homens, e qualquer tentativa de libertação dos escravos tem de ser aniquilada. Além disso, como diz Figes, "Os seres humanos sempre foram extraordinariamente lentos para aceitar idéias que diminuam sua absoluta supremacia e sua importância". Para os homens, "como qualquer povo privilegiado por nascimento e longa tradição, a idéia de dividir só podia significar perder".

Figes afirma que "A ascensão do capitalismo está na base da atual discriminação social e econômica contra as mulheres, que no século passado chegou ao ápice". Ela chama a atenção para o grau de igualdade de que gozavam as mulheres durante o período Tudor. De Pórcia a Rosalind, as mulheres existiam enquanto pessoas, de pleno direito. Mas com o ascenso simultâneo do puritanismo e da indústria, a mulher ficou cada vez mais confinada à casa — isso quando não era explorada nas fábricas, como mão-de-obra barata. Além disso, a maré puritana (que só agora está começando a regredir) serviu para lembrar ao homem que a mulher era sem asseio, pecaminosa, que valia menos do que ele, e que era a causa de sua queda. Foi então que nasceu M3: emigrou para os Estados Unidos, matou índios, escravizou negros, enrolou as mulheres com boas maneiras grandiloqüentes para conseguir enxotá-las para lugares ermos, depois tentou dominá-las — só que nunca conseguiu de todo: uma mulher numa carreta coberta de lona com um rifle sobre os joelhos será uma adversária temível, como a mulher americana já provou que é, de Daisy Miller a Kate Millett (nome que James teria achado saboroso, transformando delicadamente o "i" em "a"*).

O que é que a mulher americana quer?, pergunta M3 com voz queixosa. Por acaso ela não acaba com a vida do marido com a mesma desenvoltura da fêmea de louva-a-deus, não herda o dinheiro, não vira mamãe de filhos tipo Attis, não domina a educação básica (quase todos os homens americanos são "afeminados", no que consideram o pior sentido dessa palavra, por terem sido criados quase inteiramente por mulheres e por terem sido induzidos a se conformar aos valores da mulher americana, que são tão deformados, em todos os detalhes, quanto os valores do homem americano)?

Apesar disso, a mulher americana, que dá a impressão de ter tanta coisa, ainda é, em grande medida, uma vítima de atitudes patriarcais — afinal de contas, ela é levada a acreditar que o casamento é a coisa mais importante da vida, sentimento esse particularmente necessário a uma sociedade capitalista na qual o casamento continua sendo a melhor maneira que o empregador tem de controlar o empregado. O homem jovem com um filho e uma mulher grávida fará tudo o que lhe mandarem. O homem ou a mulher jovem sozinhos talvez não sejam tão maleáveis. Agora que a religião organizada tem pouco significado social, as grandes corporações, através da propaganda e de políticas de contratação, preferem os casados e olham com muita suspeita os solteiros, que quem sabe não são Comunas Pirados Bichas ou Pró-criptolésbicos. Enquanto o casamento (e *Feminine Mystique*, de Betty Friedan) continuar sendo fundamental para o nosso capitalismo (e para sua deprimente contrapartida soviética), nem o homem nem a mulher podem ser considerados livres para serem humanos.

(*) *Mallet*: marreta. (N. T.)

"Numa sociedade em que os homens têm um interesse incontido pela aquisição de riqueza, e em que as próprias mulheres se transformaram numa forma de propriedade, o laço entre sexualidade e dinheiro torna-se indissociável." Esta é a feia verdade. A maioria dos homens compra as mulheres, mesmo que nenhuma das duas partes admita a natureza da transação, preferindo eufemismos do tipo "Marvin é um bom partido" e "Marion está feita". Depois Marion se divorcia de Marvin e deixa ele limpo, e Marvin emprega todo o dinheiro que lhe resta para comprar um modelo mais novo. É o dinheiro, e não o sexo, que os puritanos querem. Afinal, a palavra inglesa para "gozar" era "gastar": você gasta seu esperma no banco da mulher, e, se a lua for boa, nove meses depois você recebe um dividendo de quatro quilos.

Não é preciso dizer que se você compra uma mulher você não quer que ninguém mais a use. Para garantir seus direitos, é preciso que você arvore todos os tabus contra qualquer forma de sexo fora do casamento. Figes faz um paralelo muito interessante entre nossa própria sociedade e os mainus, tal como Margaret Mead os descreveu.

> Havia um laço tão íntimo entre as mulheres e a propriedade que o adultério era sempre uma ameaça ao sistema econômico. Essas pessoas desprezavam o sexo, eram pudicas, tinham uma tendência a equiparar o ato sexual com as funções excretórias, e, talvez o mais importante, tinham prostituição comercial, que é rara nas sociedades primitivas.

As garotas dedicam a Rousseau um tratamento perfunctório: seus direitos do homem não passavam disso: direitos do homem. Ele acreditava que as mulheres "deveriam reinar no lar como um ministro reina no estado, conseguindo que lhes fosse ordenado o que desejavam fazer". Darwin? Segundo Figes, "Darwin era um produto típico de seu tempo quando via os conflitos econômicos e de classe como uma continuação do conflito evolutivo". Nesse conflito, a mulher estava *hors de com-*

bat. "A principal diferença entre a capacidade intelectual dos dois sexos se evidencia no fato de o homem atingir maior proeminência, em qualquer coisa a que se dedique, do que a mulher é capaz de atingir, etc." Schopenhauer achava que a mulher "é inferior em todos os aspectos, deficiente tanto em razão quanto em verdadeira moralidade... uma espécie de passo intermediário entre a criança e o homem, que é o verdadeiro ser humano".

Figes identifica uma ligação entre o antifeminismo e o anti-semitismo. Chama-se Nietzsche. "O homem deveria ser treinado para a guerra, e a mulher para a recreação do guerreiro: tudo o mais é insensatez." Assim como os afeminados judeus, as mulheres subvertem o ideal do guerreiro, quando pedem que os pobres e os fracos sejam tratados com simpatia. A reação de Hitler a essa filosofia instigante não passou despercebida.

Como suas companheiras polemistas, Figes é especialmente fulgurante quando se dedica a Freud... quase escrevo "ao pobre do Freud", como ele é chamado por Millett. Aparentemente, a maior limitação de Freud era sua incapacidade de questionar o *status quo* da sociedade em que nascera. Politicamente, ele sentia que "é tão impossível prescindirmos do controle das massas por uma minoria quanto deixar de usar a coerção na obra civilizadora. As massas são preguiçosas e sem inteligência".

Para Freud, civilização significava negação espartana do prazer no presente, para poder desfrutar de riqueza e poder na meia-idade. Infelizmente, a linha central da psicanálise freudiana tem servido bem aos propósitos do *status quo* quando insistia que se uma pessoa não é feliz com o que tem, é preciso um melhor ajuste à sociedade, porque a sociedade é um fato inalterável, com o qual não se deve brincar e que não pode ser transformado. Agora, naturalmente, todos os princípios sobre os direitos da sociedade enquanto opostos aos do indivíduo estão sendo questionados, e a complacência de Freud parece-nos quase tão esquisita quanto sua idéia maluca de que a excitação clitoriana era uma coisa perversa (imatura) numa mulher adulta, e que quanto mais ela resistisse a fazer a transferência de seu minúsculo pseudopênis para o espaço interno e celestial da vagina (Erik Erikson também não conta com as boas graças das meninas), mais doente ela se tornaria.

Dá vontade de ter sido uma mosca na parede daquele estúdio de Viena vendo uma mulher depois da outra reconhecer a presença de uma coceira que não passava, malgrado as amáveis tentativas do patriarca de chegar à raiz do problema. É uma bela ironia o homem que disse que a anatomia é destino não ter se dado ao trabalho de aprender a anatomia da mulher. Ele *sabia* que o pênis era símbolo essencial e fator de poder e primazia: se não fosse assim (ele tinha um raciocínio circular), por que as meninas teriam inveja do fato de os meninos terem pênis? Por que os meninozinhos seriam vítimas do medo da castração, se não soubessem instintivamente que o pênis é um signo inestimável de Deus Pai, que uma boceta invejosa com a borda toda dentada tentaria cortar? A resposta de Figes ao círculo freudiano é muito sensata.

> Numa sociedade que não fosse sexualmente repressiva, seria improvável que os meninos desenvolvessem medo da castração; numa sociedade onde todas as recompensas materiais não se destinassem àqueles que estão munidos de um pênis, não seria normal ter inveja dessa regalia.

O contra-ataque M3 só agora está ganhando força. Até o momento, Figes parece não ser conhecida pelos homens dos Estados Unidos, mas Millett foi atacada por estas redondezas com uma ferocidade que em geral é privilégio dos romancistas mais destacados. Ela devia se sentir importante. Os dois principais porta-vozes de M3 de algum peso até o momento são Norman Mailer e Irving Howe. A resposta de Mailer a Millett ("The Prisoner of Sex", em *Harper's*) dava a impressão de ser mais longa do que o livro dela, *Sexual Politics*. Em parte, isso se deve ao estilo, atualmente mais semelhante a H. P. Lovecraft do que ao Mailer modesto e interessante de dias melhores. Ou, como apontou Emma Cockburn (excelente nome para uma militante do Movimento de Libertação das Mulheres*), os pensamentos de Mailer sobre sexo parecem três dias de fluxo menstrual.

Mailer começa lembrando ao leitor quem ele é. Providência astuta e necessária num país sem passado. Ficamos sabendo tudo sobre casamentos, filhos, prêmios (o Nobel está quase no papo), o grande romance que algum dia ele escreverá, a recusa da oferta de *Time* de fazer uma edição de capa com ele, que, como ele não quis, foi feita com Millett, para, entre outras coisas, criticá-lo. Depois de apresentar suas credenciais, Mailer contra-ataca dizendo que ela escreve como um bicha durão, uma mafiosa literária, chama-a de camarada e de comissária. Depois faz algumas observações de excelente qualidade, comentando o uso dissimulado que ela faz de citações de Miller e Lawrence (ela tem uma tendência a substituir as expressões qualificativas que fazem M3 parecer humano por reticência).

Mas o argumento fundamental de Mailer pode ser resumido aos seguintes aspectos: a masturbação é uma coisa ruim, assim como a prevenção da gravidez, porque a questão fundamental do sexo entre homem e mulher é a concepção. Bom, a Bíblia também afirma isso. Ele associa o homossexualismo ao mal. O homem que cede a seus impulsos homossexuais está fazendo liga com o inimigo. Pior do que isso, não apenas ele está demonstrando sua fraqueza moral pelo fato de não resistir a esses impulsos, como é um covarde porque não tem coragem de entrar em competição com outros machos Alfa pelas mulheres gostosas. Está meio maluco, mas pelo menos é um pensamento novo. Um dos muitos cumprimentos que Mailer prestou a M3 ao longo dos anos é nunca ter sucumbido a fossem

(*) Cockburn: algo como queima-pau. (N. T.)

quais fossem as tendências homossexuais que M3 possa ter sentido. Agora, para espanto de M3, em vez de obter pelo menos uma Medalha de Ouro do Congresso por heroísmo, ele vê escorregar lentamente sobre sua testa um inconfundível chapéu de burro. Tanto papo sobre lutadores de boxe, para afinal não servir de nada!

Finalmente, a atitude de Mailer em relação à mulher lembra muito a de qualquer comandante VFW* no coração dos Estados Unidos. Ele jamais consegue entender que uma mulher não é simplesmente uma criatura a ser utilizada para a reprodução (sua "admiração" diante da função procriativa da mulher é pura puxação-de-saco), que ela é um ser humano tal como ele, e que ele é perigoso para ela já que um de seus sonhos mais americanos era um homem assassinando a esposa para depois sodomizar outra mulher contra a vontade dela, em comemoração ao glorioso feito.

Miller-Mailer-Manson. Mulheres, cuidado. O assassinato merecido espreita a Terra, pois Deus teu Senhor não disse "darás à luz com dor, e estarás sob o poder do marido, e ele te dominará". O que nos leva à observação de Figes: "Não podemos ser iconoclastas, não podemos renunciar aos antigos deuses porque tanto já foi sacrificado a eles".

O tom de Irving Howe é apoplético. Ele *sabe* como deveriam ser as relações entre homens e mulheres, e nenhuma Millett vai mudar o que ele pensa nem perverter outras mulheres se depender dele — por isso dedica-se a escrever um monte de coisas sobre o assunto em um artigo de revista chamado "The Middle Class Mind of Kate Millett" (A Mentalidade de Classe Média de Kate Millett). É um tanto surpreendente que a expressão "classe média" seja usada em sentido pejorativo, o que não é a mais diplomática das atitudes num país de classe média. Especialmente quando a pessoa não apenas é da classe

(*) VFW: Veterans of Foreign Wars, organização de ex-combatentes. (N. C.)

média como também de inclinações intelectuais de classe média.

Seja como for, Howe estava suficientemente estimulado para dirigir a ela uma série de insultos *ad hominem* (ou *ad hysteram*?), e alarmantes até para os parâmetros maldosos e irresponsáveis dos fofoqueiros de livros em Nova York. Millett é "sórdida", "incapaz", "moralmente indecorosa", uma erudita fracassada, uma travesti de mulher, e assim por diante. Mas Howe jamais consegue fazer frente ao principal argumento das meninas. Os homens escravizaram as mulheres, transformaram-nas em cidadãos de segunda categoria, fizeram com que elas se odiassem a si próprias (isso me parece ser o pior de tudo... Sou a mulher de um homem, diz a beldade complacentemente, não gosto das outras mulheres; ou seja, não gosto de mim mesma), e agora que a mulher está começando a cobrar vida, a se ver enquanto igual ao homem, vem o rabino Howe para castigá-la por sua impertinência, exatamente como qualquer bom cristão sabe que "é vergonhoso para as mulheres falarem na igreja".

Howe sempre teve um agradável pendor para a demolição literária, e sua mente (embora dificilmente se possa dizer que é de primeira qualidade) certamente é boa, pelos parâmetros acadêmicos americanos. Mas vejam-no, agora, metendo-se numa embrulhada. Millett — como Figes — chama a atenção para o fato de que os nazistas eram antimulher e pró-família. A mulher era a procriadora, o homem era o guerreiro. Agora Irving não quer que os nazistas sejam tão "sensatos", tão parecidos com ele próprio. Escreve:

> O ridículo disso tudo é que Miss Millett transcreve, a uma certa altura, numa nota de pé de página, uma citação de um livro de Joseph Folsom. "Os nazistas sempre quiseram fortalecer a família enquanto instrumento do estado. *O interesse do estado é sempre supremo*. A Alemanha não vacila em jogar um marido contra a mulher ou os filhos contra os pais quando a lealdade política está em jogo." (Grifo nosso.) Miss Millett coloca essa

nota mas é claro que não a compreende: se compreendesse, haveria de reconhecer até que ponto essa observação contradiz sua afirmação de que nos países totalitaristas a "contra-revolução sexual" consistiu no reforço da família.

Essa passagem seria uma boa questão num teste de lógica. Descubra onde Howe não entende ou distorce o argumento da nota de pé de página de Folsom. Ponto número um: os nazistas reforçavam a família mas punham o estado na frente. Todos de acordo? O que isso significa? Significa que, se necessário, os nazistas tentavam virar os membros de uma família uns contra os outros, "*quando a lealdade política está em jogo*". (Grifo nosso.) Compreendido? Muito bem, classe, quantas pessoas são politicamente subversivas em qualquer país e em qualquer época? Não muitas, infelizmente; portanto, o argumento de Millett continua válido, de que os nazistas celebravam as virtudes familiares de antanho exceto nos casos de suspeita de subversão.

O artigo de Howe está cheio desse tipo de coisa, e só posso deduzir que sua mente, geralmente lógica, ficou abalada com todas essas garotas antinaturais. Howe conclui com a apologia dos valores de seus pais imigrantes durante os anos da Depressão. Aparentemente, a mãe dele trabalhava como uma condenada, assim como o pai dele (mas por que, numa boa sociedade, os dois deveriam trabalhar como condenados?), e os dois eram felizes à antiga maneira mosaica, são-paulina, freudiana, e... bem, esse hino aos valores tribais foi bem melhor entoado pelo juiz da versão para o cinema de *Little Murders* (Pequenos Assassinatos).

Aqueles que foram tratados cruelmente irão tratar os outros cruelmente. Essa parece ser uma característica de nossa condição. M3 tem toda a razão de estar temeroso da vingança da mulher caso ela consiga obter igualdade. Além disso, está diante do pesadelo (para ele) de ser usado como objeto sexual, ou, pior, de ser ignorado (a nuvem ameaçadora a média distância atualmente não é maior do que um vibrador). M3 está se defendendo em todas as frentes.

Veja o caso da pornografia. Embora os nus femininos tenham sido normalmente aceitáveis em nossa cultura puritana, até recentemente o nu masculino era uma coisa inaceitável para os Patriarcas. Afinal de contas, o macho — qualquer macho — é uma imagem de Deus, e Deus, em todos os tempos, usa terno, ou, pelo menos, cuecas. Agora, graças à concupiscente Lilith, o macho pode ser mostrado inteiramente nu, mas, dizem os censores americanos, jamais com uma ereção. O santo dos santos, o totem de nossa raça, o símbolo da vitória dos Patriarcas sobre a Grande Mãe, precisa ser respeitado. Além disso, como observam os psicólogos, embora as mulheres não sejam tão sensíveis quanto os homens ao estímulo visual através da observação de fotografias (será que isso é inato ou é o resultado do condicionamento?), elas ficam mais excitadas com as fotografias do macho em ereção do que com o macho em repouso. E, evidentemente, o excitamento faz mal a elas, lhes dá idéias, torna-as insaciáveis; até os antigos gregos, que eram mais livres do que nós em assuntos sexuais, levavam o casamento a sério. Como resultado, só moças solteiras podiam olhar rapazes nus disputando um jogo, porque as meninas deveriam estar preparadas para examinar um elenco que era preferível que as mulheres casadas ignorassem.

Hoje em dia estamos testemunhando a ruptura de modelos que têm milhares de anos de idade. A reação de M3 é previsível: se em toda a nossa história conhecida o modelo foi o homem em cima da mulher, é porque deve estar certo. Óbvio, foi exatamente esse o argumento que ele utilizou quando a instituição da escravatura foi desafiada. Afinal de contas, a escravatura era uma instituição quase tão antiga quanto o casamento. Com a rejeição da idéia da propriedade de uma pessoa por outra na época de nossa Guerra Civil, começou o Movimento de Libertação das Mulheres propriamente dito. Se você não podia ser dono de um homem negro, então também não podia ser dono de uma mulher. Aí a guerra começou. Nem é preciso dizer que as forças da reação estão muito mais a postos (em todos os sentidos), e as mulheres precisam lutar por sua igualdade num sistema que deseja conservá-las em grupos familiares manipuláveis, comprando bens de consumo, criando futuros consumidores, até o fim dos tempos — ou dos recursos naturais do mundo, o que parece bem mais iminente.

É curioso observar que nem Figes chega a perceber o que está por trás dessa nova indocilidade, desse novo desejo de existir, não enquanto macho ou fêmea, mas enquanto ser humano. É muito simples. Estamos nos preparando para a extinção. É impossível alimentar as pessoas que atualmente estão vivas. Dentro de 37 anos a população do mundo terá duplicado, a não ser que tenhamos a "boa sorte" de passar, em grande escala, pela experiência da fome, da peste, da guerra. Para sobreviver, temos que parar de produzir bebês no ritmo de hoje, e isso só pode ser conseguido se rompermos com os antigos estereótipos do homem guerreiro, da mulher procriadora. O rugido de M3 é o rugido de nosso próprio passado tribal, absolutamente inadequado, como diziam os velhos stalinistas, às novas necessidades.

Figes acha que uma alteração no sistema econômico poderá libertar as mulheres (e os homens) de papéis que eles não desejam. Minha idéia é diferente. Primeiro liberto os sexos: o sistema será obrigado a mudar porque não haverá mais dona de casa para ser induzida a comprar coisas de que não precisa. Mas tudo isso é o futuro. O presente é o campo de batalha, e a próxima voz que você ouvir será a de um patriarca, defendendo suas atitudes — sobre uma pilha de Bíblias.

The New York Review of Books, 22 de julho de 1971

OS DOZE CÉSARES*

Tibério, Capri. Poça de água. Criancinhas... Até aqui, tudo bem. Nossa laboriosa tradução estava fazendo um terrível sentido. Depois... Peixe. Peixe? A imagem mental erótica tornou-se surreal. Outra vitória para o esperto tradutor da Coleção Loeb, J. C. Rolfe que, antecipando corretamente a lascívia dos leitores em idade escolar, deixou as passagens mais rebuscadas de Suetônio no duro original. Não era possível sacar aquelas intrigantes notas de rodapé, não porque a sintaxe fosse assim tão difícil (embora não fosse fácil para estudantes treinados mais em latim militar do que em latim civil), mas porque a amplitude de vícios revelada estava consideravelmente além da imaginação até mesmo do mais depravado dos colegiais. Havia um ponto onde rejeitávamos nossas próprias traduções. Tibério e os peixinhos, por exemplo.

(*) Não lembro por que escrevi este artigo. Lembro-me que ninguém queria publicá-lo porque o que eu tinha a dizer acerca do impulso sexual/de poder do homem era uma coisa chocante. Além disso, a bem da justiça, geralmente os americanos não estão interessados em nada que tenha acontecido antes de ontem. Até nos meios "sérios", um interesse pelo Império Romano é considerado sinal de profunda irrelevância. Para me agradar, um crítico afirmou certa vez que eu era o único escritor americano que poderia ter escrito *Julian* (Juliano). Concordei, acrescentando: "Não só sou o único escritor americano que poderia ter escrito um livro daqueles, como também sou o único escritor americano que teria tido vontade tanto de escrevê-lo como de lê-lo".

Felizmente, agora temos uma tradução completa do texto, obra de Mr. Robert Graves, o qual, enfeitiçado por sua Deusa Tripla, andou retraduzindo os clássicos ultimamente. Um dos primeiros tributos que prestou à deusa foi uma bela tradução de *O Asno de Ouro*; depois *Pharsalia*, de Lucano; depois os *Mitos Gregos*, um confronto que tinha o objetivo de reorganizar a hierarquia do Olimpo para permitir a sua Deusa (o princípio feminino) uma posição central às expensas do macho. (Cuidado com a ira de Apolo, Graves: o "deusinho" é mais do que testa-de-ferro para a "Nove Vezes Deusa-Musa".) Agora, como diversão, Mr. Graves ofereceu-nos *Os Doze Césares*, de Suetônio, em um estilo bom, seco, sem exageros; e, agradavelmente, a Antiga Mãe de Todos Nós é notável apenas por sua ausência, talvez uma crítica sutil de um período intensamente masculino da história.

Gaius Suetonius Tranquilus — advogado e autor de uma dúzia de livros, entre os quais *Vidas de Prostitutas Famosas* e *Os Defeitos Físicos da Humanidade* (Este era sobre o quê?) — trabalhou durante algum tempo como secretário particular do imperador Adriano. Presumivelmente foi durante esse período que teve acesso aos arquivos imperiais, onde obteve o material para *Os Doze Césares*, único livro de sua autoria a sobreviver completo até hoje. Suetônio nasceu em 69 d.C., ano dos três Césares, Galba, Oto e Vitélio; e cresceu na época dos Flavianos: Vespasiano, Tito, Domiciano, aos quais se refere como contemporâneos. Também estava suficientemete próximo no tempo dos primeiros seis Césares para ter conhecido pessoas que os conheceram intimamente, pelo menos a partir de Tibério, e é essa posição no tempo que confere tanta imediatez a sua história.

Suetônio viu a história do mundo de 49 a.C. a 96 d.C. como a narrativa íntima de doze homens que detinham poder absoluto. Com notável curiosidade, coletou casos e registrou-os desapaixonadamente, apesar de um viés reacionário um tanto estilizado. Tal como seus colegas historiadores, desde Lívio até o pernóstico mas interessante Dion Cassius, Suetônio era um reacionário político, para quem a velha República era o tempo da virtude, e o Império, implicitamente, não era. Mas não é devido a suas convicções políticas que lemos Suetônio. É, antes, por sua capacidade de contar-nos o que queremos saber. Estou encantado de ler que Augusto tinha pouco mais de um metro e meio, que era louro, que usava saltos nas sandálias para parecer mais alto, que tinha sete marcas de nascença e olhos fracos; que amaciava os pêlos das pernas com cascas aquecidas de noz, e que gostava de apostar. Ou de ficar sabendo que as últimas palavras do espirituoso Vespasiano foram: "Minha nossa, devo estar virando deus". ("Minha nossa"* é a versão de Graves para "*Vae*".) As histórias, verdadeiras ou não, são divertidas e surpreendentes quando tratam de sexo, até mesmo para um pós-kinseyano.

Gibbon, à sua maneira pomposa, lamentava que dos doze Césares somente Cláudio fosse sexualmente "normal". Do oportunismo sexual de Júlio César ao sadismo de Nero e à pederastia senil de Galba, a vida sexual dos Césares compreendia todos os aspectos do que nossa época pós-medieval denominou "anormalidade sexual". Seria errôneo, porém, deixar de lado, como fizeram tantos comentaristas, a ampla variedade da sensualidade dos Césares como sendo nada mais do que a depravação de doze homens anormais. Eles eram, afinal, um grupo bastante representativo. Diferiam de nós — e de seus contemporâneos — apenas pelo fato do poder, que tornava possível a cada um deles viver suas mais recônditas fantasias sexuais. Esse é o fascínio psicológico de Suetônio. O que fazem os homens que ocupam essas posições? A resposta, aparentemente, é: tudo e qualquer coisa. Alfred Whitehead observou certa vez que a essência de uma cultura não está nas coisas que eram ditas na época, mas nas coisas que *não* eram ditas, nos pressupostos

(*) "Dear me", no original (N. T.)

subjacentes da sociedade, óbvios demais para serem declarados. Um pressuposto subjacente atual dos Estados Unidos do século XX é que os seres humanos são ou bem heterossexuais ou, devido a alguma interrupção do crescimento psíquico, homossexuais, com muito pouco tráfego nos dois sentidos. Para nós, a norma é heterossexual; a família é central; tudo o mais é desvio, agradável ou não, dependendo dos gostos e preocupações morais de cada um. Suetônio revela um mundo muito diferente. Seu pressuposto subjacente é de que o homem é bissexual e que se tiver total liberdade para amar — ou, talvez mais exatamente, no caso dos Césares, para violar — outras pessoas, ele o fará, indo alegremente do sexo masculino para o sexo feminino conforme dite a fantasia. Suetônio não é o único a pressupor a diversificação do homem. Desde Platão até o ascenso do cristianismo paulino, que tentou colocar a tampa sobre o sexo, isso fica explícito nos textos clássicos. O que não impede de até hoje os comentaristas cristãos, freudianos e marxistas terem todos minimizado ou ignorado esse fato da natureza, cada um no interesse de uma abordagem patenteada do Reino dos Céus. É uma estranha experiência para um contemporâneo ler a paixão simultânea de Nero por um homem e por uma mulher. Alguma coisa parece estar errada. Tem de ser ou um ou outro, não os dois. Mesmo assim, esse ecletismo sexual se repete continuamente. E embora alguns dos Césares preferissem mulheres a homens de maneira bastante óbvia (Augusto tinha uma queda especial por ninfetas nabokovianas), sua alternância sexual é extraordinária em sua ausência de modelo. E tem-se a impressão de que a despeito da estrita legislação moral de nossa própria época, os seres humanos não mudaram. Quando mais não fosse, o Dr. Kinsey revelou, à sua maneira obstinada, aritmética, que nós todos somos muito menos previsíveis e monótonos do que se poderia suspeitar.

Um dos poucos aspectos cativantes dos júlio-claudianos era a autoria. Todos eles escreviam; alguns escreviam bem. Júlio César, além de seu relato da famosa cruzada à Gália, escreveu um *Édipo*. Augusto escreveu um *Ajax*, com alguma dificuldade. Quando um amigo lhe perguntou o que seu *Ajax* tinha estado aprontando ultimamente, Augusto suspirou: "Ele caiu não sobre sua espada, mas apagou-se em minha esponja". Tibério escreveu uma *Elegia à Morte de Júlio César*. O desmiolado Cláudio, um príncipe encantadoramente obscuro, era um pedante fervoroso que tentou reformar o alfabeto. Também estava entre os primeiros a fazer uma investida séria na história etrusca. Nero é lembrado como poeta, claro. Júlio César e Augusto eram escritores proeminentes de prosa; ambos preferiam o simples e antiquado latim. Augusto não gostava do que costumava chamar de estilo "asiático", preferido, entre outros, por seu rival Marco Antônio, cujos discursos ele achava inexatos e "fedendo a frases afetadas".

Além do fato do poder, os doze Césares, enquanto homens, pouco tinham em comum uns com os outros. Mas esse pouco era significativo: o medo da faca no escuro. Dos doze, oito (talvez nove) foram assassinados. Como observou Domiciano pouco antes de ser ele próprio abatido: "Os imperadores são necessariamente homens desgraçados, pois apenas seu assassinato pode convencer o público de que as conspirações contra sua vida são reais". Numa tentativa compreensível de adivinhar o destino, eles estudavam presságios, faziam horóscopos e analisavam sonhos (eram simbolistas engenhosos, antecipando o Dr. Freud, ele próprio um admirador de Roma). O panorama da vida visto do monte Palatino não era muito reconfortante, e embora nenhum dos Césares fosse religioso no sentido que hoje atribuímos à palavra, todos tinham inclinações para o estoicismo. Foi Tibério, com sua frieza característica, que realçou sua perigosa situação quando declarou que era a Fatalidade, e não os deuses, que comandava as vidas dos homens.

Mesmo assim, qual foi, afinal, o efeito do poder absoluto sobre doze homens representativos? Suetônio esclarece bem esse ponto: desastroso. Calígula era comprovadamente louco. Nero, que começou bem, foi ficando cada vez mais irracional. Até o caráter do severo Tibério enfraqueceu. Na realidade, cobrindo o mesmo período de Suetônio, Tácito escreve: "Mesmo com sua enorme experiência nos negócios públicos, Tibério ficou arruinado e transformado devido à violenta influência do poder absoluto". Calígula entregou o jogo quando disse a um crítico: "Não esqueça que posso tratar qualquer pessoa exatamente como quiser". E aquela crueldade que é inata nos seres humanos, diante da oportunidade de usar os outros como brinquedos, floresceu monstruosamente nos Césares. A anamnese (e é exatamente isso) de Domiciano por Suetônio é particularmente fascinante. Homem inteligente, dotado de um certo charme, treinado para governar, depois de ascender ao principado, no começo contentou-se com arrancar asas de moscas, passatempo infantil que foi gradualmente perdendo o interesse, até o dia em que, inevitavelmente, substituiu as moscas por homens. Seu brinquedo preferido era falar suavemente de perdão para uma vítima nervosa; depois, quando todos os temores tinham sido afastados, executá-la. Os Césares não eram inteiramente despojados de objetividade em relação a sua bizarra posição. Existe uma carta estranhamente reveladora de Tibério ao Senado, que tinha proposto garantir antecipadamente a ratificação a todos os seus atos futuros. Tibério declinou a oferta: "Enquanto não me faltarem minhas luzes, os senhores podem contar com a consistência de meu comportamento; mas eu não gostaria de vê-los abrirem o precedente de se comprometerem a aprovar todas as ações de um homem; pois o que sucederia se acontecesse alguma coisa que alterasse o caráter desse homem?". Em pânico por suas vidas, perseguidos por sonhos e presságios, aturdidos com tanto domínio, não é de se espantar que a verdadeira loucura fosse freqüentemente, para os Césares, refúgio de uma realidade tão embriagadora.

O *leitmotiv* unificador dessas vidas é Alexandre o Grande. Os Césares eram fascinados por ele. O jovem Júlio César suspirou invejosamente junto a seu túmulo. Augusto mandou abrir o túmulo e contemplou durante muito tempo o rosto do conquistador. Calígula roubou o peitoral da armadura do cadáver para usá-lo. Nero batizou sua guarda de "Falange de Alexandre o Grande". Qual era o significado desse fascínio? Poder pelo poder. Conquista pela conquista. Domínio do mundo como um fim em si mesmo: nada de visões utópicas, nada de dissimulação, nada de hipocrisia. Eu deponho você; agora o rei do castelo sou *eu*. Por que o jovem Júlio César teria inveja de Alexandre? Explicá-lo é coisa que não ocorre a Suetônio. Ele parte do princípio de que *qualquer* rapaz gostaria de conquistar o mundo. E por que Júlio César, um homem que tinha uma cabeça de primeira linha, haveria de querer o mundo? Simplesmente para tê-lo. Sequer a Pax Romana resultante foi uma política planejada: foi um acidente feliz. César e Augusto, os autores do principado, representam a sede nua de poder pelo poder. E embora nossa própria sociedade não seja tão diferente da romana (podemos apontar para Hitler e Stalin com sombrio orgulho), mesmo assim adquirimos de tal maneira o hábito de dissimular os motivos, de negar certas constantes escuras do comportamento humano, que é difícil encontrar algum historiador americano bem conceituado que reconheça o fato grosseiro de que um Franklin Roosevelt, por exemplo, quisesse ser presidente só para exercer o poder, ser famoso e ser temido. Para aprender esse simples fato somos obrigados a atravessar um mar de evasivas: a história vista como sociologia, os líderes vistos como professores, a suave benevolência como uma força motriz, quando afinal o poder *é* um fim em si mesmo, e o impulso instintivo de fazer prevalecer a mais importante das características humanas, a força necessária sem a qual nenhuma cidade teria sido construída, nenhuma cidade destruída. Mesmo assim, muitos sociólogos e religiosos contemporâneos transformados em historiadores irão afirmar, muito seriamente: Se não tivesse havido um Júlio César, então o *Zeitgeist* teria providenciado um outro como ele, embora seja bastante evidente que se esse César específico não tivesse existido, ninguém teria ousado inventá-lo. Os acontecimentos do mundo são obra de indivíduos, cujos motivos são freqüentemente frívolos, até despreocupados. Se Cláudio não tivesse querido fazer uma conquista fácil para poder celebrar um triunfo em Roma, a Bretanha não teria sido conquistada em 44 d.C. Se a Bretanha não tivesse sido colonizada no primeiro século... a cadeia de causalidades é óbvia.

Compreende-se, é claro, por que o papel do indivíduo na história é instintivamente diminuído por uma sociedade que se quer igualitária. Muito naturalmente, temos medo de ser vitimados por aventureiros temerários. Para evitar isso, criamos o mito da massa inelutável ("alterodirigida") que tudo governa. A ciência, dizem-nos, não é uma questão de pesquisa pessoal, mas um esforço coletivo. Até mesmo a tempestuosidade superficial de nossas eleições encobre uma indiferença fundamental à personalidade humana: se não for este homem, então será aquele, dá tudo no mesmo; a vida continua. Até certo ponto, há um mérito nisso; e embora ninguém possa negar que sobre nossa plácida terra reine um cinzento dominante, é certamente melhor ser não mandado por mediocridades do que ser escravizado por Césares. Mas negar a natureza escura da personalidade humana não só é tolo, como perigoso. Porque em nossa insistência na rendição da vontade pessoal ("autodirigida") em favor de uma concepção da raça humana como uma espécie de bactérias pululantes no curso do tempo, que os feitos individuais não afetam, ficamos não apenas vulneráveis ao tédio, àquela sensação de ausência de sentido que, mais do que qualquer outra coisa, caracteriza nosso tempo, mas também vulneráveis ao primeiro messias que ofereça aos jovens e aos entediados alguma perspectiva maravilhosa, alguma certeza cesárea. Esse é o perigo político, um perigo real.

Quase todo o mundo, hoje, é governado por Césares. Os homens são cada vez mais tratados como coisas. A tortura existe em toda a parte. E, como escreveu Sartre em seu prefácio ao terrível livro de Henri Alleg sobre a Argélia: "Qualquer pessoa, em qualquer momento, pode se ver igualmente vítima ou carrasco". Ao colocar um espelho diante daqueles Césares cujas lendas são tão divertidas, Suetônio não reflete apenas as imagens deles, mas também as nossas: criaturas semidomesticadas, cuja grande tarefa moral é manter em equilíbrio o anjo e o monstro de dentro — pois somos ambos, e ignorar essa dualidade é abrir as portas para o desastre.

ÍNDICE ONOMÁSTICO

ESTA OBRA FOI COMPOSTA PELA FORMA LTDA. EM ENGLISH TIMES E IMPRESSA PELA GRÁFICA EDITORA HAMBURG LTDA EM OFFSET PARA A EDITORA SCHWARCZ LTDA. EM FEVEREIRO DE 1987.